上海开放大学学术专著出版基金资助

集成视角下的同城化协同管理

林东华 / 著

图书在版编目(CIP)数据

集成视角下的同城化协同管理/林东华著. —上海:复旦大学出版社,2019.10
ISBN 978-7-309-14587-8

Ⅰ.①集… Ⅱ.①林… Ⅲ.①城市经济-区域经济一体化-研究-中国 Ⅳ.①F299.27

中国版本图书馆 CIP 数据核字(2019)第 181577 号

集成视角下的同城化协同管理
林东华 著
责任编辑/谢同君

复旦大学出版社有限公司出版发行
上海市国权路 579 号 邮编:200433
网址:fupnet@fudanpress.com http://www.fudanpress.com
门市零售:86-21-65642857 团体订购:86-21-65118853
外埠邮购:86-21-65109143
江苏凤凰数码印务有限公司

开本 787×960 1/16 印张 14 字数 224 千
2019 年 10 月第 1 版第 1 次印刷

ISBN 978-7-309-14587-8/F·2615
定价:50.00 元

如有印装质量问题,请向复旦大学出版社有限公司发行部调换。
版权所有 侵权必究

前　言

20世纪80年代以来，不断深化的经济全球化与网络化，使得区域经济一体化已经逐步取代单一型城市，区域经济一体化已经成为国家或地区参与全球经济竞争的主要空间地域单元。不管是在国际上，还是在每个国家内部，越来越多的城市开展跨区域合作，越来越多的都市圈、城市群不断涌现，区域空间拓展趋势明显。中国的城市发展亦不例外，在当今经济全球化与区域经济一体化发展日益加速的世界经济发展大背景下，中国的同城化正是这个时代的产物。作为区域经济一体化一种新的发展模式，中国同城化正处在理论研究的探讨阶段和实践工作的探索阶段。在理论研究方面，越来越多的科研机构与高校联合成立了与此相关的研究中心，例如中国城市群研究中心、中国城市群研究联盟等。在实践工作方面，上至国家领导下到地方各级政府，也都把区域一体化发展作为工作重点。例如，2014年2月26日，由习近平总书记主持的京津冀协同发展工作汇报会上，京津冀协同发展、新首都经济圈、区域发展机制创新等关键词的提出和强调，意味着同城化已上升到中国国家战略层面。特别是自2015年中国"一带一路"新外交国策正式发布后，区域合作发展更是成为构建人类命运共同体的重要思路。

本书以集成为研究视角，提出了同城化协同管理的研究框架，从同城化协同管理的理论、模型、实证等三个层面展开了较为系统的研究。在理论层面，从认识同城化集成租金形成的机理开始，到借助扎根理论筛选出同城化的影响因素，进而构建了集成视角下同城化协同管理理论研究框架；在模型层面，提出了同城化协同管理三构面模型，具体包括制度协同、要素协同和文化协同；在实证层面，则对京津冀、厦漳泉等中国同城化实践的同城化要素协同路径和协同度评测进行分析。另外，本书在网络治理模式、要素协同管理路径、文化协同管理构想、同城化协同度评测等方面也开展了相关研究。

受作者研究视域和时间精力局限的影响，本书对同城化协同管理问题的研究可能存在不够全面的问题，有待其他学者进一步深入的研究及完善。

本书获得上海开放大学学术专著出版基金资助，其中第七章和第八章是上海开放大学学科研究课题"同城化效应研究——以厦漳泉同城化为例"（项目编号 KX1803）的重要研究成果。同时，本书也得到复旦大学出版社编辑部的大力支持，在此一并衷心感谢！

作者
2019 年 8 月于上海

目　　录

第一章　绪论 ·· 001
　第一节　研究背景与研究意义 ·· 001
　第二节　国内外研究现状及述评 ·· 004
　第三节　研究目标和研究内容 ·· 020
　第四节　研究方法和技术路线 ·· 022
　本章小结 ·· 023

第二章　相关理论基础 ·· 024
　第一节　同城化理论 ·· 024
　第二节　集成理论 ··· 028
　第三节　系统理论 ··· 031
　第四节　协同理论 ··· 034
　第五节　区域分工理论 ··· 036
　第六节　扎根理论 ··· 038
　本章小结 ·· 040

第三章　集成视角的同城化协同管理理论体系构建 ························ 042
　第一节　基于高频词的同城化内涵及热点内容分析 ······················ 042
　第二节　同城化集成租金的内涵与形成机理剖析 ························· 051
　第三节　基于扎根理论的同城化协同管理影响因素筛选 ················ 055
　第四节　集成视角下同城化协同管理三构面模型的构建 ················ 063
　本章小结 ·· 070

第四章　同城化的制度协同管理 …… 071
第一节　同城化网络治理的提出 …… 071
第二节　中国同城化治理模式的实践及其面临的问题 …… 077
第三节　美德大都市区的治理经验及其启示 …… 082
第四节　中国同城化的网络治理模式 …… 092
本章小结 …… 100

第五章　同城化的要素协同管理 …… 101
第一节　同城化的资源要素分析 …… 101
第二节　同城化的要素协同管理机制 …… 106
第三节　同城化的要素协同管理路径 …… 111
本章小结 …… 126

第六章　同城化的文化协同管理 …… 127
第一节　同城化文化协同管理的内涵和目标 …… 127
第二节　同城化文化协同管理面临的问题及原因分析 …… 129
第三节　基于共主体性思维的同城化文化协同管理构想 …… 137
第四节　同城化文化协同的运行机理 …… 142
本章小结 …… 146

第七章　集成视角的同城化协同度评测研究 …… 147
第一节　协同度与同城化协同度的内涵 …… 147
第二节　集成视角的同城化协同度评测 …… 150
本章小结 …… 161

第八章　实证分析：厦漳泉同城化的发展及其协同管理 …… 162
第一节　厦漳泉同城化的发展 …… 162
第二节　厦漳泉同城化的发展效果分析 …… 174
第三节　厦漳泉同城化协同度的评测 …… 189

第四节　厦漳泉同城化协同管理的思考 …………………………… 194
　　本章小结 …………………………………………………………… 203

结束语 ………………………………………………………………… 205

参考文献 ……………………………………………………………… 210

致谢 …………………………………………………………………… 218

第一章
绪　论

第一节　研究背景与研究意义

一、研究背景

20世纪80年代以来，不断深化的经济全球化与全球网络化，使得区域经济一体化已经逐步取代单一型城市，区域经济一体化已经成为国家或地区参与全球经济竞争的主要空间地域单元。于是，在国际上，越来越多的跨区域国家或地区间经济合作不断出现，而在每个国家或地区内部，则是越来越多的城市开展跨区域合作，越来越多的都市圈、城市群或者同城化不断涌现，区域空间拓展趋势明显。如果说分工经济是20世纪工业社会主要特征的话，那么协同合作经济就是21世纪后工业社会的主要标志，而同城化就是后工业时代协同合作经济产物的典型代表。总的来说，当今世界经济发展的重要特征就是经济全球化与区域经济一体化发展的日益加速，中国的同城化正是这个时代的产物。作为区域经济一体化一种新的发展模式，中国同城化正处在理论研究的探讨阶段和实践工作的探索阶段。

（一）同城化是中国城市化发展到高级阶段的产物

进入21世纪后，中国的市场经济继续大力发展，生产消费的不断扩张造成各种资源的紧张，越来越多的城市资源承载能力已接近极限。同时，伴随着中国不断深入的城市化进程，各个城市在外延规模上不断扩张的同时，也在考虑内涵竞争力上的发展，区域发展进程中存在的诸多问题亟待解决。在中国城市化初级阶段，盛行依靠传统的"撤县设区"等行政区划归并来实现规模扩张的城市发展模式，但由于涉及太多的利益主体，触碰到太多原先由行政分割而带来的基础设施资源配置问题，在当前已经不再是主流的城市化发展方式。作为中国独创的区域发展概念，同城化的产生和发展主要是基于中国以下发展现状：高铁等交通基础设施发展带来了城市交通便捷化，从而大大缩短了城市之间的时空距离，同时传统的行政区划界限也被不断打破，城市之间各种的经济流动无处不在，看得见的人流、物流以及看不见的资金流、信息流等流动越来越频繁、配置需求也越来越多元，各相邻城市之间的合作越来越多样和紧密，彼此逐渐形成一个利益共享的城市群经济体。2005年，"同城化"一词最早出现在深圳市政府发布的《深圳2030城市发展策略》中。自此以后，同城化战略以其不影响各城市现有行政框架、各城市主体利益而相对保持独立、同城交集的程度可以由参与各方协同商量后决定等明显优势，逐步成为中国许多省市选择的城市发展战略之一，是中国城市化发展到高级阶段的产物。

（二）同城化已成为中国相邻城市之间共同的"和题"

据不完全统计，自2005年深港同城化项目以来，到2018年，中国大大小小的同城化案例超过百例。例如长三角的沪苏嘉、广东的广佛、安徽的合淮、湖南的长株潭、辽宁的沈抚、山西的太渝、山东的济淄、江苏的宁镇扬、广东的珠澳、陕西的西咸、福建的厦漳泉和福莆宁、四川的成德绵乐、新疆的乌昌等都提出了同城化的建设理念与思路，并取得不同程度的进展。

不管是已经进行的同城化案例，还是正准备开始的同城化案例，在中国的城市化进程中，参与同城的各个城市主体之间一般都会受到来自政府主管部门与市场竞争力量的共同作用，竞争与合作同时存在于城市发展建设的方方面面，从而推动同城化发展进程。各城市主体都有自己的城市功能和相对资源优势，因此合理的分工协作能够使得区域内大市场中的要素实现自由流动与统筹配置使用，从而提高整个"同城"区域范围内的资源利用效率，实现资源使用整体最优化，并带动区域内文化协同创新、环境整体整治等共同发展。所以，同城化已逐渐成为中国众多相邻城市之间围绕共同利益所做的"和题"。

（三）同城化已上升到中国国家战略层面

2014年2月26日，由习近平总书记主持的京津冀协同发展工作汇报会上，京津冀协同发展、新首都经济圈、区域发展机制创新等关键词被提出、被强调，国家把京津冀协同发展当作是中国探索完善城市群布局和形态、优化开发区域发展等的示范样板，是新时期国家发展的重大战略。

2014年4月9日，国家发改委宣布，首都经济圈一体化发展规划已经在有关部门和城市的共同合作下开始研究编制，这是在2014年初京津冀一体化发展话题大热后官方的首次表态。2014年4月25日中共中央政治局召开会议，研究当前经济形势和经济工作，习近平总书记在会上提出，要继续支持西部大开发、东北地区等老工业基地全面振兴，推动京津冀协同发展和长江经济带发展，抓紧落实国家新型城镇化规划。《京津冀一体化规划》提出后备受期待，人们普遍认为由于中央层面的重视，有可能化解同城化战略中一直存在的跨区域间矛盾。特别是2017年4月雄安新区的设立，更是体现了国家对京津冀一体化的战略重视与支持力度。

习近平总书记亲自多次主持召开京津冀协同发展工作会议，以及强调京津冀同城化的重要性与现实意义，这些都说明同城化战略在中国新时期城市发展中的重要地位，它已经被纳入国家重点关注的战略层面问题。

以上研究背景清晰地说明了当前中国理论界研究同城化战略相关理论的迫切性与重要性，也为本研究提供了具体的研究方向与研究目标。

二、研究意义

（一）理论意义

本研究力求结合中国国情，以集成视域形成一种全新的区域协同管理理论研究范式。通过对相关基础理论的梳理、同城化集成租金内涵及形成机理的剖析以及同城化影响因素的筛选，构建同城化协同管理理论架构，具体从制度协同、要素协同、文化协同三个维度阐述基于集成视角的同城化协同管理理论体系，从而使人们对为什么要对同城化进行协同管理、如何实现同城化协同管理等深层次理论问题进行思辨，并在此基础上进一步对同城化协同度进行评测研究。本书的研究在以下理论方面有所创新与建树：第一，对同城化的发展要素与同城化集成租金的形成机理进行系统剖析，以及对同城化影响因素的筛选，从而构建本书的研究理论框架，即同城化协同管理的理论体系。第二，借用网络治理理念来构建中国同城化的制度协同网络治理模型，明确制度协同管理的具体治理方式和治理机制。第三，从投入产出及过程管理两个层面寻找同城化要素协同管理的路径，以实现同城化资源要素在同城化区域内的整合配置。第四，界定同城化文化协同管理的内涵，并在此基础上构建基于共主体性思维的同城化文化协同管理模型，以实现同城化区域内的文化协同。第五，运用层次分析法、模糊综合评价法等构建同城化协同度评价模型，系统设计同城化协同度的评价指标体系，以生成同城化协同度的评测表。这些研究成果都是针对现有相关研究中的不足，完善了中国同城化的研究理论尤其是同城化协同管理理论，因而具有较大的理论意义。

(二) 实践意义

本研究在提出同城化协同管理理论体系的同时，通过结合现实中的同城化案例，例如京津冀、厦漳泉同城化等实际案例进行实证分析，从制度协同、要素协同和文化协同三个角度进一步探讨如何在城市主体互动关系中完善"同城"制度、共享"同城"资源以及协同"同城"文化，进而促使各城市主体在同城化战略决策中从战略高度处理与其他城市的协同关系。此外，本研究有利于建立一种新的工作思维，即在同城化实践中，在注重提升城市自身竞争优势的同时，也注重集成后的"同城"综合竞争力塑造。另外，本研究的实证分析注重结合实地调查和相关数据获取，通过在厦门市发展研究中心以及厦漳泉、长三角等地的发改委、统计局等同城化相关职能部门多次的实地调查，使得本研究的实证分析及研究成果不仅来源于实际，同时也能对同城化实践产生一定的经济或社会发展方面的影响，为相关决策部门提供政策决策依据，因而具有较大的实际意义。

第二节　国内外研究现状及述评

一、国外研究现状

至今，国外并没有直接与"同城化"对应的概念，但相类似的概念有"大都市区"（日本称为"都市圈"）、"城市群"等。本书这里以 Urban Agglomeration 为主题词来梳理国外相关研究现状与趋势。

(一) 国外相关研究文献的总体分布

截至 2017 年 12 月 4 日，以主题词"Urban Agglomeration"检索福建省高校数字图书馆，共返回 8 385 个结果，其中 1987—2017 年三十年间共有 2 789 篇相关文献。检索结果显示，国外城市群近三十年的这些相关文献发布在 10

个研究领域中（如图1-1所示），其中Social Sciences（社会科学）、Technology（技术）、Science（科学）为前三个研究领域。其中Social Sciences共有1 678篇相关文献，占60%；Technology领域共有428篇相关文献，占15%；Science领域有328篇文献，占12%。从这些检索结果可以看出，国外的城市群研究范围比较广泛，社会科学与自然科学结合紧密。

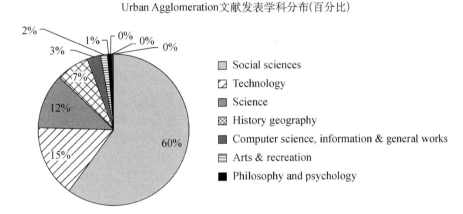

图1-1 1987—2017年国外城市群研究文献发表学科分布（百分比）

图1-2显示的是国外与Urban Agglomeration相关的论文主要发表的期刊统计情况，其中排在前三名的期刊分别是 *Regional Science and Urban Economics*、*Journal of Urban Economics* 和 *Urban Studies* 三本期刊，发表论文数分别为168篇、151篇和125篇，且这三本期刊所发表的论文数远远大于其他期刊的论文数。

图1-3显示，在1987—2017年三十年间，国外城市群文献的发表方式主要是期刊，且随着时间发展期刊发表的数量远远超过图书、专利等其他方式。这说明国外城市群、大都市区等的发展，主要是出于区域自身利益而自发产生的，是一种由下而上的区域治理行为，因此学者会大量参与研究。

图1-4显示，在1987—2017年三十年间，国外城市群文献的学术主题主要分布在Innovation、Sustainable Development、Metropolitan areas、China和GIs等五个主题中，说明城市群研究的关注点主要是创新、可持续发展等，而中国也出现在重要主题之列，这可能与中国近十来年同城化兴起有关。

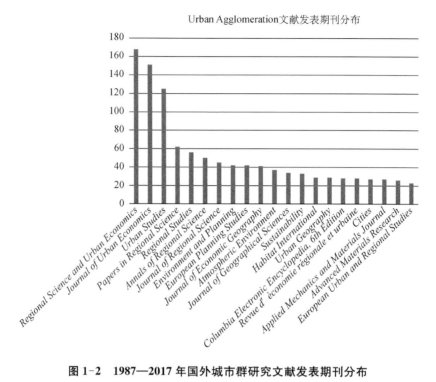

图 1-2　1987—2017 年国外城市群研究文献发表期刊分布

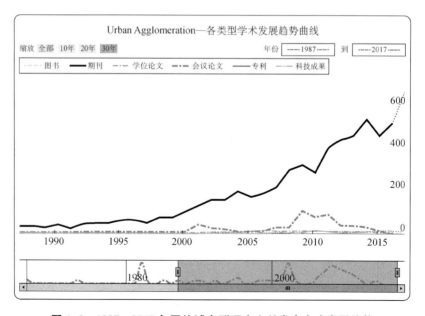

图 1-3　1987—2017 年国外城市群研究文献发表方式发展趋势

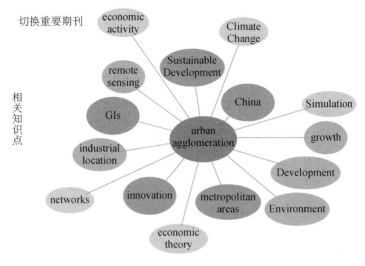

图 1-4　1987—2017 年国外城市群研究文献的学术主题分布

图 1-5 显示的是来自国外重要期刊的第一作者信息，在 1987—2017 年三十年间，国外城市群研究的重要学者主要包括有 Edward L. Glaeser、Allen J. Scott、Masahisa Fujita、Michael Storper 和 Mark D. Partridgel 等五位，其中

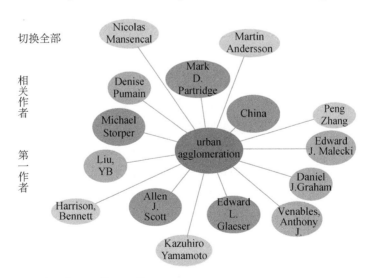

图 1-5　1987—2017 年国外城市群研究重要期刊的第一作者

Edward L. Glaeser 在国外重要期刊发表相关文献 6 篇，Allen J. Scott 有 5 篇，Masahisa Fujita 和 Michael Storper 也各有 4 篇，Mark D. Partridgel 有 2 篇。

(二) 国外相关研究的主要内容

大都市区（metropolitan area）概念是美国人在 1910 年首次提出的，是指包括一个 10 万人口以上的中心城市及其周围 10 英里以内的邻近地区，或者虽超过 10 英里但与中心城市连绵不断、人口密度达到 150 万每平方英里以上的地区。其他类似的概念也纷纷在西方国家出现，例如英国的标准大都市劳动市场区（standard metropolitan labor market area）、法国的集聚区（agglomeration）、澳大利亚人口普查拓展都市区（census expanded urban district）、加拿大的国情调查大都市区（census metropolitan area）、瑞典的劳动市场区（labor market area）等。而"都市圈"概念最早来源于日本。日本行政管理厅在 1950 年把都市圈定义成那些"可在一日之内接受城市某一方面功能服务的地域范围，且中心城市的人口规模在 10 万以上"。之后，日本行政厅又根据管理需要多次修改了都市圈的界定。由此可见，国外并没有与中国同城化直接对应的概念，下面我们就以联合国人类聚落中心所使用的城市群（Urban Agglomeration）为例，来看看国外相关研究的主要内容。

对城市群的研究，最早开始于英国城市规划学家埃比尼泽·霍华德（Ebenezer Howard），他在 1898 年就提出了由若干个田园城市聚集在中心城市附近构成一个新组合群体的设想，以通过这些城市"组合群体"的协调发展来解决大城市问题，1902 年这些观点被集结成为《明日的田园城市》[①]。而真正现代意义上的城市群概念提出者是法国学者戈德曼（Gottmann），他在 1957 年发表的论文《大都市带：东北海岸的城市化》就是在观察北美城市化现象之后撰写的，文中对城市群的概念、应具备特征等进行进一步的明确[②]。之后，在城市经济学家亨德森、新经济地理学家克鲁格曼等学者的不断努力与完善下，与城市群相关的研究逐渐理论化和系统化。近六十多年来，国外学者对城市群的研究主要有以下三个方面的内容。

---

① Ebenezer Howard. Garden Cities of Tomorrow [M]. London: Swan Sonnenschein & Co. Ltd. 1902.

② Gottman J. Megalopolis, or the Urbanization of the Northeastern Seaboard [J]. Economic Geography, 1957, 33 (7): 31-40.

一是从新经济地理学视角进行研究。这方面的研究比较有代表性的是克鲁格曼（Paul Krugman）和藤田昌久（Masahisa Fujita），他们在1999年《空间经济学——城市、区域与国际贸易》一书中阐明了国家和国际层面的空间经济凝聚和区域失衡的微观经济基础。他们认为，城市和城市群都是集聚的结果，较大的制造业份额意味着较大的前向关联和后向关联，它们是最大的集聚力；集聚因素将使得在多个地区和连续空间中会产生数量更少、规模更大的集中，多中心地理应该是一种稳定均衡结构①。之后藤田昌久（2009）进一步对克鲁格曼的理论从经济学和区域科学两个角度对经济地理学的研究提出新的见解②。而格莱瑟（Edward L. Glaeser，2005）在《城市巨人：为什么纽约是美国最大的城市》一文中则明确城市群中的地理决定论以及本地化经济理论等的重要性，同时指出纽约大都市几个世纪以来的成功一直与它作为一个创意城市的优势相关③。

二是基于外部性的研究。城市群追求的是外部规模经济，即因有外部性的存在而产生并促使城市集聚。这方面的研究最早来自亨德森（Henderson J. V.，1974），他认为城市集聚的向心力来自本地化经济，而城市的拥挤、成本等则构成了离心力④。格莱瑟（1988）则从货币角度对外部性研究进行补充，他认为外部经济的形成与生产非贸易投入品有关，因为这些生产具有报酬递增且垄断竞争等特点⑤。而马克·D·帕蒂吉（Mark D. Partridge，2010）则从工资和住房成本等外部性要素，分析了美国偏远地区即使在世界技术进步很大的今天仍然经济增长相对较慢的原因，说明与中心城市的距离远近对城市发展起到了重要影响作用⑥。

---

① Fujita M., P. Krugman and A. Venables. The Spatial Economy: cities, Regions, and International Trade [M]. Cambridge, MA: MIT Press, 1999: 72-99.

② Masahisa Fujita. New Economic Geography: An appraisal on the occasion of Paul Krugman's 2008 Nobel Prize in Economic Sciences [J]. Regional Science and Urban Economics, 2009, 39 (2): 109-119.

③ Glaeser E. L. Urban Colossus: Why is New York America's Largest City? [J]. Economic Policy Review-Federal Reserve Bank of New York, 2005, 11 (2): 7-24.

④ Henderson J. V. The Sizes and Types of Cities [J]. American Economics Review, 1974, 64 (4): 640-646.

⑤ Edward L. Glaeser. A monopolistic competition model of spatial agglomeration: Differentiated product approach [J]. Regional Science and Urban Economics, 1988, 18 (1): 87-124.

⑥ Mark D. Partridge. Recent spatial growth dynamics in wages and housing costs: Proximity to urban production externalities and consumer amenities [J]. Regional Science and Urban Economics, 2010, 40 (6): 440-452.

三是从内生增长的视角进行研究。该类研究的主要观点是认为地方化知识和技术溢出促成了城市群的形成与发展，其中比较有代表性的学者有艾伦（Allen J. Scott）和格莱瑟等。例如，艾伦（1992）在《地方劳动力市场的空间组织》研究中提出当地的劳动力市场是雇主的重要聚集经济来源①。格莱瑟（1999）的《城市中的学习》研究表明，产业的集聚水平提高了城市的聚集程度，这些使以知识传递和人力资本为特征的劳动力交流愈加的频繁和密集，从而吸引更多更优秀的劳动者，而更好更有质量的学校也得以建立②。同时，格莱瑟（2000）在《城市研究的未来：非市场互动》一文中又认为，个人之间的社会联系、社会交往等非市场的相互作用对城市群发展是极其重要的③。艾伦（2006）在《创业、创新和工业发展：地理和创意领域》一文中对工业集聚是生产者寻找创造性协同效应的结果，还是这种协同效应本身只是聚集的偶然结果等问题展开了研究④，同时他又在 2015 年关于《城市的本质》研究中提出，所有的城市不仅是一个集聚的动态过程，也是一个关于区位、土地使用和人际交互相关关系的演变过程⑤。甚至格莱瑟（2017）还专门就发展中国家的城市生产力进行研究，提出了对于发展中国家来说教育似乎是城市化的有力补充，企业家的人力资本与城市的成功密切相关等观点，因此需要通过有效设置公共部门、创造激励机制等手段来吸引人才，从而提高城市的生产力和竞争力⑥。

以上这些研究与学说对我们研究城市发展与城市集聚地带内部形成规律有很大的参考价值，但是如何结合中国的实际，探讨同城化乃至城市群的演变规

---

① Allen J. Scott. The Spatial Organization of a Local Labor Market：Employment and Residential Patterns in a Cohort of Engineering and Scientific Workers [J]. Growth and Change，1992，23（1）：94-115.

② Edward L. Glaeser. Learning in Cities [J]. Journal of Urban Economics，1999，46（2）：254-277.

③ Edward L. Glaeser. The Future of Urban Research：Non-Market Interactions [J]. Brookings-Wharton Papers on Urban Affairs，2000：101-138.

④ Allen J. Scott. Entrepreneurship，Innovation and Industrial Development：Geography and the Creative Field Revisited [J]. Small Business Economics，2006，26（1）：1-24.

⑤ Allen J. Scott. The Nature of Cities：The Scope and Limits of Urban Theory [J]. International Journal of Urban and Regional Research，2015，39（1）：1-15.

⑥ Glaeser，E. L. Urban productivity in the developing world [J]. Oxford Review of Economic Policy，2017，33（3）：373-404.

律尚需作深入的分析。

二、国内研究现状

随着市场竞争的不断加剧、区域经济协作与一体化的不断深入,全世界的城市都在不断地想方设法提升自身竞争力,中国的城市也不例外。同城化战略以其扁平化的市场型区际关系逐渐成为中国众多省市增强竞争力的一种务实选择。中国的同城化实践其实早就有之,例如1982年开始的长株潭一体化方案,虽然没有使用"同城化"概念,但二者之间的性质是一致的。目前从全国范围来看,带有"同城化"色彩的区域发展规划实践早已屡见不鲜,因此同城化的理论研究也就逐渐增加起来。

(一) 国内同城化研究文献的总体分布

截至2017年12月4日,以主题词"同城化"检索福建省高校数字图书馆,共返回9 064个结果,其中1999—2017年十八年期间共有1 692篇相关文献。检索结果显示,与国内同城化相关文献主要发表在十八个研究领域中(如图1-6所示),其中经济、工业技术、文化科学教育体育为前三个主要研究领域。

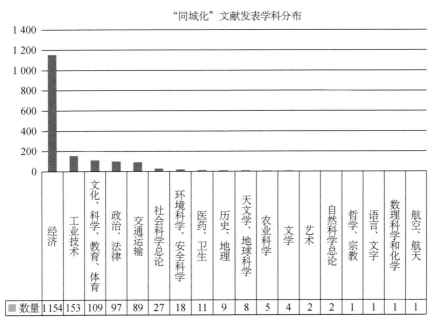

图1-6　1999—2017年国内同城化研究文献发表学科分布

具体而言，经济领域共有1 154篇相关文献，占68.2%；工业技术领域共有153篇相关文献，占9%；文化科学教育体育共同领域有109篇文献，占6.4%。从这些检索结果可以看出，国内同城化研究范围也比较广泛，但主要集中在经济领域。

图1-7和图1-8显示的是国内同城化研究文献发表方式情况，其中报纸、期刊和年鉴是三种主要的发表方式，且报纸在2006—2016年是绝对的主要发表方式。这说明，中国的同城化是自上而下的，说明国家对同城化的重视力度很大，并通过报纸等新闻媒体进行广泛宣传。但从发展趋势看，近一两年，期刊已接近报纸，甚至有超越报纸的可能，说明同城化已不再仅仅只是国家和新闻媒体关注的事情，学术界对同城化理论的研究也逐渐跟上。

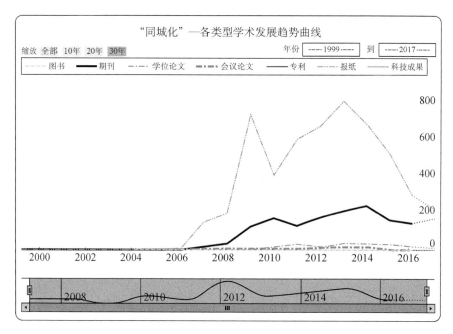

图1-7　1999—2017年国内同城化研究文献发表方式发展趋势

图1-9显示的是国内同城化研究的主题统计情况，其中区域经济、城市群、都市圈、大都市区、一体化是主要关键词，这说明中国的同城化是在国外大都市区、城市群等相关研究基础上发展起来的。

图1-10显示的是国内同城化研究主要作者统计情况，在重要期刊中的主要作者包括葛向勇、王意恒、程安东、刘诗、王林生等学者。

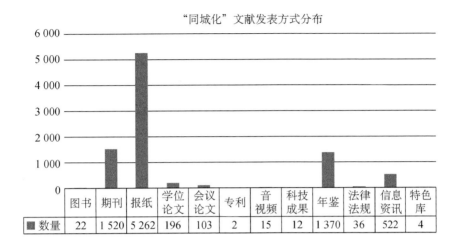

图1-8 1999—2017年国内同城化研究文献发表方式分布

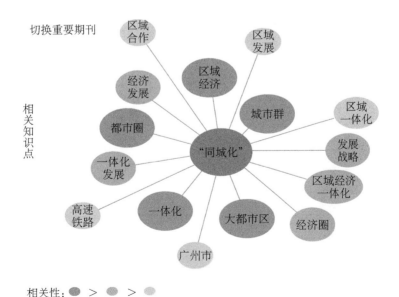

图1-9 1999—2017年国内同城化研究文献主题分布

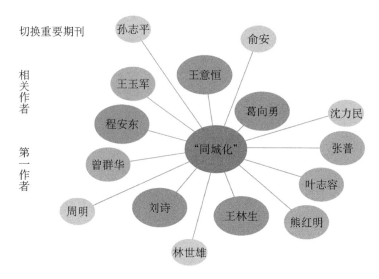

图 1-10　1999—2017 年国内同城化研究主要学者

图 1-11 显示的是国内同城化研究基金项目分布情况。从结果可见，省市基金项目虽然占领中国同城化研究基金主要来源的第一位，但其后的五类基金都是国家级的，这个检索结果进一步呼应中国的同城化是国家战略这个事实，国家行为成分占很大比例。当然，各地对同城化研究的热情度也很高，这与同城化实践在中国各地蓬勃发展的现实相吻合。

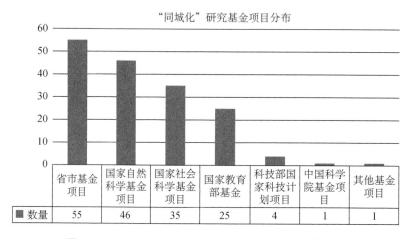

图 1-11　1999—2017 年国内同城化研究基金项目分布

(二) 国内同城化研究的主要内容

国内同城化研究的内容主要围绕以下三个方面。

1. 同城化的动力机制研究

同城化的动力机制研究比较有代表性的观点有：桑秋等（2009）通过沈抚同城化的实证分析，得出同城化的动力主要来自于不断加强的城市间经济联系以及政府治理方面的各种合作，另外还有政府企业化等方面①。牟勇（2009）基于对合淮同城化的实证分析，提出规模经济和转移、竞争、福利等效应因素是同城化产生的主要原因②。杨海华等（2010）则认为，来自政府的推动力和来自市场的驱动力是广佛同城化的主要动力③。梁文婷（2010）则从主城与辅城的视角，认为同城化的主要动力机制是来自主城与辅城之间的双赢关系④。朱虹霖（2010）在对广佛同城化进行实证研究后，认为广佛同城化的源动力是为了竞争与发展⑤。曾群华（2011）认为，同城化就是城市之间为了共同利益而努力寻求"同城化租金"⑥。衣保中（2013）基于长吉同城化的实证研究，认为长吉同城化发展的动力主要有两个，一是市场一体化，二是产业互补⑦。朱惠斌（2013）以深港同城为研究对象，认为要素渗透、战略高地、移民投资和同城发展等是影响同城化的主要因素⑧。杨锋梅（2013）则提出太榆旅游同城化的驱动力系统包括政府政策、旅游市场需求、旅游资源和区位等四要素⑨。张启祥（2013）在对宁镇扬同城化进行实证研究之后，认为空间、利益和市场是推动宁镇扬同城化发展的三大主要动力因素⑩。刘学华（2017）从诱致性制

---

① 桑秋，张平宇，罗永峰. 沈抚同城化的生成机制和对策研究 [J]. 人文地理，2009（3）：32—36.
② 牟勇. 合（肥）淮（南）同城化：内涵、效应、障碍与实现 [J]. 消费导刊，2009（11）：124.
③ 杨海华，胡刚. 广佛同城化的生成机制和合作模式研究 [J]. 广东经济，2010（8）：48—51.
④ 梁文婷. 同城化毗邻城市中辅城的空间扩展研究 [D]. 西安：西北大学城市规划与设计学院，2010.
⑤ 朱虹霖. 广佛同城发展动因分析——经济社会发展的可能与必然 [J]. 南方论刊，2010（7）：11—12.
⑥ 曾群华，邓江楼，张勇等. 基于新制度经济学的同城化研究 [J]. 城市观察，2012（2）：78—86.
⑦ 衣保中，黄鑫昊. 长吉同城化动力机制及对策分析 [J]. 东疆学刊，2013（1）：92—98.
⑧ 朱惠斌，李贵才. 深港联合跨界合作与同城化协作研究 [J]. 经济地理，2013，33（7）：9—14.
⑨ 杨锋梅，曹明明，邢兰芹. 旅游同城化的动力机制与合作模式研究——以太榆同城化为例 [J]. 经济问题，2013（10）：121—124.
⑩ 张启祥. 宁镇扬推进同城化中动力机制研究 [J]. 改革与开放，2013（2）：5—6.

度变迁视角对同城化趋势下上海服务长三角的路径与机制进行研究，提出在当前基础设施的改善导致城市间"同城化"的客观选择背景下，各城市之间应该在突破传统制度发展模式等领域有所创新，并协同合作，才能促使同城化区域内各城市的共同发展[1]。

2. 同城化的合作模式研究

同城化的合作模式研究比较具有代表性的观点有：杨海华（2010）以广佛同城化为例，从行政角度和治理角度定性了广佛同城化的合作模式，前者为区域委员会和城市联盟组织模式，后者为多元的区域治理[2]。邢铭（2011）归纳同城化的组织管理模式主要有五种：地方首脑协商模式、联合党委模式、上级政府派出机构模式、管理委员会模式和框架协议模式[3]。焦张义等（2011）归纳总结了四种目前存在的同城化模式，分别为跨行政区的理事会模式、联合党委模式、上级政府派出机构模式和地方政府首脑协商模式，并进一步对同城化模式提出改进建议[4]。叶祥松等（2011）提出，应构建超广佛政府的管理和协调机构[5]。朱惠斌（2013）认为同城化模式可概括为区域宏观统筹型、部委课题委托型和单边地方政府主导型[6]。杨锋梅（2013）以太榆同城化为研究对象，认为其合作模式是处于优势互补型、依附型、同质增强型三种模式共生共存的阶段[7]。方创琳（2017）在对京津冀城市群协同发展的理论基础与规律性进行研究时提出，京津冀城市群协同发展的真正内涵是推动城市群实现规划协同、交通协同、产业协同、城乡协同、市场协同、科技协同、金融协同、信息协同、生态协同和环境协同，建设协同发展共同体[8]。

3. 同城化的区域经济联系研究

对城市之间经济联系的研究，目前理论界主要有三种思路，第一种是通过

---

[1] 刘学华. 同城化趋势下上海服务长三角的路径与机制研究 [J]. 科学发展, 2017 (4): 40—46.
[2] 杨海华, 胡刚. 广佛同城化的生成机制和合作模式研究 [J]. 广东经济, 2010 (8): 48—51.
[3] 邢铭. 大都市区同城化发展研究 [D]. 长春: 东北师范大学, 2011.
[4] 焦张义. 我国城市同城化发展的模式研究与制度设计 [J]. 现代城市研究, 2011 (6): 7—10.
[5] 叶祥松, 彭良燕. 广佛同城化的博弈分析 [J]. 广东商学院学报, 2011 (2): 62—67.
[6] 朱惠斌, 李贵才. 深港联合跨界合作与同城化协作研究 [J]. 经济地理, 2013, 33 (7): 9—14.
[7] 杨锋梅, 曹明明, 邢兰芹. 旅游同城化的动力机制与合作模式研究——以太榆同城化为例 [J]. 经济问题, 2013 (10): 121—124.
[8] 方创琳. 京津冀城市群协同发展的理论基础与规律性分析 [J]. 地理科学进展, 2017 (1): 15—24.

牛顿力学引力模型来研究,第二种是通过城市流模型来研究,第三种是通过DEA方法进行研究。第一种方法主要用于"距离衰减效应"和"空间相互作用"的经验研究当中,第二种方法主要用于城市群区域内包括人流、物流、技术流等"空间流的相互作用"和"寻找专业化部门"等的研究中。这两种方法的最大区别在于前者强调城市自我服务活动对自身引力的影响,而后者强调的是城市与外界的联系中所产生的经济活动辐射能力[①]。第三种方法是通过DEA方法和Malmquist指数等,从投入产出的角度对城市群经济效率进行研究。当然,除了以上三大类方法外,还有采用诸如耦合度模型[②]、突变级数法[③]等其他方法来测定同城化区域协同合作后的综合经济实力。

这里重点梳理与DEA方法有关的城市经济效率文献。城市作为一个复杂开放系统,各种城市功能与市政服务的输出,需要不断地投入各类物质资源。于是,从投入产出角度来研究城市经济效率,长期以来一直是国内外学术界关注的一个重要领域。一般来说,我们通常用人均GDP、百元资金利润率等平均指标进行研究,这就使得评价指标相对比较单一,不能从综合效益角度对城市的多投入与多产出进行有效评价。今天,更多的效率研究主要采用DEA方法。DEA方法是一种对若干具有多投入、多产出的决策单元(Decision Making Unit,简称DMU)进行经济有效性分析的定量计算方法,自上个世纪80年代后开始被国内外学者所广泛采用,如Charnes等人在1989年就中国28个城市的经济发展状况进行了DEA分析[④]。但是,DEA方法对城市效率研究的应用还是处于初步阶段。以国内研究为例,采用DEA方法对城市经济效率进行研究的文献很多。如杨开忠(2002)等对1999年中国30个直辖市、省会城市效率进行了比较分析,发现城市规模与效率并非完全成正比[⑤];李郇(2005)等对1990—2000年中国202个地级以上城市效率进行了分析,认为中国城市效

[①] 林东华,吴秋明. 福建省城市流强度与结构研究 [J]. 东南学术,2013 (1):80—88.

[②] 孔伟,任亮,刘一凡,等. 京张生态建设协同发展水平评价及提升对策研究 [J]. 资源开发与市场,2018,34 (1):23—27.

[③] 曾月娥,伍世代. 基于突变级数法的厦漳泉城市群城市综合实力评价 [J]. 贵州师范大学学报(自然科学版),2017 (1):15—21.

[④] Charnes A, William W Cooper, Shanling Li. Using data envelopment analysis to evaluate efficiency in the economic performance of Chinese cities [J]. Socio-Economic Planning Sciences,1989,23 (6):325-344.

[⑤] 杨开忠,谢燮. 中国城市投入产出有效性的数据包络分析 [J]. 地理学与国土研究,2002,18 (3):45—47.

率较低[1]；俞立平（2006）对中国 35 个城市 2002—2005 年的经济效率进行测度研究[2]；金相郁（2006）对中国 41 个主要城市在 1990—2003 年期间全要素生产率进行动态分析评价，得到城市的规模增长和全要素生产率之间呈负相关关系的结论[3]；张蕊（2006）对中国 31 个省、区、市的投入产出有效性进行数据包络分析[4]；袁晓玲（2008）基于超效率 DEA 对中国 15 个副省级城市 1996 年、2001 年和 2006 年的城市效率演变特征进行研究[5]；高炜宇（2008）对国内 15 个有代表性大城市 2000—2006 年的城市生产效率进行测算[6]；王金祥（2008）基于超效率 DEA 对中国 15 个副省级城市 2004 年的城市效率进行评价分析[7]；郭腾云等（2009）对 1990 年、2000 年和 2006 年中国 31 个特大城市要素资源效率及变化进行了深入研究[8]；樊华（2005）应用改进的 DEA 模型对长三角 15 个城市 2002 年的经济发展有效性进行实证分析，发现这 15 个城市经济发展有效性差距明显等结论[9]；郭海涛等（2007）对 2004 年 12 个不同类型矿业城市综合效率进行了评价[10]；古丽鲜等（2009）对 2007 年中国 75 个地级资源型城市的经济发展效率进行定量分析评价[11]；孙威（2010）对中国 24 个典型资源型城市在 2000—2008 年的城市效率及其变化进行测度研究[12]；方创琳

---

[1] 李郇，徐现祥，陈浩辉. 20 世纪 90 年代中国城市效率的时空变化 [J]. 地理学报，2005，60（4）：615—625.

[2] 俞立平. 中国城市经济效率测度研究 [J]. 中国人口科学，2006（4）：51—56，96.

[3] 金相郁. 中国城市全要素生产率研究：1990—2003 [J]. 上海经济研究，2006（7）：14—23.

[4] 张蕊，刘慧田，金信. 中国各省（直辖市）投入产出有效性的数据包络分析 [J]. 经济纵横，2006（1）：118—119.

[5] 袁晓玲，张宝山，张小妮. 基于超效率 DEA 的城市效率演变特征 [J]. 城市经济，2008（6）：102—107.

[6] 高炜宇. 国内大城市生产效率的对比分析 [J]. 上海经济研究，2008（11）：3—10.

[7] 王金祥. 基于超效率 DEA 模型的城市效率评价 [J]. 西安电子科技大学学报（社会科学版），2008，18（1）：62—64，70.

[8] 郭腾云，徐勇，王志强. 基于 DEA 的中国特大城市资源效率及其变化 [J]. 地理学报，2009，64（4）：408—416.

[9] 樊华. 长江三角洲各城市经济发展有效性研究 [J]. 开发研究，2005（3）：60—63.

[10] 郭海涛，于琳琳，李经涛. 我国资源型城市效率的 DEA 方法评价 [J]. 中国矿业，2007，16（6）：5—9.

[11] 古丽鲜，肖劲松. 中国资源型城市经济发展效率评析 [J]. 干旱区地理，2009，32（4）：624—630.

[12] 孙威. 基于 DEA 模型的中国资源型城市效率及其变化 [J]. 地理研究，2010，29（12）：2155—2165.

（2011）对 2003 年和 2008 年中国 23 个城市群进行投入产出效率的综合测度与空间分异研究[1]；李江苏（2017）运用两种 DEA 模型从空间、发展阶段和资源类型三个角度对中国 115 个资源型城市的发展效率进行评价比较[2]。这些研究中，从研究对象选择来看，有从全国范围直接选择若干个城市的，有选择某一类型或某一区域的城市，还有选择城市集群的；从研究方法来看，有直接选择 DEA 中的 CRS 模型和 VRS 模型的，有选择超效率 DEA 的，选择 Malmquist 指数方法的，还有采用突变级数法的；从研究角度来看，有通过横向比较来获得不同区域或不同城市的经济效率差异程度从而寻找差异原因的，也有通过纵横比较相结合，既从空间面上角度又从时间动态角度来寻找影响经济效率的原因。总体来说，研究角度很多，方法也有别，但由于评价指标选择问题，导致有些研究结论与现实有差异[3]。

三、研究述评

由于同城化是中国首创概念，且国外没有直接对应的词语，所以这里的研究述评主要限于国内。

与现实实践的热衷相对应，中国理论界也开始积极展开了对同城化问题的研究，但总体说来研究尚处初期阶段。第一，从研究时间来看，最早一篇同城化研究文章是 2007 年的《大都市经济圈与同城化问题浅析》，所以相关研究起步晚，且主要研究成果集中在近八年。第二，从研究对象来看，目前国内对同城化的研究主要是对各个同城化区域板块的个案分析，其中最多的是对广佛同城化、沈抚同城化等同城化实践的报道和建议，但对同城化普适性理论的研究还比较少。第三，从研究内容来看，首先主要关注于描述同城化的特征、布局规划、形成机理、动力机制、发展模式、经济联系等局部性问题并提出相应的对策；其次是铁路交通的同城化问题研究；最后是旅游、金融、公共政策、社会保障等同城化问题研究。第四，从研究方法适用面看，目前关于同城化的研究方法有不少是继承原先研究都市圈、城市群、一体化等方法，这进一步说明

---

[1] 方创琳，关兴良. 中国城市群投入产出效率的综合测度与空间分异 [J]. 地理学报，2011，66 (8)：1011—1022.

[2] 李江苏，王晓蕊，苗长虹. 基于两种 DEA 模型的资源型城市发展效率评价比较 [J]. 经济地理，2017，37 (4)：99—106.

[3] 林东华. 中国特大城市经济效率测度研究 [J]. 东南学术，2015 (5)：133—139.

了同城化与都市圈、城市群、一体化等概念关系紧密。第五，从研究大视角来看，目前与同城化相关的研究文献中，更多是从经济效应的角度去评价同城化效果，而对同城化带来的社会效应研究不多，尤其是涉及同城化中的社会文化协同、生活同质影响等研究几乎还是处于空白状态。由此可见，目前对同城化进行系统综合研究还远远不够，对同城化深层产生动因机制等研究也不足，而从系统集成的角度研究同城化问题更是几乎没有。

第三节 研究目标和研究内容

一、研究目标

本书研究的主要目标就是构建同城化协同管理的理论体系，并通过具体同城化案例实证研究去进一步印证所提出的同城化协同管理理论框架，以期对中国同城化的实际工作具有一定的参考价值。

二、研究内容

本研究在同城化相关理论梳理、同城化集成租金形成机理认识、基于扎根理论的同城化影响因素筛选等基础上，构建了同城化协同管理理论体系，并进一步从制度协同、要素协同、文化协同三个维度分别进行系统的内容研究，紧接着再进一步对集成视角的同城化协同度进行评测研究，最后结合具体的同城化实证研究，进一步印证所提出的同城化协同管理理论体系。

全书共分为九个部分。

第一章，绪论。通过对中国同城化实践的发展和需求分析，得出基于集成视角的同城化协同管理研究背景和研究意义；通过对国内外相关文献研究趋势、研究热点等的分析，进一步明确本书的研究目标、研究内容以及研究方法、技术路线等。

第二章，相关理论基础。对同城化协同管理研究的相关理论进行梳理，具体包括同城化理论、集成理论、系统理论、协同理论、区域分工理论和扎根理论，以及这些理论与同城化协同管理理论之间的关系，旨在为本书后续研究铺垫扎实的理论基础。

第三章，集成视角的同城化协同管理理论体系构建。本章首先运用高频词分析法对同城化的内涵和热点内容进行分析，从而进一步理解和认识同城化理论的内涵和发展。接着，提出了同城化集成租金的概念并分析其形成机理，同时借助扎根理论对同城化的影响因素进行筛选，进而构建集成视角下的同城化协同管理理论体系，具体包括制度协同、要素协同和文化协同三个构面。

第四章，同城化的制度协同管理。本章通过对区域合作下治理模式演变的分析及比较，提出了同城化网络治理的思路并对其内涵和特征进行了界定，进而结合中国同城化治理实践中面临的问题及美国、德国的大都市区治理经验，构建了同城化网络治理模式，并从正式治理和非正式治理两种方式及其相应治理机制分别进行了具体阐述。

第五章，同城化的要素协同管理。本章从同城化的资源要素分析入手，阐述了同城化的要素协同管理机制，并从投入产出及过程管理两个层面分别阐述了实现同城化要素协同管理的路径，同时以京津冀和厦漳泉两个同城化实例分别对所提出的两种同城化要素协同管理路径方法进行应用分析。

第六章，同城化的文化协同管理。本章通过对同城化文化协同内涵和性质的界定，分析了中国同城化文化协同管理面临的问题及其原因，进而构建了基于共主体性思维的同城化文化协同管理模型，并分别从理念层、制度层、器物层三个方面阐述了同城化文化协同管理的构想，最后进一步阐述了同城化文化协同的逻辑关系和运行机理。

第七章，集成视角的同城化协同度评测研究。本章在前文研究基础之上，借助 Yaahp11.2 软件，结合运用层次分析法、模糊综合评价法和专家意见法等方法，构建同城化协同度评价模型，并系统设计同城化协同度的评价指标，最终生成了同城化协同度评测表。

第八章，实证分析了厦漳泉同城化的发展及其协同管理。本章首先阐述了厦漳泉同城化的发展背景、发展基础和发展现状，其次是对厦漳泉同城化的发展效果进行了定量分析和定性分析，主要通过对六年多来厦漳泉同城化协同度的评测，从中找出厦漳泉同城化协同管理中可能存在和需要思考的问题，以更有针对性地提出厦漳泉同城化协同管理的思考。

最后是结束语。对全书主要结论进行总结，并归纳主要创新点，最后阐述了论文存在的研究不足并提出研究展望。

第四节 研究方法和技术路线

一、研究方法

（一）多学科理论的交叉研究

本书应用包括管理学的集成管理理论、协同管理理论、扎根理论，经济学的投入产出理论、区域分工理论等进行综合交叉研究，并在此基础上进行深入的文献梳理与理论推演，总结概括出同城化集成租金的形成机理、同城化的影响因素和同城化协同管理的研究维度，为本书在同城化理论研究中选好突破点。

（二）文献研究与实证研究相结合

通过对大量中英文相关文献的阅读和分析，为本书的理论归纳及其分析和后续的实证研究寻找理论依据。同时通过对中国同城化实践案例的实证分析，进一步印证文中所提出的同城化协同管理理论体系，以期对中国同城化实践工作有一定的启示。

（三）系统集成和对比分析相结合

本研究在坚持系统集成观的前提下，强调理论分析及实证分析的系统性，并把集成的理念运用到全书研究的每一个层面；同时大量运用对比分析方法对同城化的相关概念以及区域治理模式等分别进行比较分析，并注重理论演化及不同理论观点的比较，注重理论分析的特殊性和普遍性，从而能更好地把握问题的实质与关键。

（四）定性研究与定量研究相结合

本研究在大量使用比较研究、内容分析、逻辑推演、扎根理论等定性研究方法外，还运用 Deap、SPSS、Excel、Yaahp 等软件工具进行相关定量研究，使得研究的信度与效度能在较高程度上得以保证。

二、技术路线

本研究将按照以下思路进行：相关基础理论梳理→理论体系构建→理论内容研究→实证分析→理论深化完善→结论，具体研究技术路线详见图 1-12 所示。

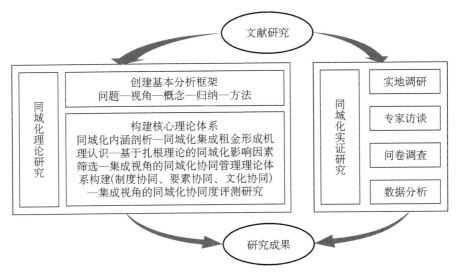

图 1-12　本书研究技术路线图

本 章 小 结

本章主要是对全书写作思路和研究框架等的整体介绍。首先，对研究背景与研究意义进行阐述，以引出研究的紧迫性与重要性。接着，分别就国内外研究现状进行述评，从研究趋势、研究热点、研究主题等进一步说明本书研究的意义与研究可能的切入点。再者就是对本书的研究目标和研究内容进行说明，从而为全书研究明确方向，搭建研究结构。最后，阐述了全书研究方法和技术路线。

第二章
相关理论基础

第一节 同城化理论

一、同城化的产生

深圳市政府在 2005 年所发布的《深圳 2030 城市发展策略》中，第一次使用了"同城化"概念。同城化是中国城市化进程中独有的产物，发展至今已经十几年了，虽然中国有很多的学者从各个角度对同城化进行深入研究，但至今"同城化"还没有形成自己系统的、成熟的理论。因此，本节主要通过梳理至今为止已有的同城化概念定义，来进一步明确同城化概念的内涵，以便为本书即将进行的同城化协同管理理论体系构建铺垫理论基础。另外，同城化概念之所以需要单独探讨，正如徐涛（2014）所认为的：如果在同城化概念使用初期不对其进行严格的界定，很容易造成概念认识和使用上的混乱。因此有必要对同城化概念进行严格的界定，这样有利于同城化理论的持续发展[1]。

二、同城化内涵的梳理

表 2-1 是按照时间顺序就近年来国内主要学者对同城化概念的定义解释所进行的系统梳理，以更清晰地识别其异同，明确同城化已有的理论研究成果。

---

[1] 徐涛，魏淑艳，王颖. 同城化概念及其界定问题探讨 [J]. 社会科学家，2014（11）：56—60.

表 2-1　同城化概念梳理

作者	提出时间	同城化概念
高秀艳 等	2007	同城化是提高区域经济整体竞争力的一种发展战略，它是为突破保护主义限制和城市行政区划分割，通过促进区域市场、产业以及基础设施等的一体化以及资源共享等来实现的①。
胡兆量	2007	同城化是捆绑在一起的命运和利益共同体②。
刑铭	2007	同城化是指若干个地域相邻、经济和社会发展要素紧密联系的城市，通过共同配置彼此的经济要素，使各参与城市共同协调产业定位、基础设施建设、城市管理等，使市民弱化属地意识，最终实现城市化发展成果的共享③。
闫世忠 等	2008	同城化是相邻城市之间各种生产要素互为依托、自由流动、空间连绵、功能融合的现象④。
谢俊贵	2009	同城化是一个城市整合发展过程，是那些没有行政隶属关系的相邻城市，通过统一规划、协同发展，实现其城市功能放大，以使相关居民感受到有如生活在同一城市一般⑤。
桑秋 等	2009	同城化是那些区位邻近的城市，借助人文相近、产业互补等优势，在加强社会经济联系后所呈现的制度、经济和空间一体化的现象⑥。
王德 等	2009	同城化是城市化的重要阶段，是社会经济发展到特定阶段才有的趋势⑦。
邹辉 等	2009	同城化是指相邻城市通过相互合作，来增强整体竞争力，完善城市功能⑧。
李晓晖 等	2010	同城化是若干个地域相邻城市之间，通过资源共享、功能互补等，多赢发展，最终实现区域发展的整体高级化⑨。

---

① 高秀艳，王海波. 大都市经济圈与同城化问题浅析 [J]. 企业经济，2007（8）：89—91.
② 胡兆量. 关于深圳和香港共建国际大都市的问题 [J]. 城市问题，2007（1）：3—8.
③ 邢铭. 沈抚同城化建设的若干思考 [J]. 城市规划，2007，31（10）：52—56.
④ 闫世忠，常贵晨，刘忠付. 沈抚同城化前景展望 [J]. 中国工程咨询，2008，98（10）：38—39.
⑤ 谢俊贵，刘丽敏. 同城化的社会功能分析及社会规划试点 [J]. 广州大学学报（社会科学版），2009，8（8）：24—28.
⑥ 桑秋，张平宇，罗永峰等. 沈抚同城化的生成机制和对策研究 [J]. 人文地理，2009（3）：32—36.
⑦ 王德，宋煜. 同城化发展战略的实施进展回顾 [J]. 城市规划学刊，2009（4）：74—78.
⑧ 邹辉，张辉. 丹东与大连同城一体化探析 [J]. 党政干部学刊，2009（3）：39—41.
⑨ 李晓晖，肖荣波，廖远涛等. 同城化下广佛区域发展的问题与规划对策探讨 [J]. 城市发展研究，2010（12）：77—83.

(续表)

作者	提出时间	同城化概念
王 振	2010	随着交通便捷化和时空距离的不断缩短，同城化就是各个城市之间通过打破行政边界、共享发展资源，形成一个紧密联系、共存共荣的城市群或大都市圈经济体[①]。
李 红 等	2010	同城化是一种新型的城市发展战略，它通过对相邻城市进行空间管治，使相互之间在基础设施、产业结构等方面逐渐融合，以实现一体化发展目标[②]。
梁文婷	2010	同城化是毗邻城市因为各种特殊关系，如地理相连、文化相似等，通过紧密联系各种经济和社会发展要素，努力共建发达便捷的交通运输网和通信联络网，而实现城市之间的共同发展[③]。
刘法建	2010	同城化的基本内涵是指地域相邻的城市，因为具备一定的融为一体的发展条件，通过城市间的相互融合，市民可以不断地分享城市化所带来的发展成果[④]。
李开平	2010	同城化是城市发展到一定阶段，要求突破现有行政区划的制约，从更大的范围内优化配置资源、促进共同繁荣发展而进行的系统工程[⑤]。
梁德庚	2010	同城化是在不改变行政体制的情况下，为提高区域空间布局优化、自主创新能力、提升城市功能等，而实现的区域经济一体化[⑥]。
焦张义	2011	同城化是指若干个相邻城市之间的一系列制度安排和运行机制，是经济联系日益紧密背景下，为协调相互冲突的利益关系而形成的[⑦]。
方创琳	2011	同城化是指若干个相邻城市通过相互借力彼此的社会经济和自然生态环境等发展资源，实现共赢发展，以提高区域整体综合实力的城市综合体[⑧]。

---

① 王振. 长三角地区的同城化趋势及其对上海的影响 [J]. 科学发展, 2010 (4): 101—109.
② 李红, 董超. 对同城化发展的几点思考 [J]. 安徽农业科学, 2010 (13): 7032—7033, 7036.
③ 梁文婷. 同城化毗邻城市中辅城的空间扩展研究 [D]. 西安: 西北大学城市规划与设计学院, 2010.
④ 刘法建, 章锦河, 张捷等. 旅游同城化的概念、策略及案例分析 [J]. 经济问题探索, 2010 (3): 168—172.
⑤ 李开平等. 城镇密集地区城市规划合作的探索与实践——以"广佛同城"为例 [J]. 规划师, 2010, 26 (9): 47—52.
⑥ 梁德庚. 同城化背景下县域经济的发展 [J]. 经济导刊, 2010 (1): 56—57.
⑦ 焦张义. 我国城市同城化发展的模式研究与制度设计 [J]. 现代城市研究, 2011 (6): 7—10.
⑧ 方创琳. 面向国家未来的中国人文地理学研究方向的思考 [J]. 人文地理, 2011 (4): 1—6.

（续表）

作者	提出时间	同城化概念
王 玉 等	2011	同城化是发展平台与协调机制的创新，以淡化行政区划管制，最终促进区域整体社会经济高度一体化发展①。
曾群华	2012	以新制度经济学与博弈论为研究视角，认为同城化是指以"资源共享、优势互补、互利共赢"为共同发展目标，城市之间突破行政界限，建立"同城"标准，在同质的环境中共同协同发展的新型地域组合关系②。
衣保中	2012	同城化是指相邻城市之间，在经济地理环境存在相互依存、相互补充的条件下，通过淡化行政边界、实现资源共享、产业协同发展等，从而提高区域整体竞争力的一种区域经济发展战略③。
曾月娥	2012	同城化是指具有较强功能互补、经济联系的相邻城市，其在城市发展的指导下，以政府引导为手段，通过共同配置经济要素，形成高度协调、统一的政策机制，旨在促进产业优化升级，提升城市影响力，深化城市发展的城市相互作用模式④。
张菊伟	2012	同城化问题是地域接近的经济体在行政独立和经济互助基础上，通过资源共享和产业调整，以文化互通、生产集聚、经济发展为目的的一种区域经济发展方式和产业优化过程⑤。
林东华	2013	同城化就是指两个或两个以上城市在空间相邻的物质基础上，通过行政破界、优势互补等手段，实现利益共享，并以此来进一步提升区域经济综合竞争力的战略过程⑥。
陆 昂	2013	同城化是指若干个城市因地域相邻、经济相依、人文同脉等原因，呈现出功能关联、认同感强等特性，通过经济、行政、法律等多种协同方式，来促进共同发展⑦。

---

① 王玉，许松辉，林太志. 同城化背景下的地区整合规划——以广佛金沙洲地区为例[J]. 规划师，2011（12）：18—23.

② 曾群华，徐长乐，邓江楼. 沪苏嘉一体化进程中的同城化研究[J]. 华东经济管理，2012，26（3）：53—56.

③ 衣保中，黄鑫昊. 长吉同城化动力机制及对策分析[J]. 东疆学刊，2013（1）：92—98.

④ 曾月娥，伍世代，李永实等. 海西经济区同城化的地学透视——以厦漳同城化为例[J]. 贵州大学学报（自然科学版），2012，29（1）：105—109.

⑤ 张菊伟，李碧珍. 福莆宁同城化的经济效应评价——基于改进的产业协调指数[J]. 福建师范大学学报（哲学社会科学版），2012（6）：31—37.

⑥ 林东华. 基于集成的同城化租金分析及战略思考[J]. 福州大学学报（哲学社会科学版），2013（4）：43—48.

⑦ 陆昂，张涌. 广佛同城化的实践及启示[J]. 宏观经济管理，2013（4）：77—78.

(续表)

作者	提出时间	同城化概念
王开科	2013	同城化建设是产业互补、地域相邻、经济社会联系密切、文化同源的地区为谋求更深层次的融合发展而采取的一体化整合举措[1]。
李艳波 等	2014	同城化是相邻城市在基础设施、要素市场和区域经济一体化条件下,建立一系列制度安排和运行机制,在独立组织之间共享同类资源或异类资源互补,最终实现具有较强辐射力、协同力与竞争力的大都市区的一种空间响应过程和重要的路径选择[2]。
徐 涛 等	2014	同城化是在全球化背景下,为增强区域增长极之辐射与扩散能力、解决大城市发展困境和应对日益增多的跨界问题而产生的一种新型城市发展形态[3]。
李宏志 等	2015	同城化是指相邻城市之间通过打破传统行政分割和保护主义限制,实现资源共享、统筹协作等,以提高区域整体竞争力的一种发展方式[4]。
张 霞 等	2015	同城化是若干个毗邻城市在满足相似的历史文化、互补的资源禀赋前提下,在城市发展与交流达到一定程度后通过打破行政壁垒、协同合作,实现社会、经济和制度一体化的区域发展战略[5]。

资料来源:根据相关文献整理。

第二节　集成理论

随着人类社会和科学技术的发展,社会资源越来越多样化,生产活动也越来越大型化,再加上人与人之间的关系从原先的零和竞争到现在双赢与多赢的竞合,集成现象已被人们普遍认识。在我国,集成思想的倡导者和奠基人是我国著名科学家钱学森,他与于景元、戴汝为等人通过长期深入的系统理论与实践研究,在1990年提出开放复杂巨系统方法论,并认为定性与定量相结合是

---

[1] 王开科. 要素流动、资源融合与同城化建设中的政府角色 [J]. 改革,2013 (3):75—80.
[2] 李艳波,刘松先. 港口群、产业群与城市群复合系统的共生关系研究——以厦漳泉同城化为例 [J]. 华东经济管理,2014 (8):61—65.
[3] 徐涛,魏淑艳,王颖. 同城化概念及其界定问题探讨 [J]. 社会科学家,2014 (11):56—60.
[4] 李宏志,蔡穗虹,姚苑平. 基于同城化视角的汕潮揭城镇群规划研究 [J]. 现代城市研究,2015 (11):57—62.
[5] 张霞,丁岩. 厦漳泉同城化与21世纪海上丝绸之路战略研究 [J]. 福建论坛·人文社会科学版,2015 (8):161—165.

唯一能够有效处理开放复杂巨系统的综合集成方法①,这为集成和集成管理的思想与方法奠定了重要基础。

一、集成的内涵

根据已有的集成与集成管理的研究文献,到目前为止,对集成内涵比较有代表性的观点主要有以下四种。

第一是戴汝为(1995)的观点,他认为集成就是集其大成,是将复杂事物的各个方面综合起来②。由此可见,戴汝为教授强调集成含义中的"集大成"特性,也就是把复杂巨系统中各个精华部分集合在一起,目的是达到整体最优的效果。

第二是李宝山(1998)的观点,他认为要素简单结合在一起并不能称之为集成,"只有当要素经过主动的优化,选择搭配,相互之间以最合理的结构形式结合在一起,形成一个由适宜要素组成的、相互优势互补、匹配的有机体,这样的过程才称为集成"③。这是一个较为普适性的集成概念,突出集成内涵中的"主动优化、合理结构、有机体"等特点。

第三是海峰(2001)的观点,他认为:"集成从一般意义上可以理解为两个或两个以上的要素(单元、子系统)集合成为一个有机整体,这种集成不是要素之间的简单叠加,而是要素之间的有机组合,即按照某一(些)集成规则进行的组合和构造,其目的在于提高有机整体(系统)的整体功能"④。海峰教授强调集成概念中的有机性、规则性,即"有机整体、有机组合、集成规则"等。

第四是吴秋明(2004)的观点,他认为:"所谓集成,它是具有某种公共属性要素的集合"⑤,同时他用 $A=(X\mid P)$ 数学式子中满足集合 A 的约束条件 P 来表示集成要素中"具有公共属性要素"的特点。这个集成概念,撇开传

---

① 钱学森,于景元,戴汝为. 一个科学新领域——开放的复杂巨系统及其方法论[J]. 自然杂志,1990,13(1):3—10.
② 戴汝为等. 智能系统的综合集成[M]. 杭州:浙江科技出版社,1995.
③ 李宝山,刘志伟. 集成管理——高科技时代的管理创新[M]. 北京:中国人民大学出版社,1998:34—35.
④ 海峰,李必强,向佐春. 管理集成论[J]. 中国软科学,1999(3):86—87,94.
⑤ 吴秋明,李必强. 集成与管理的辩证关系[J]. 系统辩证学学报,2004,12(1):59—62.

统的或从内力（主动优化）、或从外力（集成规则）看集成内涵的视角，而是提出一个更为客观、更为理性的"具有公共属性"角度。

二、集成中的辩证关系

从辩证的角度看，集成与系统、集成与管理和集成与分工之间分别有着不同的辩证关系。

第一，集成与系统之间的辩证关系体现在二者相互依赖又相互作用。集成思想虽然源于系统理论，但是集成体与既有系统之间还是有差异的：一是集成模块的独立性与系统模块的耦合性；二是集成过程的多赢性与系统中的"顾大局"性；三是集成结构的网络平等化与系统结构的树状层次化；最后是集成组织更多是虚拟和动态的，而系统更多是现实和稳定的。总之，现代集成突破了传统系统学中的边界局限性，"泛边界性"是其主要特征，因此更适应网络经济时代社会各领域的竞合要求。

第二，集成与管理之间的辩证关系主要表现在：集成是通过整合各种要素来实现整体增效，而管理是通过促使要素集成来形成有机系统。集成与管理相辅相成，集成思想指导管理工作，而有效管理又能促成有效集成。正如管理学家亨利·法约尔所认为的，管理就是计划、组织、指挥、协同和控制。在这个过程中，每一项管理职能都会涉及大量的资源要素，因此需要集成的思想作为指导，有效整合过程中的各项资源，使之实现 $1+1>2$ 的增效作用。

第三，集成与分工的辩证关系主要表现在：分工是集成的前提，集成是分工的必然要求。集成与分工是一对差异协同的统一体，分工和集成之间存在着效率边界。分工过度，或集成过度，都违背效率准则。应用交易费用理论、价值工程理论可确定分工或集成的效率边界。这个观点，似乎可以解读出中国一句老话的辩证内涵，即"合久必分，分久必合"。分工是人类社会工业经济提高效率的前提与关键，不管是社会分工也好，还是流水线的流程分工也好，都大大提高了生产效率。但随着生产力不断提高，具有规模大、投资大、涉及领域广等多个特点的现代工程项目不断涌现，绝对的分工带来的弊端日益突出，于是，适度"合"的需求必然产生，集成成为现代社会各领域青睐的工作指导思想。

总之，集成一般分自然集成和社会集成两大类，前者是在自然力作用下形成的，后者则是在人类主观行为力作用下产生的，二者最大的区别为是否具有人的主体性行为作用。同城化是典型的社会集成，不管是同城化对象的选择、还是同城化规则的制定、同城化内容的决策等，都离不开人的主体性行为。集成管理中的"集大成""主动性""规则性"以及"具有公共属性要素"等特点，呼应了同城化作为典型社会集成而离不开人的主体性行为等特性。作为社会集成，同城化最终的目标行为能否发生，需要靠有效的协同管理，其规则性远大于随机性；作为社会集成，同城化需要"规则性"（外力）和"主动性"（内力）的平衡统一，只有这样，才能使各同城主体真正实现"同城"。在当前中国的同城化现象中，一般主要由政府行为起主导作用，因此对"规则性"的要求往往高于对"主动性"的要求，从而使得不少同城化战略存在集而不成的现象。因此，认清集成理论的本质，了解集成与同城化协同管理之间的关系，将有助于本书理论框架的搭建。

第三节　系统理论

一、系统理论的基本观点

在我们的生活中，系统无处不在地客观存在着，但人类对它的认识却花了很长的时间。英国学者 A. N. 怀特海在 1925 年《科学与近代世界》中提出了机体论①，他认为，由于生命现象的复杂性，要想更好地解释它，就需要把生命体看成是一个有机整体。这个观点奠定了系统理论的重要基础，即有机整体性。而一般系统理论的概念，则由美籍奥地利生物学家 L. 贝塔朗菲 1937 年在芝加哥大学首次提出，加上他前期的研究成果，于是就有了 1945 年他公开发表的《关于一般系统论》一文②。作为系统理论（systemism）的创始人，贝塔朗菲还在 1954 年发起成立一般系统论学会（后改名为一般系统论研究会），这更加促进了一般系统理论的发展。

二、系统理论的主要特点

系统理论的主要观点就是要求从整体或系统的视角来研究事物，通过数学模型等量化手段来解释系统的结构和行为。贝塔朗菲认为一切生命都处于积极

---

① A. N. 怀特海. 科学与近代世界 [M]. 北京：商务印书馆，2012.
② L. 贝塔朗菲. 关于一般系统论 [M]. 北京：社会科学文献出版社，1987.

运动状态中，因此具有动态性、系统性和等级性等特点，而这是一般系统理论研究的基本观点。下面，我们就以贝塔朗菲的一般系统理论为代表，来介绍系统理论的主要特点。

(一) 系统理论的核心是整体性

若干要素可以组成一个系统。通过一定的结构与层次，这些要素彼此紧密联系，由此形成的有机体，其系统功能要远远大于各个要素简单的功能之和。由此可见，系统是各要素的集合，但若仅仅只是没有目的的集合，最多也就形成一个整体，而非系统。只有在一定的组织结构基础上，通过那些相互作用与联系要素的有机组合，系统的整体性才能得以实现。系统的整体性特征主要表现在整体与其要素、结构、层次等有机关系上，而不是各要素的简单组合，要充分注意各组成要素或各层次的协调和连接，提高系统的整体运行效果，以最终实现"1＋1＞2"的系统功能目标。

(二) 系统是要素的有机集合

每个系统都是由若干要素组合而成。任何一个存在于系统中的要素，都有其存在的价值与意义。要素与系统是共生的，没有系统，要素的价值无法得以体现；而没有要素，系统也同样无法存在。同时，系统中彼此相互关联的要素会构成"要素集"，这些要素在系统中会相互影响和制约各自的特性和表现，并最终决定了系统的性质。系统的性质是以要素的性质为基础的，但系统的性质却又是单独各要素所没有的，系统的性质与规律必定是通过要素之间的有机关联性（即系统结构）来体现出来。总而言之，系统不是要素的简单聚合，而是要素的有机集合。

(三) 社会系统形成的根本出发点是目的性

一般说来，每一个系统都可以完成一定的功能，这既包括自然系统，也包括社会系统。但自然系统的功能形成是自发的，一般不具有目的性，如太阳系功能，或亚马孙雨林生态功能。但人类社会为了生存与发展而建设的各种人造复杂系统，都有着明确的系统功能，比如企业生产的最佳经济性、城市交通的最佳有序性、国家防御的最大安全性等。在这些社会系统的设计中，每一个系统存在的目的性是非常清晰的，不管是系统的结构也好、层次也好，乃至于系统性质的定位也好，都是围绕系统目的来统筹考虑、整体把握的。贝塔朗菲认为，系统的目的性具有普遍性，无论在机械系统或其他任何类型系统中，它都普遍存在。

(四)系统的发展是一个有方向性的动态过程

贝塔朗菲认为,现实生活中的每一个系统都是开放且动态的。系统的动态性主要有两种表现:首先是时间维度上的动态性,每一个系统都会随着时间的推移而发生内部结构甚至是性质上的变化,并且表现出一定的生命周期;其次是适应维度上的动态性,保持不断与外部环境进行物质、能量和信息的交换,从而能动地适应外部环境,这是作为一个开放系统的基本功能,就如一个生物体生存所需的新陈代谢一般。当外界环境发生改变,系统特性也就会相应地改变。为了使系统的整体性等得以较好保留,系统就必须能动地调整内部结构与层次之间的相互关系,以适应环境变化,例如自适应系统、自组织系统、反馈系统等。

(五)系统具有稳定有序的特点

系统具有明显的稳定有序特点。这是因为系统的功能、结构等会朝着某一个方向进行动态演变,具有一定的演变惯性,而这正是系统诸多良好特性得以有效实现的重要保证。

系统的稳定有序性还和它的目的性有关,这是一般系统理论的重要研究成果之一。有系统的目的作为导向,可以使系统发展不至于迷失方向,从而能够使系统发展更稳定、更有序。也就是说,系统的稳定发展,是系统组织有序的重要表现。当系统结构严谨了,组织有序了,系统就能得以健康发展,否则可能就会导致系统的无序甚至是解散。所以,系统的存在必然表现为某种有序状态。

总之,在全球经济一体化背景下,每个国家、每个地区都已经是"世界空间经济系统"中不可或缺的一分子,大家都处在一个互相依存的不可分割的经济整体中。每一个经济大系统都是由若干子系统构成,同时,不管是大系统还是子系统,大家都具有系统的一般特性。在一般系统理论中,贝塔朗菲认为应该从系统或整体的视角去研究身边的事物,并用量化手段去分析系统结构与行为。同城化所构成的"同城"本身就是一个大而全的地域经济系统,它是中国城市化发展的结果,也是参与世界经济竞争的基本地域单元。现实中,同城化的模式既有单中心的,也有多中心的,但不管是哪一种模式,都要求参与同城的各城市主体克服自身狭隘行政视野,只有合力协作,才能获得"1+1>2"

的系统效应,从而提高"同城"的整体竞争力,促进整个"同城"经济有效且可持续发展。

第四节 协同理论

一、协同理论的基本思路

协同理论又称"协同学"理论,它是1970年代提出的一门新兴学科,作为系统科学的重要理论分支,它的形成和发展是建立在多学科研究基础之上的。1971年德国著名物理学家赫尔曼·哈肯(Haken)首先提出了协同的概念,另外,在1976年他还发表了《协同学导论》著作,并系统论述了协同理论。协同理论的出现是现代系统思想发展的产物,它以系统理论、信息理论、控制理论等为基础,采用统计学、类比分析、数学模型、动力学等多种方法,通过对不同领域的各种系统现象进行研究,发现了其中从无序到有序转变的共同规律。这种分析问题的方法与思路,为今天身处复杂环境下的我们提供了处理复杂问题的很好借鉴。在哈肯的协同理论中,开放系统如何通过自己内部的协同作用,实现系统从无序到有序,从不平衡到平衡,这都是其中的主要研究内容。

二、协同理论的主要内容

正如前面系统理论所提到的,客观世界是由各种各样大大小小的系统所组成。虽然各个系统都是由不同要素构成的,而且表象特征可能差异非常大,但却有着极为相似的发展规律。而这些共同规律正是协同理论研究的对象,它通过一定的数学模型、统计方法、逻辑推理等来寻找各个系统中的相似性,以探求其中的规律,并将这些规律推广应用到社会其他领域中。在处理复杂的自然系统和社会系统时,协同理论无疑是一种不错的选择,因为它有自己的一套方法去处理那些复杂系统。协同理论的重要贡献在于它得出了一个重要结论,那就是,系统中各个组成要素彼此之间相互作用、相互影响的结果直接决定了系统从无序向有序的转变,而这个结论的发现是通过大量的数据分析和科学类比之后得到的。如果说系统理论研究的是单独系统里系统与构成要素、结构、层次乃至性质之间关系的话,那协同理论研究的就是不同系统之间如何从无序转变为有序这个过程中的共同规律。

在协同理论体系中，其中系统自组织理论是核心理论。1982年，钱学森提出了系统自组织的内涵，即是指系统自己走向有序结构的状态①。1998年，哈肯对自组织理论进行进一步的研究，并认为，自组织现象的产生需要具备六个条件，包括开放性、正反馈、远离平衡态、突变、非线性和涨落等条件②。协同理论认为，作为一个自组织，系统具有开放性和不稳定性，于是，当外界环境发生变化，或者构成协同的要素彼此之间相互作用、相互影响时，系统就会不断结构化，从而能够逐渐地由无序调整为有序或者更高级的状态。即协同理论揭示了物态变化的普遍模式："原结构—不平衡—新结构"。

协同理论的基本观点是各个系统在整体大环境中是彼此相互影响且相互合作的，这个观点在同城化协同管理研究中非常重要。处于同城化的主体都是具有独立行政权的城市，也就是说，如果说"同城"是个大系统的话，那它就是由若干独立的小系统（城市）所构成，在整个"同城"大环境中，每个城市存在着相互影响而又相互合作的关系，大家需要彼此的相互配合与协作，虽然大系统功能可能会对具体的小系统个体有一定的干扰和制约。同城化从最初的无序"同城"，到最终的有序"同城"，这里面的协同规律需要我们去寻找与识别，并借助其他社会系统的协同演变规律，来探讨其转变所遵守的共同规律。协同理论中将生物群体关系分为三类，即竞争、共生或捕食。同城化的协同管理过程是一种共生关系，区域协同发展主要是"同城"内各城市之间的协同发展。现实中，由于长期僵化的"行政区经济"，使得中国各城市之间存在严重的利益冲突，地方保护主义严重、商品与要素难以在城市间自由流动或优化组合、难以形成企业规模经济与地区集聚规模经济等。而借助协同理论，我们看到大力推动同城化协同发展具有重要意义，例如，可以理顺每个城市在"同城"中的分工职能，减少产业同构问题；可以协同区域大市场，使同城化发展中所需的各种经济要素能够按照现实需要以及技术经济与规模经济的要求而自由地互补流动与优化配置；也只有通过协同合作，共享信息、基础设施、政策等，才能保证区域规模经济的形成。

---

① 钱学森. 论系统工程 [M]. 长沙：湖南科学技术出版社，1982.
② Haken H. Information and Self-Organization [M]. New York：Springer-Verlag，1998.

第五节 区域分工理论

不同区域有不同的区域优势，或是资源，或是地势，或是气候等，这就使得每个区域能在此基础上实现自己有特色的区域专门化生产，于是就形成了区域分工。区域分工同时促进了区际交换，一方面，区域可以把自己专门化部门生产出来的产品拿出来进行交换；另一方面，区域也可以获得自己不能生产或不具备优势生产的产品，日趋频繁的区际交换能够帮助区域生产能力的提高，从而增进区域利益。不同学者通过对区域分工产生的原因以及分工的类型进行深入研究，于是就有了各种区域分工理论，包括绝对优势理论、相对优势理论、要素禀赋论等。

一、绝对优势理论

绝对优势理论又称绝对成本理论，是1776年亚当·斯密在他的《国富论》一书中明确提出来的[①]。亚当·斯密认为，每个人都有自己的所长与所短，如果每个人都用自己的所长去进行生产，其产品就具有绝对优势，然后彼此进行交换，这样才更经济、更合算。同样的，每一个国家都有其适宜生产某些特定产品的绝对有利的生产条件，此时若进行专业化生产，则可以节省资源、降低成本，提高本国劳动生产率，从而增加国民财富。而国际分工的产生就是因为各国都用自己具有绝对优势的商品进行相互交换，目的是为了获得国际贸易收益。由此可见，所谓的"绝对优势"，就是不同国家贸易产品在相互比较时那些成本绝对低的产品所具有的优势。

斯密的绝对优势理论是建立在劳动分工基础上的，由于各个区域在生产中有特长也有不足，因此造成不同地区商品生产成本有高有低。对于某个特定区域来说，从成本经济性考虑，势必就要进口那些自己处于劣势的商品，同时出口那些自己有优势的商品，于是就有了我们大家熟悉的国际贸易。但这种"绝对优势"并不适用于所有的国际贸易情况，现实中，有一些落后国家没有一样产品具有绝对优势，生产所有产品的成本都比较高，但它们仍然存在国与国之间的贸易，而且还通过贸易获益，这说明了绝对优势理论具有一定局限性，而

---

① 亚当·斯密. 国富论 [M]. 西安：陕西人民出版社，2001.

比较优势理论正好对此做了补充。

二、比较优势理论

"比较优势理论"一词最早是在李嘉图1817年的专著《政治经济学及赋税原理》中出现的①。比较优势理论与绝对优势理论最大的不同是，前者认为，绝对优势不是国际分工的唯一基础，只要在区域经济发展中存在条件或能力上的强弱之别（即相对优势），就可能产生国际分工和国际贸易。换言之，区域通过生产成本的相对比较，只要存在一定的相对优势，就可以利用这些相对优势来生产产品并进行交换，从而获得贸易中的商品比较优势。这个道理就类似于"矮子中拔高"，是劣中选优或者优中选优的方法，这种方法更贴近现实，因为毕竟不是所有的区域都具有绝对优势。通过利用比较优势，国与国之间就可以突破各国资源条件的限制，并能够从分工中获得比较利益，例如，老百姓可以买到自己国内没有的商品，而各国生产资源也可以得到充分利用，因此，比较优势能够更广范围、更大力度地促进全球经济的发展。

三、要素禀赋理论

在上面介绍的两种优势理论中，一般来说，大家都认为比较优势理论更接地气，更具有普遍意义。但它们共同的问题就是把不同劳动生产率的根源过于简单化，认为是技术水平差别这个单一生产要素导致了生产率的差异，而客观现实并没有这么简单。这个理论假设的不足引起了后来不少学者的关注，并致力去修正完善它，其中比较有代表性的就是20世纪以后的瑞典著名经济学家贝蒂尔·奥林（Bertil Ohlin），他进一步解释了各国劳动生产率差异产生的原因。

要素禀赋理论的全面阐述是出现在1933年奥林的代表作《地区间贸易与国际贸易》中②，该理论以新古典经济学作为地域分工和国际贸易理论的基础，认为国际贸易的产生原因和商品流向以及区域分工，主要是由区域间生产要素禀赋差异导致的区域价格差异所决定。当某个地区的生产要素分布和流动情况不同于其他地区，或者某个地区内部更小区域之间生产要素分布和流动情况小

---

① 李嘉图. 政治经济学及赋税原理[M]. 北京：华夏出版社，2013.
② 贝蒂尔·奥林. 地区间贸易和国际贸易[M]. 北京：首都经济贸易大学出版社，2001.

于本地区与其他地区之间的差异，那么国际贸易就在这些地区之间产生了。土地、资本和劳动力是三种基本生产要素，不同区域这三种生产要素的拥有情况不同。在全世界范围，有些区域可能土地资源丰富，有些区域可能劳动力充沛，而有些区域则可能是资金充足。由此可见，区域间的经济不平衡是由于彼此配备了不同的生产要素，且各要素之间价格是不同的。奥林提出，国际分工和国际贸易的产生是因为区域间要素价格的变化，而当贸易产生之后，又会提高那些来自资源丰富且价格低廉地域的生产要素价格，相反其他要素的价格却被降低，这造成了区域之间贸易的更大不平衡。要素禀赋促进了各个国家和地区之间的贸易与分工，这个结果又进一步提高整体国际贸易水平。由此可见，奥林关于要素禀赋理论的主要观点就是：区域间差异化的要素禀赋是国际分工和国际贸易的直接原因，要素之间的有效组合可以形成区域生产优势。奥林的理论尽管对绝对优势理论和比较优势理论有一定程度的补充和发展，但有自己的不足，特别是缺乏对区域分工的动态研究。

总之，区域分工理论与同城化协同管理密切相关。不同区域分工理论对区域分工产生的原因以及分工类型的探索结果有所不同，而今天的同城化是社会劳动分工与发展的必然结果，正应了"合久必分、分久必合"的老话。同城化实际上就是将分工与协作有机结合在一起的一种虚拟组织结构。因为，参与同城化的都是具有独立行政身份的城市主体，不管从国家行政设置角度，还是从市场竞争定位角度，分工的特征非常明显。同时，同城化又需要各参与城市主体的彼此相互借力、相互协作。因此，分工与协同的辩证统一，是研究同城化的重要思想。而从区域分工理论角度，不管是上文提到三种理论中的哪一种，在当今中国同城化实践中，都是非常明显地存在着。例如京津冀、长三角、厦漳泉等同城化案例，各参与城市主体都是在彼此相互利用"同城"中其他城市的资源优势、技术优势、声望优势等。换句话说，也正因为参与同城的城市主体各自都存在着一定的优势或禀赋条件，因此同城化才有进行的可能性与必要性。

第六节 扎根理论

一、扎根理论的内涵

20世纪60年代，美国的两位学者 Barney Glaser 和 Anselm Strauss 在他们

的专著《扎根理论的发现：质化研究策略》中首次提出了扎根理论的概念。扎根理论（Grounded Theory）是一种自下而上的定性研究方法，它通过收集一定量的原始经验资料，并对它们进行汇集分析、抽象提炼、总结归纳等，通过不断的比较分析，来提高资料数据的抽象层次，总结出新的概念与范畴，最终生成一个理论，并从理论层面反过来解释现实现象的本质。由此可见，扎根理论是由资料中发现理论的方法论①，其使命是"经由质化方法来建立理论"②。当研究前期缺乏明确的理论假设，或研究问题不够清晰时，此时运用扎根理论就比较合适。

二、扎根理论的研究过程

扎根理论的一般研究过程包括文献回顾、初始取样、理论取样、资料分析、理论构建等，如果所构建的理论未达到饱和，那就需要再从理论取样开始，继续重复比较研究，直到理论饱和为止。在扎根理论中，对资料的分析过程称为译码，而译码是扎根理论所有研究过程中最重要也是工作量最大的环节，具体包括将资料进行初步概念化的开放性译码、再次概念化的主轴译码和范畴化的选择性译码三个过程。译码连接着原始资料和所要研究得到的理论，整个操作化过程实际上就是对资料不断进行抽象化的过程，是从理论层面来描述社会现象的内在本质，因此得出的扎根理论就相对比较规范。

具体来说，在扎根理论的主要研究过程中，开放性译码是指将所搜集来的一定量原始资料按照一定标准分解为基本研究单位，并对其进行编码，然后通过不断地观察与比较，不断地把原始资料和抽象出来的概念进行碎化、组合、再碎化、再组合……这是一个对原始资料进行概念化和范畴化的过程，得到的初始概念和初始范畴必须尽可能准确地反映原始资料的内容。主轴译码是指在完成开放性译码之后，运用典范模式将资料重新组合，然后通过总结比较不同范畴的含义，最终找出主范畴。选择性译码是在主轴译码获得的主范畴上进一步进行提炼，最终找出核心范畴，并确定不同范畴之间的关系结构，从而实现最终研究理论的构建。根据扎根理论规范而严谨的研究步骤所构建的理论，因

---

① Glaser B G, Strauss A. The Discovery of Grounded Theory: Strategies for Qualitative Research [M]. Chicago: Aldine, 1967.

② Strauss A, Corbin J. Grounded Theory in Practice [M]. Thousand Oaks, CA: Sage, 1997.

为其研究结果的可溯源性，从而大大提高了所构建理论的信度和解释力，因此被认为是定性研究中最科学的方法论，其创立与发展被认为是定性研究的重大突破①。扎根理论的主要研究过程如图2-1所示。

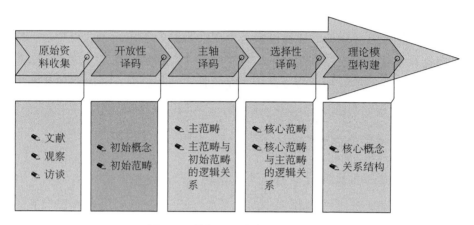

图2-1　扎根理论的主要研究过程

王璐等（2010）在梳理基于扎根理论的现有管理学研究文献的基础上，总结出两种主要的扎根理论适用情景，第一种适用情景是"纵向理论建构"，即按照时间顺序对已发生的事件进行回顾，并且在回顾过程中展现相关事件的因果关系；第二种适用情景是"横向理论建构"，就是基于现象提出理论概念并进行明晰化，从实践中挖掘概念的内涵和外延②。而正如本书前面所阐述的同城化产生背景和研究现状，同城化是2005年后才在中国出现的新事物，是中国特有的城市发展产物，现有的理论或概念无法准确解释它，因此需要借助扎根理论来进行"横向理论建构"，以作为同城化理论体系构建的途径之一，来与其他同城化理论体系构建途径进行比较或呼应。

本 章 小 结

本章通过对同城化理论、集成理论、系统理论、协同理论、区域分工理

---

① 张梦中，Marc Hozer. 定性研究方法总论［J］. 中国行政管理，2001（11）：39—42.
② 王璐，高鹏. 扎根理论及其在管理学研究中的应用问题探讨［J］. 外国经济与管理，2010，32（12）：10—18.

论、扎根理论等的梳理，并简单说明了每一个理论与同城化协同管理理论体系构建之间的关系，为本书后续的同城化协同管理理论体系构建提供了理论基础。因此，本章为后续的理论和实证研究作了理论铺垫，从而使本书的研究工作有理论可依，有方法可寻。

第三章
集成视角的同城化协同管理理论体系构建

本章在前文同城化概念梳理的基础上,通过高频词分析,进一步深入剖析同城化内涵及热点内容,进而形成对同城化集成租金内涵及其形成机理的认识,同时运用扎根理论进一步对同城化协同管理的影响因素进行筛选,从而构建集成视角的同城化协同管理理论体系。

第一节 基于高频词的同城化内涵及热点内容分析

一、基于高频词的同城化内涵分析

第二章系统梳理同城化概念的结果表明,同城化概念界定的不同反映了各位学者研究同城化视角的差异。本章这里运用语料库在线字词频统计功能对表2-1中所罗列的29个有代表性同城化概念进行词频统计,并把表述意思相近的词语进行汇总整合,最终词频数在10以上的高频词组如图3-1所示。词频数能够反映某个词汇受关注程度,词频数越高,说明该词汇越受人们关注,或者该词汇所反映的问题越受人们认同。通过对图3-1所示高频词的逐一分析,有助于我们了解当前学者们对同城化内涵的关注重点。

同城化是与城市有关的话题,是中国城市化进程中的重要阶段,这个共识从"城市、大都市、城市群"这组词高居榜首的93个词频数就可以得到。排在第二位的高频词组是"发展、促进、提高等",这组意思相近的动词清晰表明了实施同城化的目的就是为了促进城市的发展。排在第三位的高频词组是

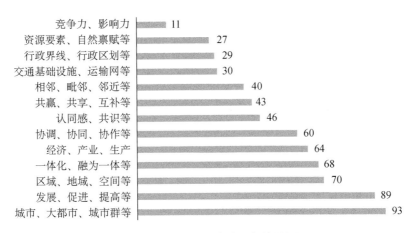

图 3-1 同城化概念的词频统计图

"区域、地域、空间等",如果再结合排在第九位的高频词组"相邻、毗邻、邻近等",则共同说明了地域邻近是同城化战略能够推行的重要条件之一。当前现实中,几乎所有的同城化案例都是发生在地域邻近的城市之间。第四组高频词组是"一体化、融为一体等",说明同城化的最终目标是"同城",是要成为跨越行政有形界限而融为一体的区域经济新增长极。排在第五位的高频词组是"经济、产业、生产",这组词说明当前各地轰轰烈烈开展的同城化项目都是以有利于经济发展为核心的,这是人们对同城化是"为了促进区域经济发展"的战略意义所取得的共识。第六组高频词组是"协调、协同、协作",说明同城化不是简单的城市合并或"同一化",而是一场"你中有我我中有你"的深层次紧密合作过程,因此相关城市都要本着协同合作的精神参与进来,才能保证同城化的顺利有序进行。排在第七位的高频词组是"认同感、共识等",说明社会文化的共识与认同是同城化成功的关键。第八组高频词组是"共赢、共享、互补等",充分说明了同城化的本质是双赢或多赢,这是同城化战略能够顺利实施的根本前提。第十组高频词组是"行政界线、行政区划等",这是实施同城化的动力机制之一,即克服行政经济的束缚。第十一组高频词组是"交通基础设施、运输网",这是同城化实施过程中最常见也是最有效的策略之一。第十二组高频词组是"资源要素、自然禀赋等",说明大家对共享自然资源禀赋是同城化最重要动因之一的共识。第十三组高频词组是"竞争力、影响力",

这是同城化的目标之一，即同城化战略已经成为区域经济竞争力提升的重要选择。

如果把上面的这些高频词重新组合，就可以得到大多数学者认同的同城化内涵。因此，本书认为同城化的内涵就是以共赢和互利为目的，跨越行政有形界限，将空间毗邻的城市融为一体，实现产业互补、资源共享、文化认同等，以促进区域经济的发展和区域竞争力的提升。

二、基于高频词的同城化热点内容分析

作为一个新兴的概念，不管是实践中还是理论界，人们对同城化都还没有一个统一的清晰认识，更何况还有同城化与城市圈、城市群、大都市带等概念的区别问题。虽然上文通过高频词对当前学者关注的同城化重点进行了归纳，但毕竟还是缺乏系统性与条理性。因此，要全面认识同城化的基本内涵，就必须搞清楚同城化的发展可能涉及哪些热点内容。换言之，同城化在发展过程中，必须重点考虑哪些内容，才能确保同城化发展的成功？这里，本书试图根据同城化已有的理论研究成果，围绕同城化的热点内容，从同城化的产生条件、空间分布、参与要求、基本目标、动力机制以及实施路径等进行系统分析（如图3-2），从而有助于对同城化理论内涵和发展有更深刻的认识。

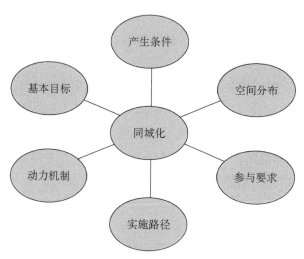

图 3-2 同城化的热点内容分析框架

(一) 同城化的产生条件

上文提到同城化是一个具有中国特色的概念，但就是在中国，同城化的产生与发展也有着鲜明的条件。从现有文献看，比较系统阐述同城化产生条件的学者主要有曾群华（2013）、徐涛（2014）等。曾群华（2013）认为同城化产生条件主要包括：首先，随着经济全球化与网络化进程的不断深化，区域经济一体化逐步成为主流空间地域单元，相邻城市之间通过同城化来做"和题"，以满足共同利益。其次，随着中国经济的发展，各城市之间的交通网越来越发达，使得彼此的往来更加方便，因此邻近城市之间的需求共同点越来越多，对同城化的需求也就越来越强烈[1]。徐涛（2014）也强调中国同城化是特定背景下的产物，主要包括三个方面的背景条件：首先是区域竞争力已经成为越来越激烈国际竞争背景下的迫切选择；其次，中国交通网也随着高铁的发展也越来越完善，相邻城市居民之间的各种跨城往来越来越多；最后，城市化引发城市规模不断的迅速扩张，同时也引发越来越多的大城市问题，于是需要寻求与邻近城市之间的合作，以满足空间发展需求。以上三点又带来另一个需求，那就是城市之间的跨界治理需求。同城化的应运而生离不开这四股变革动力[2]。其实，论及同城化产生条件的学者还很多，例如王德（2009）、焦张义（2011）和衣保中（2012）。其中，焦张义（2011）[3] 和衣保中（2012）[4] 都认为，为了破解"行政区经济"而进行"撤县设市"的行政兼并举措仅适用于科层式行政体系中的上下级关系，而对于同级别的城市来说，这个举措实施起来难度大、成本高，在这个背景下，同城化一经提出就得到广泛赞同。王德（2009）则认为同城化战略的产生条件有三个：首先是满足跨行政区划的治理创新需求，其次是有助于提升城市竞争力，第三是能有效进行城市营销[5]。

由此可见，同城化产生的条件主要有：第一，经济全球化发展促使区域经济一体化逐渐成为主流空间地域单元；第二，城市规模不断扩大导致需要治理大城市病；第三，社会经济与交通发展促使人们跨越传统行政区域界线追求"同质"生活。这些也呼应了前面同城化概念高频词分析结果中的第四组"一

---

[1] 曾群华. 关于区域同城化的研究综述 [J]. 城市观察, 2013 (6): 85—95.
[2] 徐涛, 魏淑艳, 王颖. 同城化概念及其界定问题探讨 [J]. 社会科学家, 2014 (11): 56—60.
[3] 焦张义. 我国城市同城化发展的模式研究与制度设计 [J]. 现代城市研究, 2011 (6): 7—10.
[4] 衣保中, 黄鑫昊. 长吉同城化动力机制及对策分析 [J]. 东疆学刊, 2013 (1): 92—98.
[5] 王德, 宋煜. 同城化发展战略的实施进展回顾 [J]. 城市规划学刊, 2009 (4): 74—78.

体化、融为一体"和第十组"行政界线、行政区划"等高频词组。

（二）同城化的空间分布

正如王德（2009）所认为的：同城化战略具有空间准入门槛，并非适合所有的城市①。因此，我们有必要从地理层面来讨论哪些区域的城市更适合选择同城化战略。

以中国目前的同城化实践案例来看，参与同城化的城市所处区域地点最突出的有三个特性：第一是地理毗邻性，即各城市的地理相邻是当前影响同城化效应的至关重要条件。这点在李迎成等（2013）关于沪宁高速走廊地区同城化效应测算研究结果中也得到充分证实，他发现超过同城化指数平均值的六对城市，在空间上均是相互邻近的。因为同城化效应呈现出非常明显的距离衰减规律，空间邻近仍然是当前推动同城化进程的基础和先决条件②。第二是交通枢纽性，即交通便利是推行同城化非常重要的前提条件。从现有中国同城化案例中我们可以看到，参与同城化的城市基本上都发生在交通干线附近，特别是其中的中心城市一定是处在交通枢纽中，这是实现"同城感"的重要硬件保障。第三是空间有限性，即参与同城化城市之间的空间范围相对较小。徐涛（2014）根据自己的研究成果提出：在空间范围上，同城化区域小于城市圈，城市圈又小于城市群③。曾群华（2012）甚至给出了明确的距离范围：同城化城市之间的空间距离一般都不远，从目前国内同城化实践看，一般平均不超过50 km④。同城化不同于其他的区域发展概念，打造同城工作生活圈、实现同质生活同城感，这些都决定了同城化的空间范围不能太大。

以上三个区域特点，也分别与前文同城化概念高频词分析结果中的第九组"相邻、毗邻、邻近"、第十一组"交通基础设施、运输网"和第三组"区域、地域、空间"等高频词组相呼应。

（三）同城化的参与要求

同城化的空间分布，只是从地理层面明确了哪些区域的城市适合选择同城

---

① 王德，宋煜. 同城化发展战略的实施进展回顾[J]. 城市规划学刊，2009（4）：74—78.
② 李迎成，王兴平. 沪宁高速走廊地区的同城化效应及其影响因素研究[J]. 现代城市研究，2013（3）：84—89，120.
③ 徐涛，魏淑艳，王颖. 同城化概念及其界定问题探讨[J]. 社会科学家，2014（11）：56—60.
④ 曾群华，邓江楼，张勇等. 都市圈、城市群与同城化的概念辨析[J]. 中国名城，2012（8）：4—11.

化战略，但并不等于说符合上述三个地理条件的城市都适合采用同城化。参与同城化的城市，除了要具备空间地理条件外，还需要其他内涵性的要求。

关于同城化战略的参与要求，已有不少学者进行研究。邢铭（2007）认为，同城化应该具有空间接近、功能关联、交通便利、认同感强的特性[1]。王德（2009）认为，同城化是相邻城市特定发展阶段的路径选择，它具有距离门槛，是区域发展的增长极，且城市之间有一定的经济实力差异和经济地位错位[2]。王振（2010）的观点是，同城化发展的显著特征有四个，具体包括产业布局、交通条件、居住环境和通勤就业等[3]。李王（2010）则认为，同城化特征主要有三个，包括来自中心城市的辐射力、以交通通信为代表的发达基础设施，以及能够相互协调的产业布局等[4]。彭震伟（2011）基于中国同城化实践，提出了包括产业集聚、人口规模、相似人文环境、空间发展等同城化发展四个内部条件，还有两个外部条件，具体包括技术迁移和通勤与信息交换等[5]。曾群华（2012）提出，同城化应包括交通可达、相邻地域、产业互补、相关经济、文化认同等五个条件。同时他还认为，由于存在经济差异和资源差异，因此同城化实际上是城市之间基于互补需求的一种互动过程[6]。王开科（2013）提出，已有的社会经济联系，以及大家出于对共同利益的追求和对区域整体的认同，这些都是同城化建设的主要动力源[7]。徐涛（2014）则认为，同城化应该具备包括差不多的发展阶段、空间邻近、差异化资源条件、差异化产业结构、统一的市场体系、相近的人文历史等六个条件[8]。

由此可见，不同学者对于同城化特征的归纳以及对同城化参与的要求条件总结的观点并不完全一样。但结合以上学者的研究结论，以及前文同城化概念高频词的分析结果，笔者认为，参与同城化的城市，彼此之间应该符合以下两个方面的要求。

---

[1] 邢铭. 沈抚同城化建设的若干思考 [J]. 城市规划，2007，31（10）：52—56.
[2] 王德，宋煜. 同城化发展战略的实施进展回顾 [J]. 城市规划学刊，2009（4）：74—78.
[3] 王振. 长三角地区的同城化趋势及其对上海的影响 [J]. 科学发展，2010（4）：101—109.
[4] 李王. 城市经济圈同城化效应的国内比较及启示 [J]. 特区经济，2010（3）：143—144.
[5] 彭震伟，屈牛. 我国同城化发展与区域协调规划对策研究 [J]. 现代城市研究，2011（6）：20—24.
[6] 曾群华，徐长乐，邓江楼. 沪苏嘉一体化进程中的同城化研究 [J]. 华东经济管理，2012，26（3）：53—56.
[7] 王开科. 要素流动、资源融合与同城化建设中的政府角色 [J]. 改革，2013（3）：75—80.
[8] 徐涛，魏淑艳，王颖. 同城化概念及其界定问题探讨 [J]. 社会科学家，2014（11）：56—60.

首先是同城化的"硬件"。参与同城化的城市除了应该具备前面空间分布中提到的地理毗邻、交通便利外，还需要具有差异的资源禀赋，这也是重要的同城化"硬件"之一。城市之间，资源禀赋差距越大，彼此互补性就越强，互动需求就越大，同城化效果就会越理想。这个要求也呼应了高频词分析中第十二组"资源要素、自然禀赋等"的这个结论。一句话，参与同城化的城市应具备"硬件"主要有：城市地理毗邻，交通方便可达，资源禀赋差异。

其次是同城化的"软件"。参与同城化的城市应该具备的"软件"主要包括：一方面，城市之间彼此存在较为紧密的经济联系，同时在经济实力方面有一定差距，这样同城的互补与互动都会因此而加强。另外，城市之间各自的产业也应具有一定的互补性。互补越强，经济往来就会越密切，同城的必要性与可能性也就越突出。最后一个重要的要求就是城市文化应彼此认同，就如人类婚姻中追求"门当户对"一般，如果文化差异太大，同城化的协同管理就会难度加大，从而导致同城化效果的下降。这些同城化"软件"进一步呼应了前文高频词分析中排在第五位的"经济、产业、生产"和排在第七位的"认同感、共识等"等观点。总而言之，参与同城化的城市应具备的"软件"主要有：经济联系紧密，产业结构互补，城市文化认同。

（四）同城化的基本目标

关于同城化的基本目标、基本任务、基本出发点等问题研究，国内也有不少的学者给予比较明确的观点，其中比较有代表性的观点有以下几个。

谢俊贵（2009）认为，同城化的主要目标就是促进城市发展、取得区域共识[1]。邹辉（2009）等认为，同城化就是要消除行政壁垒，克服因行政区划而带来的弊端[2]。曾群华（2012）认为，同城化的基本目标是形成同质化的社会发展态势[3]。陈晓静（2014）和徐涛（2014）都认为，同城化的首要任务是破除行政壁垒，促进统一市场的形成，提高社会资源配置效率，建立或增强区域增长极。

综合以上学者的观点，笔者认为，同城化的基本目标主要有：首先是消除

---

[1] 谢俊贵，刘丽敏. 同城化的社会功能分析及社会规划试点 [J]. 广州大学学报（社会科学版），2009，8（8）：24—28.

[2] 邹辉，张辉. 丹东与大连同城一体化探析 [J]. 党政干部学刊，2009（3）：39—41.

[3] 曾群华，邓江楼，张勇等. 都市圈、城市群与同城化的概念辨析 [J]. 中国名城，2012（8）：4—11.

行政壁垒，这点不管在理论界还是实践中大家都已达成共识；其次是整合资源并提高资源配置效率，这在同城化战略方案设计以及实践中都可以明显看到；最后是提高竞争力，建立新的区域增长极，这从前面的背景分析中可以明确这一目标。这些观点也分别与前文同城化概念高频词分析结果中的第十组"行政界线、行政区划"、第六组"协调、协同、协作"和第十三组"竞争力、影响力"等高频词组相呼应。

（五）同城化的动力机制

针对同城化的动力机制，国内学者展开了大量的实证、案例研究。比较有代表性的观点如下。

桑秋（2009）通过沈抚同城化的实证分析，认为不断加强的城市间经济联系以及各种政府治理合作是同城化的主要动力源，另外还有政府企业化等方面[1]。朱虹霖（2010）在对广佛同城化进行实证研究后，认为广佛同城化的源动力是为了竞争与发展[2]。杨海华（2010）则认为，推动广佛同城化发展的主要动力，一方面是来自政府的推动力，另一方面是来自市场的驱动力[3]。曾群华（2012）认为，同城化就是城市之间为了共同利益而努力寻求"同城化租金"[4]。林东华（2013）认为，同城化战略能够帮助各城市主体通过寻求集成租金来满足自身利益最大化的诉求[5]。

综上所述，笔者认为，之所以要实施同城化战略，根本的原因是参与同城化的"城市们"为了共同利益（如经济利益、民生福祉、环境利益等）而集成运营。这可从高频词分析结论中的第二组"发展、促进、提高等"和第八组"共赢、共享、互补等"阐述中得以印证。

（六）同城化的实施路径

关于同城化的实施路径，是一个如何更好实施同城化战略的问题。关于这

---

[1] 桑秋，张平宇，罗永峰等. 沈抚同城化的生成机制和对策研究 [J]. 人文地理，2009（3）：32—36.

[2] 朱虹霖. 广佛同城发展动因分析——经济社会发展的可能与必然 [J]. 南方论刊，2010（7）：11—12.

[3] 杨海华，胡刚. 广佛同城化的生成机制和合作模式研究 [J]. 广东经济，2010（8）：48—51.

[4] 曾群华，邓江楼，张勇等. 基于新制度经济学的同城化研究 [J]. 城市观察，2012（2）：78—86.

[5] 林东华. 基于集成的同城化租金分析及战略思考 [J]. 福州大学学报（哲学社会科学版），2013（4）：43—48.

方面的研究成果也不少，主要代表性的观点如下。

邢铭（2007）通过对沈抚同城化的研究，认为沈抚两市可以通过消除行政壁垒来共建基础设施、共寻旅游资源、共治生态环境，最终实现沈抚同城化的发展目标①。谢俊贵（2009）则从社会学视角出发，认为同城化发展要兼顾经济和社会两方面的政策，具体包括优化功能、稳定秩序、协调利益、提供服务等②。桑秋等（2009）认为同城化发展的重点在于跨区域协调组织的建立、治理制度化和要素一体化等三个方面③。王德（2009）认为，应该成立同城化的协调组织，通过产业共建区为空间载体建立同城化网络，以保证同城化的实现④。曾群华（2012）认为推进沪苏嘉同城化的手段主要包括协调政策与创新制度⑤。徐涛（2014）提出，应该通过一体化的空间规划、均等化的公共服务、成熟的公共产品体制、较高的区域认同、公平且统一的区域市场和一体化的生态治理等，来实现同城化⑥。

总结以上观点，笔者认为，实施同城化战略的具体路径，从可操作性的强弱程度以及实施成效的显性与否可以分为以下两种策略。

1. 同城化的显性策略

同城化的显性策略是指那些可操作性相对较强的，能在短期内较快体现同城化效应的，让老百姓能够较快感受同城化好处从而支持同城化的策略，这些策略内容一般与基础设施建设有关，主要包括交通、电信、银行、旅游、医保、教育、环保等基础设施的共建共享等，从而为同城化提供重要的基础设施保障。

2. 同城化的隐性策略

同城化的隐性策略是指那些虽然可以设计但操作难度大，在短期内无法明显体现同城化效应，但却对同城化最终成效起深远影响的策略，主要包括体

---

① 邢铭. 沈抚同城化建设的若干思考 [J]. 城市规划，2007，31（10）：52—56.
② 谢俊贵，刘丽敏. 同城化的社会功能分析及社会规划试点 [J]. 广州大学学报（社会科学版），2009，8（8）：24—28.
③ 桑秋，张平宇，罗永峰等. 沈抚同城化的生成机制和对策研究 [J]. 人文地理，2009（3）：32—36.
④ 王德，宋煜. 同城化发展战略的实施进展回顾 [J]. 城市规划学刊，2009（4）：74—78.
⑤ 曾群华，徐长乐，邓江楼. 沪苏嘉一体化进程中的同城化研究 [J]. 华东经济管理，2012，26（3）：53—56.
⑥ 徐涛，魏淑艳，王颖. 同城化概念及其界定问题探讨 [J]. 社会科学家，2014（11）：56—60.

制、文化、法律等方面内容。例如，选择哪种同城化管理模式，为同城化提供组织架构保障；如何落实与培育居民参政权、区域归属感等，为同城化提供文化认同保障；应制定哪些法律法规或协议规定，为同城化提供法律支持保障。这些策略内容都有一个共同特点，即设计容易实施难。它们或者因为涉及太多敏感的利益问题而导致分歧，或者因为实施效果短期体现不出来而不能够得到足够的民意支持，又或者涉及人们价值观等深层次问题需要时间来解决。

由此可见，同城化战略在实施的过程中，需要采取多元策略来解决诸多利益问题和处理复杂关系，而其中最重要的是利益关系。正如林凌（2004）所认为的，任何区域合作核心都是利益关系的协调①。同城化也不例外。

总而言之，如何更好实施同城化战略，需要从参与同城化的各个城市实际情况出发，坚持走多元化策略，显性策略与隐性策略兼顾，各方利益统筹考虑，这样才能实现前文高频词分析中的第二组"发展、促进、提高"、第八组"共赢、共享、互补"和第十三组"竞争力、影响力"等高频词所描绘的同城化最终目标。

第二节 同城化集成租金的内涵与形成机理剖析

以上关于同城化内涵以及热点内容的深入剖析，旨在通过这些剖析以厘清集成视角下的同城化协同管理思想，为构建同城化协同管理的理论研究架构打下基础。因此，以下对同城化集成租金概念及其形成机理的分析，则旨在构建集成视角的同城化协同管理研究体系。

一、同城化集成租金的内涵

租金的追求是同城化形成与发展的根本动因。出于共同利益需要，参与同城化的城市主体会努力通过寻求由于同城化而带来的原先单个城市所无法获得的互补性超额收益，这是一个寻租的过程，因此有必要对同城化战略的租金问题，即同城化租金进行分析②。

---

① 林凌. 从珠三角到泛珠三角的经济合作 [J]. 开放导报，2004 (6)：58—60.
② 林东华. 基于集成的同城化租金分析及战略思考 [J]. 福州大学学报（哲学社会科学版），2013 (4)：43—48.

租金的定义最早出现在1776年亚当·斯密的《国富论》中，他认为租金是一种垄断价格，是企业收益大于成本支出所形成的盈余。在这之后，又有若干的经济学家提出了各自的租金见解。李嘉图认为，决定企业竞争能力的主要是企业所拥有的知识、生产要素等异质性资源；由于企业资源禀赋的不同，当企业拥有独特且难以模仿和替代的核心资源时，其创造的超额利润就是李嘉图租金。熊彼特认为，企业可以通过自己的创新能力、创新行为而获取暂时性垄断权，而这种垄断权可以使企业获得超额回报，这超额回报即"熊彼特租金"。杨瑞龙（2001）则提出了"组织租金"的概念，他认为企业是一个由各种生产要素有机结合而成的组织，该组织具有不同于别的企业的特质性能力，因此其收益超过竞争性收入，于是形成"组织租金"①。由此可见，除了那些非同寻常的单一异质性资源能产生租金外，通过有效整合企业现有资源也能产生租金；同样道理，除了优质单个的组织能创造租金外，通过形成网络体系而构建的企业集群同样也能形成租金②。总而言之，租金就是由于使用"某种资源"而获得的超额利润，这里的"某种资源"，既可能是实实在在的异质性资源要素，也可能是一种创新能力、组织能力，甚至可能是一种独特的制度能力③。

在国内，第一个明确提出"同城化租金"概念的是曾群华（2012），他从博弈论视角出发，认为同城化制度变迁的动因是各城市主体为了彼此共同的利益，通过在同城制度互补收益的协同博弈中去寻求额外收益结果，即同城化是一个"寻租—创租—分租"的过程。为了寻求"同城化租金"的实现，参与同城化的各城市主体不断加强协调与合作，目的就是为了实现共同利益最大化。

本书在认同"同城化是一个寻租—创租—分租过程"观点的同时，进一步从系统集成的角度出发，认为同城化租金的性质是集成租金。李宝山教授等（1998）提出，集成的过程不是要素简单结合在一起就可以了，而是必须通过要素之间的主动优化和选择搭配，彼此以最合理的结构形式结合在一起，从而

---

① 杨瑞龙，杨其静. 专用性、专有性与企业制度 [J]. 经济研究，2001（3）：3—11.
② 庄晋财，吴碧波. 全球价值链背景下产业集群租金及其经济效应分析 [J]. 人文杂志，2008（5）：70—76.
③ 林东华. 基于集成的同城化租金分析及战略思考 [J]. 福州大学学报（哲学社会科学版），2013（4）：43—48.

形成优势互补的有机系统①。因此，同城化就是由若干具有优势互补、资源互补的城市主动选择合作，通过合理的同城化管理模式、运作机制等来主动地寻优，从而获得单一城市所无法得到的超额收益的过程。参与同城化的各个城市，带着各自的优势资源要素参与"同城"集聚，这样，就可以通过与其他城市资源的优势互补来形成更大的竞争合力，从而产生超额利润收益，最终形成同城化租金。总而言之，同城化租金是参与同城化的各城市主体所追求并希望获得的、与"同城"内其他城市由于资源共享或制度协同等而产生的一种超额收益，其性质是一种集成租金②，是参与同城化的城市主体主动寻优、共享共赢而获得的互补性超额收益，因此本书将之称为同城化集成租金。

二、同城化集成租金的形成机理

随着全球市场竞争的白热化，区域经济的竞争也越来越激烈。城市在区域经济一体化中扮演着理性经济人的角色，每个城市都在追求自身利益的最大化。在中国，这个利益最大化诉求趋势愈发的明显，因为政府对各城市政绩的考核主要是通过 GDP 指标来完成的。因此，不同城市主体选择同城化战略，目的是为了达成产业互补、资源共享等"1+1＞2"的同城化目标，实现整体区域竞争力最大化。同城化战略能够帮助实现同城化集成租金，从而使各城市主体最终能够满足自身利益最大化的诉求。

从前面的分析中，我们看到，同城化实际上是几个城市的联合体，城市与城市之间彼此形成了跨越行政区划界限的网络关系。同时，由于参与同城化的城市主体各自的资源实力不同，参与同城化的目的不同，以及在同城化过程中的贡献力也不同等原因，因此笔者认为，同城化集成租金的形成机理主要来自三个方面：一是通过同城化的网络治理，实现了同城化制度的创新与再设计；二是通过同城化的资源整合，发挥了有限资源的最大效用，提高了同城化资源的使用效率；三是通过同城化的文化融合，形成了共同的价值观与文化认同。

---

① 李宝山，刘志伟. 集成管理——高科技时代的管理创新 [M]. 北京：中国人民大学出版社，1998：34—35.

② 林东华. 基于集成的同城化租金分析及战略思考 [J]. 福州大学学报（哲学社会科学版），2013(4)：43—48.

(一) 同城化的网络治理

作为区域发展的形式之一，同城化目标之一就是要打破原来僵化的行政边界，城市与城市之间彼此联手合作，协同处理原先单一城市无法解决的跨区域问题或其他的一些共同事务。此时，实现同城化的网络治理就显得尤为重要。因此，如何对同城化制度进行创新与再设计，同城化组织架构该如何搭建，各方权力该如何分配，应该有多少种的制度加以保障，这些制度又如何保证得以有效执行……所有这一切，都是同城化网络治理中需要考虑的问题。

(二) 同城化的资源整合

从经济含义角度讲，空间是具有非均质性的，不同的空间具备不同的资源。例如，有些城市具有特殊的自然资源禀赋，如舟山群岛丰富的海洋资源等；而有些城市具有优秀的社会文化习俗，如江浙一带的经商文化习俗等；还有一些城市具有高效率的政府服务能力、有序的市场环境、便利的交通条件或强大的科研机构与科研能力等，如上海，这些异质性资源都将使对应的城市得到超出竞争性收入的超额收益。如果仅此而言，那些拥有异质性资源的城市完全可以独自发展。但事实上，单个的力量永远比不上有效集成的力量，这些异质性资源在单独使用时价值会下降。因此，两个或两个以上地理相近的城市之所以选择同城化战略，主要的原因就是为了获得由于空间非均质性而带来的同城资源共享收益。同城化战略能够帮助若干地理相邻的城市将这些异质性资源通过空间的邻近、组织的接近和行政关系的亲近加以整合，形成特质性能力，从而获得更大的竞争力与收益能力，以收获更多的同城化集成租金。

(三) 同城化的文化融合

同城化集成租金最终能收获多少，除了需要同城的网络治理和资源整合外，还要通过实现文化融合来理顺各城市之间的关系，减少文化冲突。同城化是跨行政区划的区域发展模式，城市与城市之间并没有直接的硬性行政关系，因此无法像行政区划管理那样直接靠行政手段来加以硬统治和硬管理。参与同城化的城市主体，各有各的人文特点，特别是风俗习惯、生活方式等可能都有较大差异。但为了共享同城化目标，各城市之间彼此都会做一些让步，通过建立和强化同城各城市之间的互动关系，形成彼此间的信任和合作，达到彼此包容、相互承诺、相互支持，从而消除同城化过程中的文化冲突，实现同城文化协同，以获取更大的同城化集成租金。

第三节　基于扎根理论的同城化协同管理影响因素筛选

同城化集成租金及其形成机理的研究，虽然获得了一些同城化协同管理研究的入手点，即从制度的再设计来实现高效的同城化治理模式、通过要素的有效整合来提高同城化有限资源的使用效率、通过价值观和文化观念等的相互包容与相互学习来减少同城化的文化冲突以实现文化协同等，但毕竟这些都只是笔者个人理论上的研究观点，仅仅只是一家之言，还不具备完全的代表性和科学性。因此，这里将进一步运用扎根理论，从现实调研、专家访谈以及文本研究中进一步对同城化协同管理的影响因素进行筛选，以期为同城化协同管理理论体系的构建提供更为可信的依据。

一、研究方法和数据来源

同城化是具有中国特色的城市化发展产物，且是 2005 年才正式出现该称呼，因此没有成熟的理论体系。为了更科学有效地构建同城化协同管理理论体系，这里将采用扎根理论方法，通过多渠道广泛收集与同城化相关的一手资料和二手资料，并对这些资料进行系统化的整理及分析，以筛选出同城化协同管理的影响因素。

扎根理论的提出是在 20 世纪 60 年代末，由美国学者 Glaser 和 Strauss 两位学者通过定性研究来建构理论的方法。在扎根理论中，对资料的分析过程称为译码，主要包括将资料进行初步概念化的开放性译码、再次概念化的主轴译码和范畴化的选择性译码三个过程，整个操作化过程实际上就是对资料不断进行抽象化的过程，是从理论层面来描述社会现象的内在本质，因此得出的扎根理论就相对比较规范[1]。

资料的收集与分析是扎根理论方法运用的关键，本书这里将主要通过文献法、专家访谈法、实地调研法等途径，尽可能有效收集能够反映中国同城化实践情况的相关资料，通过对所收集资料进行开放式译码、主轴译码和选择性译码，逐层分析剖解，以抽象出与同城化相关的主要概念，并明晰各概念、各范

---

[1] 白长虹，刘春华. 基于扎根理论的海尔、华为公司国际化战略案例相似性对比研究[J]. 科研管理，2014（3）：99—107.

畴之间的内在逻辑关系，找到影响同城化协同管理的主要因素，从而为达成建构同城化协同管理理论体系的研究目标服务。

本研究在数据的收集过程中，在上述多种资料收集方法基础上，同时还注重多种数据资料来源之间的相互印证，例如同城化相关文件、官方网站信息、相关政府部门专家意见以及大众媒体新闻内容之间的相互印证，使所搜集的资料尽可能避免片面性或资料收集人员的主观性。

本章在第一手资料的收集过程中，主要采用专家访谈、实地调研、邮件问卷调查等方式。笔者先后对厦漳泉同城化主要城市、长三角城市群若干城市的发改委、统计局、质监局等政府部门的工作人员，以及厦门大学、福州大学、华侨大学、上海财经大学、同济大学、复旦大学等相关学者进行走访，每次访谈时间平均约1个小时，访谈时间从2017年3月份开始到2017年12月份结束，访谈内容主要围绕"同城化协同管理的影响因素"来展开。通过将近10个月的访谈，让被访谈对象基于自己的工作经历和理解认识等对影响同城化协同管理的因素提出尽可能详尽的看法，并完成相应的问卷（具体详见第七章相关内容）。在征得对方同意的前提下，我们对每次访谈进行了记录和录音，并整理形成定性研究所需的第一手文献资料。在后期资料整理的过程中，对个别重点的或可能有出入的文献还进行了回访确认，以确保研究所需的第一手数据资料尽可能的真实和完善，从而确保研究的信度和效度。

本部分扎根理论研究所需的二手资料，主要来源有：（1）参与同城化的相关城市政府官网上所公开发布的信息；（2）中国主流媒体上的新闻报道以及百度、谷歌等搜索引擎上提供的相关网络资料；（3）CNKI、中国重要报纸期刊全文数据库里时间跨度在2005年至2018年的已公开发表相关研究文献；（4）一些职能部门官网上的信息，如各级别的统计部门官网等。通过多渠道资料信息来源的交叉验证，尽可能确保二手资料的准确性与可信度。

二、数据分析

本书在对所收集的第一手资料和二手资料进行定性分析时，严格按照扎根理论的分析过程来进行，具体包括开放性译码、主轴译码和选择性译码三过程。

（一）开放性译码

开放性译码就是对所收集的原始资料通过详尽的碎片化处理，由初步概念化、概念化到范畴化，逐层进行分解、比较、重组、归纳、提炼等，逐级缩编，最后形成初始范畴。开放性译码的目的在于从现象出发，通过对现象的指认、概念的界定，直到初始范畴的发现，旨在为后续找出现象背后的内在逻辑关系打下扎实基础。本书这里将对从各种渠道获得的与同城化协同管理相关的原始资料进行开放性译码，主要包括一些具有代表性的同城化文件、政府工作报告、主流媒体报道，以及在长三角城市群、厦漳泉同城化等区域调研中与专家的访谈内容等共106份资料。为了说明开放性译码过程，表3-1所示为其中部分原始资料开放性译码过程的举例。

表 3-1 同城化资料的开放性译码分析举例

同城化资料（部分举例）	开放性译码		
	初步概念化（a）	概念化（A）	范畴化（AA）
《京津冀协同发展规划纲要》（a1）：推动京津冀协同发展的指导思想是以有序疏解北京非首都功能、解决北京"大城市病"为基本出发点（a2），坚持问题导向，坚持重点突破，坚持改革创新（a3），立足各自比较优势、立足现代产业分工要求、立足区域优势互补原则（a4）、立足合作共赢理念（a5），以资源环境承载能力为基础，以京津冀城市群建设为载体、以优化区域分工（a6）和产业布局为重点（a7），以资源要素空间统筹规划利用为主线（a8），以构建长效体制机制为抓手（a9），着力调整优化经济结构（a10）和空间结构（a11），着力构建现代化交通网络系统（a12），着力扩大环境容量生态空间，着力推进产业升级转移（a13），着力推动公共服务共建共享（a14），着力加快市场一体化进程（a15），加快打造现代化新型首都圈（a16），努力形成京津冀目标同向、措施一体、优势互补、互利共赢的协同发展新格局（a17），打造中国经济发展新的支撑带（a18）……	a1：协同发展规划 a2：解决大城市病 a3：改革创新 a4：区域优势互补 a5：合作共赢理念 a6：区域分工 a7：产业布局 a8：资源要素空间统筹规划 a9：构建长效机制体制 a10：优化经济结构 a11：优化空间结构 a12：构建交通网络体系 a13：产业升级转移 a14：公共服务共建共享 a15：市场一体化 a16：现代化新型首都圈 a17：协同发展新格局 a18：中国经济发展新的支撑带……	A1：协同合作文件（a1 a56 a64 a105…） A2：协同合作目标（a2 a4 a15 a68 a73 a79 a106…） A3：制度创新（a3 a53 a66 a125…） A4：协同合作理念（a5 a25 a26 a52 a61 a69 a75 a76 a78 a126…） A5：空间要素协同	AA1：国家层面整体引导（A15…） AA2：地方上级政府支持（A16…） AA3：同城化制度安排（A3 A7 A33…） AA4：同城化合作契约化（A1…） AA5：资源要素共享（A20 A28 A29…） AA6：同城基础设施统一布

(续表)

同城化资料（部分举例）	开放性译码		
	初步概念化（a）	概念化（A）	范畴化（AA）
《京津冀协同发展规划纲要》：京津冀整体定位是"以首都为核心的世界级城市群（a21）、区域整体协同发展改革引领区（a22）、全国创新驱动经济增长新引擎（a23）、生态修复环境改善示范区（a24）"。区域整体定位体现了三省市"一盘棋"的思想（a25），突出了功能互补、错位发展、相辅相成（a26）；三省市定位服从和服务于区域整体定位（a27），增强整体性，符合京津冀协同发展的战略需要（a28）……	a21：世界级城市群 a22：协同发展改革引领区 a23：经济增长新引擎 a24：环境改善示范区 a25：三省市思想上的统一 a26：相辅相成 a27：区域整体定位 a28：协同发展战略需要……	（a6 a8 a11 a58 a108 a109 a122 ……） A6：产业合理分工布局（a7 a10 a13 a48 a59 a71 a91 a123 a124 a157……） A7：协同合作机制（a9 a17 a28 a60 a67 a82 a113……） A8：交通资源整合（a12 a46 a90 a110……） A9：公共服务共享共建（a14 a72 a94 a111……） A10：区域整体形象定位（a16 a18 a21 a22 a23 a24 a27 a42 a57 a89 a95 a96 a97	局（A8 A19……） AA7：同城空间统一规划（A5……） AA8：同城产业要素协同（A6……） AA9：各城市间文化相互包容度（A4……） AA10：各城市共赢合作意愿（A2……） AA11：同城整体形象包装宣传（A10……） AA12：公共服务协同（A9……） AA13：文化合作共建（A23……）
人民日报 2017-03-02：京津冀这三年不寻常：规划建设北京城市副中心（a42），是党中央、国务院深入推动京津冀协同发展战略实施的重大考量（a43）……交通一体化，是京津冀协同发展的骨骼系统（a46）……三年来，京津冀产业升级转移有条不紊（a48）……三年来，京津冀打破"一亩三分地"思维定式（a52），加快破除行政管理、资源配置等方面的体制机制障碍（a53）……	a42：北京城市副中心 a43：国家战略 …… a46：交通一体化 a48：产业升级转移 a52：打破传统思维定式 a53：破除传统体制机制障碍		
人民日报 2018-02-06：《关于加强京津冀产业转移承接重点平台建设意见》（a56）进一步明确了河北雄安新区和北京城市副中心承接的不同内容（a57）；细化了曹妃甸协同发展示范区、新机场临空经济区、张承生态功能区、滨海新区等4个战略合作功能区（a58）产业承接和发展方向（a59）；确定了一批协同创新平台和专业化承接平台（a60），"2+4+N"承接体系分工有序（a61）……	a56：出台相关合作文件 a57：雄安新区和北京城市副中心 a58：确定合作功能区 a59：产业承接 a60：确定协同平台 a61：分工有序……		

(续表)

同城化资料（部分举例）	开放性译码		
	初步概念化（a）	概念化（A）	范畴化（AA）
《广佛同城化合作协议》（a64）指导思想：按照《纲要》促进区域协调发展的目标和要求，根据省委、省政府的总体部署（a65），创新行政管理体制（a66），完善合作机制（a67），拓宽合作领域，促进两地要素资源自由流动、优化配置效率（a68），推动两市经济社会更加紧密融合（a69），全面构建城市规划统筹协调、基础设施共建共享（a70）、产业发展合作共赢（a71）、公共事务协作管理（a72）的一体化发展格局（a73）……	a64：合作协议 a65：地方上级政府支持 a66：创新行政管理体制 a67：完善合作机制 a68：要素资源自由流动与配置优化 a69：两市紧密融合 a70：基础设施共建共享 a71：产业发展合作共赢 a72：公共事务协作管理 a73：一体化发展	a107 a155…… A15：国家规划引导（a43 a88……） A16：地方上级政府支持（a65 a139 a156……）	
《广佛同城化合作协议》：优势互补（a75），合作共赢（a76）。充分利用两市比较优势，加大资源共享力度，实现资源优化配置（a77）；优化合作环境，落实合作措施，构建互动、互补、互惠的发展格局（a78），提升广佛整体竞争力（a79）……	a75：优势互补 a76：合作共赢 a77：资源共享与优化配置 a78：互动、互补、互惠 a79：整体竞争力	A19：基础设施共建共享（a70……） A20：资源共享与优化配置（a68 a77 a112……）……	
《广佛同城化合作协议》：建立区域文化发展协调机制（a82），全面加强文化交流与合作（a83），共同保护和开发粤剧、武术、陶瓷、民俗、饮食等岭南文化（a84）资源，积极发展现代都市文化……	a82：区域文化发展协调机制 a83：文化交流与合作 a84：岭南文化	A23：文化交流与合作（a83 a84……）	
中国财经时报网 2018-02-05：2017年12月召开的中央经济工作会议（a88），首次将粤港澳大湾区建设列入2018年核心工作，提出要"科学规划粤港澳大湾区建设"（a89），作为粤港澳大湾区重要城市的广州和佛山，将积极融入粤港澳大湾区发展战略，加快在交通设施（a90）、产业协作（a91）、科技创新（a92）、生态环境（a93）和公共服务（a94）等方面同城化步伐，打造粤港澳大湾区建设城际协同创新发展先行区（a95）、珠三角世界级城市群核心区（a96）、全国同城化发展示范区（a97）……	a88：中央经济工作会议 a89：粤港澳大湾区 a90：交通设施 a91：产业协作 a92：科技创新 a93：生态环境 a94：公共服务 a95：城际协同创新发展先行区 a96：珠三角世界级城市群核心区 a97：全国同城化发展示范区	A28：科技协同发展（a92……） A29：生态环境协同发展（a93……） A33：户籍制度改革（a140……）……	

（续表）

同城化资料（部分举例）	开放性译码		
	初步概念化（a）	概念化（A）	范畴化（AA）
《厦漳泉大都市区同城化总体规划》（a105）：主要目标——推动厦漳泉从目前一般性区域合作、城市联盟向紧密型、实质性、一体化融合（a106）的大都市区（a107）发展。探索建立共同发展的城市功能区（a108）和产业集聚区（a109），加快推进交通基础设施一体化（a110），促进公共服务共享（a111）和资源要素整合（a112），形成协同建设和同城化机制（a113）……	a105：合作协议 a106：一体化融合 a107：大都市区 a108：城市功能区 a109：产业集聚区 a110：交通基础设施一体化 a111：公共服务共享 a112：资源要素整合 a113：同城化机制 ……		
《厦漳泉大都市区同城化总体规划》：加快壮大一批重点产业园区（a122）。做大做强厦门光电显示、厦漳半导体照明、泉州微波通信等国家级产业园区以及泉州光伏、漳州光电等特色产业园区。探索以产业园区为载体的合作共建模式，建设厦门火炬园漳州分园等，通过产业转移（a123）和项目布局调整（a124），发展区域优势、特色产业，创新互利共赢合作机制（a125），避免同质竞争（a126）……	a122：产业园区 a123：产业转移 a124：项目布局调整 a125：创新互利共赢合作机制 a126：避免同质竞争 ……		
厦门日报2015-11-19：福建省"十三五"规划建议全书发布，作为全省未来五年建设的纲领性文件，"十三五"规划特别提出要优化全省的发展空间格局，加快厦漳泉的同城化步伐（a139）……未来五年里，户籍制度改革也将进一步加快，全省将健全财政转移支付同农业转移人口市民化挂钩机制，建立城镇建设用地增加规模同吸纳农业转移人口落户数量挂钩机制（a140）……	a139：地方上级政府支持 a140：户籍制度改革 ……		

(续表)

同城化资料（部分举例）	开放性译码		
	初步概念化（a）	概念化（A）	范畴化（AA）
漳州市政府工作报告2018年：厦漳同城化先行示范区（a155）要促先行（a156），全面对标、对接厦门，增强城市和产业支撑，加快推进金龙汽车、惠尔康生物科技、芯云谷、泰禾国际医院等项目（a157）……	a155：厦漳同城化先行示范区 a156：地方政府政策支持 a157：产业项目合作 ……		
	共计356个初步概念	共计39个概念	共计17个范畴

资料来源：笔者根据研究资料整理而来。

（二）主轴译码

开放性译码得到的初始范畴彼此之间是相对比较松散和比较独立，因此需要借助主轴译码来对它们进行聚类分析，以找出初始范畴之间潜在的逻辑关系，从而抽象出更高层次的主范畴。一般来说，主轴译码阶段主要采用典范模型的分析工具，即通过运用"因果条件→现象→脉络→中介条件→行动/互动策略→结果"这一逻辑思路来将开放性译码形成的初始范畴联系起来[1]，努力挖掘这些范畴背后的含义，从而发现和建立初始范畴之间的逻辑关系。

对同城化协同管理影响因素主轴译码的具体过程如表3-2所示。这里主要是依据开放性译码中形成的独立范畴，通过分析对比，寻找彼此之间的相关关系，形成了同城化协同管理各范畴间的典范模型，最终得到3个主范畴，分别是制度协同、要素协同和文化协同。

表3-2 同城化协同管理影响因素主轴译码过程

主范畴	副范畴	概念解释
制度协同	国家整体规划引导	从国家层面对地方发展的整体规划与引导力度大小
	地方上级政府干预	各城市直属地方上级领导对同城化的支持与干预力度大小

---

[1] 李志刚，王迎军. 继承式裂变创业的扎根理论方法研究［J］. 中国海洋大学学报（社科版），2007（2）：68—72.

(续表)

主范畴	副范畴	概念解释
制度协同	多方主体参与监督治理	包括政府、企业、各界专家、居民等对同城化事务参与的热情与重视
	同城化激励与约束机制	关系性契约达成后,是否被严格且平等执行
	各城市间相互信任度	各城市政府之间彼此信任度的大小
	同城化文件法律化	同城化区域内各城市协同合作的法律文件数量多少和涉及内容范围等
	信息沟通充分程度	各城市之间同城化治理信息相互沟通渠道是否畅通、互动是否经常等
要素协同	医疗教育资源共享	与民生相关的医疗、教育资源、社保等的互通共享力度
	同城基础设施统一布局	包括同城交通网络、通信设施等基础设施的统一规划与共建共享
	同城空间统一规划	是否有统一布局的新城、飞地或开发区
	同城产业合理分工布局	包括产业链共享合作、区域内产业统一布局等
	同城间人财物的自由流动	包括人、财、物、信息等市场要素流动的便利性与流量数
文化协同	各城市间文化相互包容度	不同城市文化之间的相互包容,以及居民对同城化的认识与认同程度
	各城市共赢合作意愿	各城市政府参与同城化的积极性及互动频繁程度
	倡导严格执行制度文化的氛围	已出台的同城化文件或其他制度是否被严格执行
	同城整体形象宣传	是否有统一的"同城"整体形象设计及宣传等
	各城市间文化差异	不同城市之间文化差异程度大小

（三）选择性译码和故事线

选择性译码是一个再次整合资料、提炼与建构理论的过程,指把主轴译码中所选择的核心范畴,把它系统地和其他范畴予以联系,进一步验证其间的关系,并把概念化尚未发展完备的范畴补充完整的过程[①]。通过对国家整体规划

---

① 李志刚,王迎军. 继承式裂变创业的扎根理论方法研究[J]. 中国海洋大学学报(社科版),2007(2):68—72.

引导、地方上级政府干预、同城化激励与约束机制、同城产业合理分工布局和各城市共赢合作意愿等 17 个范畴继续考察，尤其是对制度协同、要素协同和文化协同这三个主范畴及相应副范畴的深入分析，同时结合原始资料记录进行互相比较，发现可以用这三个主范畴来分析其他所有范畴。将各级范畴重置回同城化协同管理的现实情境，就可以描绘出串联各个主范畴的"故事线"：同城化的协同管理，就是在国家统一规划的引导下，在地方直接上级政府的支持下，以共建、共享、共赢等协同合作理念为基础，以制度创新性的重新安排、要素系统性的规划布局以及文化包容性的互动认同等协同合作方式为路径，突破现有行政有形界限的障碍，将空间毗邻的城市有机融为一体，以促进区域经济的发展和区域竞争力的提升。因此，同城化协同管理的内在机理是基于同城化集成租金基础上的制度协同、要素协同、文化协同等三个主范畴之间相互作用和相互融合的过程，这三个主范畴体现了同城化协同管理内在和外在的表现。

第四节　集成视角下同城化协同管理三构面模型的构建

以上通过对同城化内涵及热点内容的梳理，厘清了同城化协同管理的理论基础，并通过对同城化集成租金概念及其形成机理的剖析，以及基于扎根理论的同城化协同管理影响因素的筛选，为构建集成视角下的同城化协同管理三构面模型打下基础。

根据系统集成理论，同城化是一个集成的过程，参与同城化的城市主体为了"优势互补、资源共享、互利共赢"的集成目标而联盟在一起，集体寻求同城化集成租金。但同城化寻租行为会面临着多个潜在约束，如"同城"管理制度的设计能力、不同城市间的资源整合能力、不同参与主体之间的文化协同能力等，突破这些潜在约束也就成为实现同城化战略的关键，而这些都是基于集成视角的同城化协同管理需要重点考虑的问题。换言之，要实现前面提到的同城化集成目标，就需要加强同城化的协同管理过程。因此，综合前文关于同城化集成租金形成机理和基于扎根理论的同城化协同管理影响因素筛选等研究结论，笔者构建了图 3-3 同城化协同管理的理论研究架构，即同城化协同管理的三构面模型，具体包括同城化的制度协同、要素协同和文化协同。

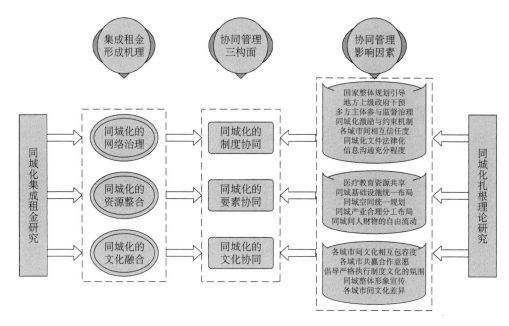

图 3-3　同城化协同管理的三构面模型

从上面扎根理论分析结果得知，影响同城化协同管理的主要因素是制度协同、要素协同和文化协同三个因素。

一、同城化的制度协同

同城化战略需要科学合理设计"同城"治理制度，平衡同城化中各相关利益主体的利益诉求，激励各参与主体的参与积极性和贡献意愿度。如果没有科学合理的管理制度作为保障，由于管理熵的存在，以及由于参与城市主体的位势权力主张等，会带来大量组织协调平衡问题，这些势必都会带来同城化集成租金的减少。因此，同城化的制度协同在整个同城化战略实施中扮演顶层设计的角色，治理框架搭建好了，关系结构完善了，才能解决好其他协同问题。制度协同主要是指对协同过程和协同结果制度安排的规范，影响同城化协同管理的制度协同要素主要包括政策、机制、监督等，它们直接或间接地对同城化协同度的大小产生影响。

根据上述扎根理论研究结果，本书选取以下七个指标来衡量同城化协同管理的制度协同维度。

（一）国家整体规划引导

同城化是中国城市化进程中的特殊产物，它受到国家城市管理总体战略的影响。因此，从国家层面对地方发展的整体规划与引导力度大小，会直接影响到各个同城化案例的开展力度和执行效果，以及同城化制度的安排设计情况。

（二）地方上级政府干预

同城化战略最终执行者是各个参与的城市，因此这些城市所属的直接上级态度就非常的关键。从已有的同城化案例实践运作情况，可以看到，各城市直属地方上级领导对同城化的支持与干预力度大小，对同城化制度的安排设计影响很大，例如乌昌一体化就成立了乌昌党委来高度集中管理同城化项目。

（三）多方主体参与监督治理

对制度的监督治理，是制度能够健康设计与运作的重要保障，因此包括政府、企业、各界专家、居民等对同城化事务参与的热情与重视，是同城化协同管理健康开展的有力保障。

（四）同城化激励与约束机制

因为同城化是建立在不打破原先有形行政边界的基础之上的，如果没有相应的激励与约束机制，这样的一种区域发展模式是不可能健康可持续发展的。因此，当制度内形成的关系性契约达成之后，是否能够被严格且平等执行，这是非常重要的激励与约束机制。

（五）各城市间相互信任度

正如前文所说，同城化不是建立一个新的政府机构，而是在不打破原有行政边界的基础上展开的合作，因此地方保护主义依然可能存在，如何突破这些观念障碍，就需要各城市政府之间彼此的相互信任。

（六）同城化文件法律化

同城化没有固有的机构制度保障，因此彼此的合作更多是基于一种信任，但信任是感情上的，是无法衡量与保障的，因此，需要将合作内容契约化、法律化，使之"说话算数"、有法可依。换言之，同城化区域内各城市协同合作法律文件数量的多少和质量的高低，直接影响到同城化战略执行的力度和效果。

(七) 信息沟通充分程度

在信息化时代，任何的事物都离不开信息与数据，同城化也不例外，因为不是一个有形的新联合体，因此参与同城化的各城市主体之间同城化治理信息相互沟通渠道是否畅通、互动是否经常等，也都会影响到同城化开展效果。

综上，同城化的制度协同需要通过网络治理，从治理目标、治理模式、治理机制等多角度进行同城制度的设计，这是同城化制度协同管理的重要内容。具体的"同城"管理制度，因为目前还没有找到统一的模式，需要我们结合相关的理论、结合其他类似领域的组织管理制度、跨界治理方法等进一步深入研究，具体研究内容详见本书第四章。

二、同城化的要素协同

同城化战略因为涉及城市协同发展的多个领域、多个层面，因此在协同管理过程中会遇到多元化的资源要素。只有使同城区域内的各种资源要素之间保持科学布局与顺畅流动，才能有效提高同城化区域内资源的使用效率。因此，能否有效整合参与同城化的城市主体各自的优势资源，是同城化战略的核心。因为它既能保证参与同城化的各城市主体获得自己原有的资源优势，同时也可以通过有效整合资源实现与其他城市的资源互补和资源共享，来获得预期的同城化集成租金。

根据上述扎根理论研究结果，本书选取以下五个指标来衡量同城化的要素协同维度。

（一）同城基础设施统一布局

从当前中国同城化的实践中可以看到，几乎所有的同城化案例都把同城基础设施的统一布局当作第一要事来对待，正如中国老百姓常说的"要致富先修路"，包括同城交通网络、通信设施等在内的同城基础设施的统一规划与共建共享，是同城化战略能够顺畅实施的基础，更何况"一小时生活圈"等也是同城化主要目标之一，而这更是依托发达的交通网才能达成。

（二）同城空间统一规划

虽然同城化并没有打破现有的行政边界，但在实践中我们看到，是否有统一布局的新城、飞地或开发区，也是同城化在要素协同时主要采取的措施。从已有同城化案例发展情况看，那些有统一空间规划的同城化个案，同城化的协同度相对来说都比较高，由此可见空间要素协同的重要性。

（三）同城产业合理分工布局

不管是同城化内涵的词频分析结果也好，还是扎根理论分析的结论也好，我们都看到同城化的首要目标是更好地推动同城区域经济的发展，由此，区域内产业链的共享合作程度、区域内产业布局是否合理等要素协同表现，都会直接影响同城化最终的效果。

（四）医疗教育资源共享

这里主要是指与民生相关的医疗、教育资源、社保等互通共享力度。同城化的实施，最终能否得到城市居民的支持与拥护，很重要的一点是相关的民生问题是否得到完善。

（五）同城间人财物的自由流动

同城化区域内包括人、财、物、信息等市场要素流动的便利性与流量数，直接反映了同城化中要素协同的协同度高低。只有在同城区域内真正实现各种要素资源的顺畅自由流动，同城区域内的资源利用才可能达到最大化，同城化的共赢、共享目标等才能实现。

综上，每个参与同城化的城市主体都或多或少拥有自己独特的要素资源优势，有的是资金实力优势、有的是交通地理优势、有的是产业发展优势、有的是天然资源优势，而有的可能是人文历史优势……所有这些资源，都是同城化战略实施所需要的。但这些资源是否具有互补性、资源的拥有方是否乐于贡献和分享自己的资源，以及各项资源如何协同才能发挥最大的集成力，这些对协同内容、协同方法等的思考就是同城化要素协同管理时需要具体考虑的，具体研究内容详见本书第五章。

三、同城化的文化协同

在同城化协同管理的三个主范畴中，难度最大的莫过于文化协同了。现实中，我们看到，只要有人的地方就有文化。而在同城化发展过程中，不管是主体还是客体，"人"都在扮演着重要的角色，发挥着重要的作用。只有减弱文化冲突，理顺城间关系，才能使得参与同城化的城市主体获得各自期望得到的同城化集成租金。因此，同城化的文化协同是理顺同城主体间及相关利益者之间关系的关键，也是实现同城化协同管理的保证。

根据上述扎根理论研究结果，本书选取以下指标来衡量同城化的文化协同维度。

(一) 各城市间文化相互包容度

没有硬性的制度规定，而是完全建立在依托彼此信任基础之上的同城化，如何没有各参与城市主体之间文化的相互包容，以及居民对同城化的认识与认同程度，那同城化战略是不可能长期有效实施下去的。

(二) 各城市共赢合作意愿

俗话说，心齐了，劲才能往一处使。只有参与同城化的城市主体都有共赢合作意愿，各城市政府都能够积极参与同城化运作，彼此之间有较高的互动频率，同城化才能得以较好实施。

(三) 倡导严格执行制度文化的氛围

虽然同城化协同管理三大范畴的第一个是制度协同，但如果光有制度，而没有保障制度得以严格执行的文化氛围，那就如一个人光有一副骨骼系统但没有血肉支撑一样，也是不健康不完整的，因此需要有严格执行制度文化的氛围，这样已出台的同城化文件或其他制度才能够被严格执行。

(四) 同城整体形象宣传

是否有统一的"同城"整体形象设计及宣传，对外会影响到同城化区域的整体形象知名度，从而影响到其影响力与竞争力；对内则会影响到相关城市居民对自身同城化项目的认识、认可与支持。

(五) 各城市间文化差异

通过对扎根理论的运用及对已有同城化案例发展情况的梳理中，我们看到，不同城市之间文化差异程度大小会影响到同城化项目的被接受度。一般来说，各城市间文化差异越小，人们对同城化的认同度与支持率就会越高，同城化的协同度也就相应会得以提高。

综上，在实施同城化战略的过程中，因为文化惯性使然以及思维方式错误，就会产生不同城市之间的文化碰撞与冲突，出现各种城间关系的不顺畅。在中国的同城化实践中，各种文化冲突的解决以及各种关系的理顺，最重要的是参与同城化的城市主体价值观的选择问题。如果价值观差异大，可能就会产生文化冲突；而如果价值观相似，则可能实现文化协同。这些都是同城化文化协同管理时需要重点考虑的内容，具体研究内容详见本书第六章。

四、同城化协同管理三构面间的关系

在接下来第四、五、六等章节具体阐述同城化协同管理内容之前，我们还需要理顺一个关系：在理清同城化协同管理三构面的基础上，我们还需要进一步搞清楚"集成"与"协同"之间的异同是什么，以及集成视角下同城化协同管理三构面之间的关系，从而更好理解集成视角下同城化协同管理的理论体系。

"集成"与"协同"有其共性的地方，那就是都追求"1＋1＞2"的效果，也正因为有这个共同点，所以二者才能放在同一个范畴内进行讨论。但之所以要强调"集成视角下的同城化协同管理"，笔者的思考角度是：集成强调的是全范围和战略性，而协同更侧重于项目化和战术性。如果再结合集成理论与协同理论的关键理论要点，则集成强调的是主动寻优，而协同强调的是从无序到有序。因此，从字面上来理解"集成视角下的同城化协同管理"，那就是参与同城化的城市主体出于主动寻优的目的（与前面第二位高频词"发展、促进、提高等"相呼应），从战略角度去协调同城化过程中可能遇到的各种问题（主要包括制度、要素、文化等），并努力使这些问题从同城化之前的凌乱、无序到同城化之后的和谐、有序，最终实现"1＋1＞2"的目标效果。如果将上述的"集成视角下的同城化协同管理"内涵加以图示，则可以将之描绘成图3-4。

在图3-4中，我们用大圆代表集成视角，而这个大圆又是由齿轮轴心（要素协同）、架构轮轴（制度协同）和充满整个大圆的黏合剂（文化协同）所构成。在图3-4中，一方面清晰地描绘了同城化协同管理

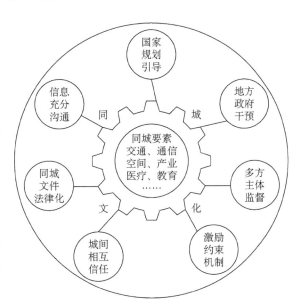

图3-4 同城化协同管理三构面的关系集成模型

三构面之间的关系，即在集成视角下，同城化的协同管理具体包括制度协同、要素协同和文化协同，而且要素协同是关键（齿轮轴心），制度协同是前提（轮轴），文化协同是保证（润滑剂、黏合剂）。另一方面，图示也进一步说明集成与同城化协同管理三构面之间的关系，即集成是全范围的、战略的，而协同是项目的、战术的；从战略全局的角度进行同城化的协同管理，需要各个协同管理构面的有序协调，这是"1+1>2"同城化效果目标实现的根本保证，也是本书研究的重要逻辑思维取向。

本 章 小 结

本章借用高频词分析方法，对同城化的理论内涵及热点内容进行深入剖析，系统归纳阐述了同城化的产生条件、空间分布、参与要求、基本目标、动力机制以及实施路径等。在此基础上，形成了对同城化集成租金内涵及其形成机理的认识，同时运用扎根理论进一步对同城化协同管理的影响因素进行筛选，从而构建集成视角的同城化协同管理研究模型，即同城化协同管理的制度协同、要素协同和文化协同等三个构面及其关系，最终明确了本书研究的重要逻辑思维取向。

第四章
同城化的制度协同管理

正如公司治理结构设计需要思考如何处理好公司内部各组织结构之间的权力平衡与激励约束等问题，同样，同城化战略也需要科学合理设计"同城"治理制度，平衡同城化中各相关利益主体的利益诉求，激励各参与主体的参与积极性和贡献意愿。因此，同城化的制度协同在整个同城化战略实施中扮演顶层设计的角色，治理框架搭建好了，关系结构完善了，才能解决好其他协同问题。那么，如何实现同城化的制度协同，本章通过对区域合作下治理模式演变的分析及比较，提出了同城化网络治理并进行了界定，进而结合中国同城化的治理实践和面临的问题以及美国、德国的大都市区治理经验，构建了中国同城化网络治理模型，并具体从正式治理和非正式治理两种方式及其相应治理机制分别进行了阐述。

第一节 同城化网络治理的提出

随着全球化的不断深化以及信息网络技术的不断发展，城市区域经济越来越具有全球影响力，大都市区域已经成为人们越来越关注的重要空间单元。于是，区域治理就成为人们热衷的话题。区域治理就是探讨如何对区域合作中遇到的共同事务进行组织、协调、合作等，涉及现有的国家政治体制差异、地区经济发展不平衡、政府机构碎片化以及行政区划利益刚性等诸多区域合作协调的问题。因此，在对区域治理模式演变进行分析及比较的基础上，本书提出了同城化网络治理的构想。

一、区域治理模式的演变及比较

国际上大都市区域治理模式的演变基本上是沿着如下方向进行的："传统

区域主义"主张下集权式的大都市地区政府治理模式;"公共选择学派"主张下分权式的市场竞争机制治理模式;"新区域主义"主张下网络化的社会合作治理模式。

(一)集权式的大都市地区政府治理模式

集权式的大都市地区政府治理模式兴起于20世纪30年代,主要是针对美国传统自治导致的政治"碎化"以及由此产生的区域"碎化"问题。作为联邦制国家的美国,联邦下面的各个州都拥有很大的自治权力,包括立法权、财政权等。在这样的背景下,一个大都市区往往就是由许多具有实权的小政府构成,每个小政府在管理决策时更多考虑的是自身利益和地方主义,对于一些从更大层面、更广范围来说的公共设施与服务等,则难以形成共识进行建设与完善,这大大影响了大都市区范围内公众的公共需求与社区公共利益等的满足,甚至导致大都市区治理局面的混乱、无序甚至崩溃,如因分散化治理而加剧的种族和社会隔离问题、整个区域内资源无法共享共用、各个小政府借机为自己的行政不力寻找托词等。因此,当时不少的学者认为,要真正实现大都市区的福利,发挥大都市区的优势,必须建立一个统一的具有正式权威的大都市政府机构,即"一个区域、一个政府",并对大都市区的公共事务实行高度集中、统一的治理,以充分协调利用大都市区内的各项资源、提高区域内各项公共事务的治理效率、减少因分散化治理而加剧的种族和社会隔离问题等。在实践中,大都市区政府机构通常通过兼并、合并、重组等手段来实现,或者建立跨城市的各种理事会、管理区等办法,来实现大都市区间的协作发展。也就是说,大都市区治理需要建立一个正式的、具有一定法律权威的政府机构,实行集权化的治理模式。

(二)分权式的市场竞争机制治理模式

集权式的大都市地区政府治理模式到了20世纪70年代就开始出现落寞了,最主要的原因是因为其正式化的集权式的大都市区治理机构一方面垄断公共服务,不能满足越来越多样化的服务需求偏好;另一方面,由于增加了政府机构层次与数量,导致政府运行效率也大大降低。于是,分权式的市场竞争机制治理模式开始出现,即认为大都市区的政治就应该"碎化",多个小政府比一个大政府更易于贴近公民,更能够有效感知并应对公民需求的偏好与变化,所以应该建立一个多中心的治理体制。同时,更多的小政府之间就如何给居民提供更加多样化、经济化的市政公共服务等也会形成相互竞争，从而有助于政府服务效率的提高。简单地说，分权化、碎化的治理模式被认为更有效率，更经济，也更民主。

在具体实践中，分权式的市场竞争机制治理模式就是通过建立专区或多功能区来实现分权化治理。所谓专区或多功能区（类似中国老百姓熟悉的管委会或经济特区），就是由相关政府部门根据有关法律授权，拥有一定行政和财政自主权的单独政府机构。二者的区别就是，前者只执行一项职能，而后者执行的是多项职能。在美国，比较多的是专区，而多功能区数量不多，二者的比例大概是9∶1。分权式的市场竞争机制治理模式强调的是政治"碎化"，所以不管是专区也好，多功能区也好，它们都是有关政府部门分权的结果，因此具有政府特征、拥有一定实权且是一个实体组织。以美国为例，一般来说专区政府所涉及的职能主要包括社会公共设施管理保障以及其他的一些公共服务，例如城市下水道的防洪排涝与消防等管理，公共娱乐设施、公园以及公众图书馆的管理，住房供水以及社区管理等；而多功能区的职能就五花八门了，有参与该地区交通系统改造的职能，也有参与废弃物处理的职能，还有参与房地产开发甚至城市复兴等的职能。多功能区的大小差异也很大，大至可能涉及整个大都市区，而小的话可能仅仅只涉及几个街区，具体要根据不同州政府的治理意向、财政状况以及相关的法律制度而有所区别。

分权式的市场竞争机制治理模式最大限度地满足了公共选择学派对政治"碎化"、分权治理的要求，它在一定程度上可以高效地为公民提供多样化、专业化、规模化的公共产品和公共服务，并保证原有政府机构的完整性。同时，分权式的市场竞争机制治理模式因为引入了权力制衡和竞争机制，从而有利于区域协议与区域善治，提高政府管理的民主性。当然，这种治理模式，由于多中心、政治"碎化"、"用脚投票"的民主管理，都大大增加了执政成本，同时有高估各专区之间协调能力的嫌疑，真正理想的分权化且高效的治理效果很难实现。

（三）网络化的社会合作治理模式

进入20世纪90年代以来，全世界刮起了经济全球化之风，区域一体化、大都市区域空间、城市群等越来越受到全世界人民的关注，如何提高区域治理能力以提升区域国际竞争力，这不仅成为理论学术界的研究重点，也是各国各地区行政决策的重点。由此，产生了网络化的社会合作治理模式。这种模式是对集权式的大都市地区政府治理模式和分权式的市场竞争机制治理模式的综合与改进。分权式的市场竞争机制治理模式在兴起后20年左右的时间，虽然也在一定时间内促进了地方经济的发展，但引起的问题也很多，多个小政府的管理模式势必带来地方政府间的恶性竞争、加大区域执政成本与协调成本、区域不平等差距拉大等，从而造成区域整体竞争力不仅没升反而降低的现实结果。面对这些问题，人们开始重新反思分权治理与多中心政府等主张，网络化的社会合作治理模式由此产生。

网络化的社会合作治理模式克服了分权式市场竞争机制治理模式的多中心政治"碎化"而导致的相互间过度恶性竞争，造成区域整体竞争力降低的问题，由此需要将分散的部门机构重新统一起来，但这并不意味着直接对集权式的大都市地区政府治理模式照搬恢复，而是根据新时期区域发展的新要求而对其部分继承但更多是创新运用，即有扬有弃。网络化的社会合作治理模式强调在不合并、不兼并已有政府机构的基础上，通过相关利益主体的自愿、信任、谈判等，建立一个由多角色参与的社会合作网络，来实现区域的有效治理，从而提升区域竞争力。因此，网络化的社会合作治理模式具有的主要特征是：第一强调的是多主体参与的跨部门合作，而不是政府部门单方的职能管理；第二强调平行的网络化合作，而不是垂直的科层权力统治；第三，强调共同事务服务提供的过程，而不是治理结构的构建。

以上三种经典的区域治理模式，很难说哪一种就绝对的好，它们有个依次演进的过程并在区域的不同发展阶段发挥着重要作用。这三种模式在区域治理问题上的理论假设分歧主要就是在区域内资源配置权限划分以及不同层级政府部门之间关系处理这两点上，如图4-1所示。

集权式大都市地区政府治理模式与分权式市场竞争机制治理模式的理论分歧在于区域内资源配置到底应该是以政府为主导方式还是以市场为主导方式，而网络化的社会合作治理模式与集权式的大都市地区政府治理模式的理论争论在于不同层级政府部门之间权限的分配到底应该集权些还是分权些。然而，本书认为，随着经济全球化进程的不断推进，国家与国家之间、地区与地区之间，乃至城市与城市之间的合作越来越多，区域的合作协调发展已成为趋势，但面对经济全球化环境导致的相关利益主体需求越来越多样化，以及原先"碎化"政治带来的诸如资源浪费、协调困难等种种弊端，网络化的社会合作治理

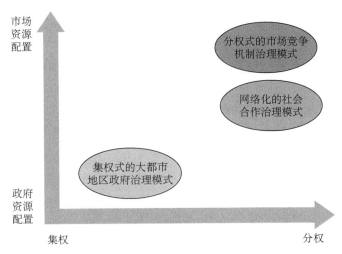

图 4-1 三种经典区域治理模式的比较

模式更符合现阶段区域治理的实际而成为当今一种主流的区域治理模式。

综合以上分析,本书认为,中国的同城化战略就是一种不改变当前行政区划界限的多方跨界合作,如果仅仅从集权或分权的视角已经很难解决当前非行政命令下的多方协商合作可能遇到的诸多协调问题。为此,本书在网络化社会合作治理模式的基础上,针对中国的同城化问题提出了同城化的网络治理理论。

二、同城化网络治理的内涵与特征

(一) 同城化网络治理的内涵

首先需要先明确治理的内涵。治理的内涵定义很多,比较权威的是联合国全球治理委员会在 1995 年发表的《我们的全球之家》(Our Global Neighborhood) 研究报告中的定义,他们把"治理"定义为:"来自公共或私人的各种机构,甚至是个人,共同管理其公共事务的管理方式总和。在这个持续的过程,大家采取合作行动来协调过程中可能的各种冲突和各异利益"[①]。罗西瑙 (J. N. Rosenau) 是治理理论的主要创始人之一,他认为"治理"是一种管理机制,这些管理机制存在于一系列活动领域里,而且虽然没有得到正

---

① 俞可平主编. 全球化:全球治理 [M]. 北京:社会科学文献出版社,2003:6.

式授权但却能发挥有效作用，同时社会各方力量也都共同参与到这些管理机制中。

其次，需要搞清楚网络治理的内涵。不同学者的网络治理定义有所不同。中国南开大学李维安（2014）认为：网络治理就是制度设计与过程，它是网络组织中关键资源所有者围绕共同的协作目标而开展的[1]。天津财经大学的彭正银（2002）认为：网络治理是一种包括组织和个体在内的正式或非正式参与者之间的关系安排，其联结是通过经济合约来实现，其核心是由社会关系嵌入所构成的企业间制度安排[2]。还有学者甚至用"握手"来比喻网络治理中所强调的协作，这是基于"看得见的手"的科层"硬"治理和"看不见的手"的市场"软"治理[3]。"握手"这个比喻，可以说是对网络治理性质的最好描述。网络强调的是一种非正式关系纽带，网络治理既不是在科层制上多一层组织机构，也不是运用市场机制任其自由竞争，它有自己的治理目标（如资源共享、多方互惠），有自己的治理机制（如信任、互动、谈判、适应），还有自己的治理手段（制度激励与法律约束、关系性契约）等。

因此，本书认为，同城化的网络治理是为了最大化地整合各城市间的优势资源、协调彼此的利益关系和减少不和谐及冲突，进而维持各城市间持续和长期的互动与合作关系所建立的正式和非正式的制度安排。

(二) 同城化网络治理的特征

本书认为，同城化网络治理有以下三个主要特征。

1. 治理主体多方化

网络治理的主体表现出多方化的显著特点。面对治理任务越来越复杂，且区域发展各方需求越来越不确定，由任何一方出来单独承担治理任务都是不合适也是无法胜任的。因此，需要由各城市的相关利益者，包括政府机构、私营企业、非正式组织、学者专家、社会公众志愿者等多方主体共同参与，通过彼此的互动、协商、支持等，来实现资源最大程度整合以及治理工作最大程度透明，从而保障网络治理的效果。

---

[1] 李维安，林润辉，范建红. 网络治理研究前沿与述评[J]. 南开管理评论，2014，17（5）：42—53.

[2] 彭正银. 网络治理理论探析[J]. 中国软科学，2002（3）：50—54.

[3] Larsson, R. The Handshake between Invisible and Visible Hands[J]. International Studies of Management & Organization，1993，23（1）：87-106.

2. 治理目标整体化

治理主体的多方化势必带来一个问题，那就是各方需求也多样化，而这正是同城化网络治理需要解决的主要问题，那就是如何实现同城化治理目标的整体化。虽然各城市参与主体最初可能本着不同的甚至相互冲突的利益初衷参与到网络治理活动中来，但大家都清楚一点，那就是如果仅仅只是强调各自的"私利"而不同心协力，那网络治理的"协同发展"优势将无法获得。因此，需要建立信任、协商与互惠的关系，重新对各方无序的"私利"进行整合，实现治理目标的整体化，即区域整体竞争力的最大化和各方的协同发展。

3. 治理方式多样化

网络治理与科层治理最大的区别是：科层治理基本上只有集权式的正式治理方式，但网络治理的方式却是多样化的，既有正式的治理方式，也有非正式的治理方式。

在科层治理中，正式的治理方式主要表现在需要建立一个统一的合法的正式治理机构，一切都是靠着制度性权威和法律，来实现对区域发展中的共同事务进行管制与统治。而在网络治理中，除了需要通过诸如区域整体规划、基础设施统筹规划和建设等方面的规划、制度和协议进行正式治理外，更强调通过诸如建立信任关系、实现多渠道互动沟通等非正式治理方式来实现治理目标。所以，在网络治理中，更强调的是正式治理与非正式治理的有效兼顾。

第二节　中国同城化治理模式的实践及其面临的问题

中国的同城化进程应该算是"速度加快、成效不少"，对促进中国城市群区域在世界经济竞争力的提高起到了重要促进的作用。下面，我们从中国同城化的总体治理模式现状，来看看中国同城化治理现实的实际情况。

一、中国同城化治理模式的实践

中国同城化战略以其不影响各城市现有行政框架、各城市主体利益相对保持独立、同城交集的程度可以由参与各方协同商量后决定等明显优势，至今已经成为中国许多省市重点选择的城市发展战略之一。

目前，中国已实施同城化的案例有十多个，具体的同城化实践情况如表4-1。

表 4-1　中国同城化治理实践

序号	同城化名称	领导机构	部门机构性质	相关同城化文件	权力行使方式	开始时间
1	广佛同城化	广佛两市联席会议	协商平台	《广州市佛山市同城化建设合作协议》《广佛同城化"十三五"发展规划》等	分权	2009
2	沈抚同城化	同城化领导小组办公室（设在省发改委）	上级职能部门	《加快推进沈抚同城化协议》和《沈抚连接带总体发展概念规划》	集权与分权结合	2006
3	长株潭一体化	长株潭三市党政联席会议	上级职能部门	《长株潭区域合作框架协议》	集权与分权结合	2006
4	乌昌一体化	乌昌党委	近似区域政府	《乌昌地区国民经济和社会发展"十一五"规划纲要》	集权	2004
5	郑汴一体化	省发改委、郑州和开封三方联席会议	协商平台	《郑汴产业带总体规划》等	集权与分权结合	2012
6	西咸一体化	西咸新区建设工作委员会	多功能区政府	《西咸一体化规划》《西咸新区规划建设方案》	集权与分权结合	2010
7	厦漳泉同城化	厦漳泉党政联席会议	协商平台	《厦漳泉大都市区同城化总体规划》	分权	2011
8	长吉一体化	省发改委	上级职能部门	《推进长吉一体化发展合作框架协议》	集权与分权结合	2010
9	太榆同城化	仅关于交通通信、教育科技等方面合作的联席会议	协商平台	《山西省国家资源型经济转型综合配套改革试验总体方案》	分权	2008
10	成德同城化	成德党政联席会议	协商平台	《成都德阳同城化发展框架协议》《成德同城化发展总体规划》《成德一体化空间发展规划》	分权	2013
11	福莆宁同城化	福莆宁党政联席会议	协商平台	《构建福州大都市区、推进福莆宁同城化发展框架协议》	分权	2012

(续表)

序号	同城化名称	领导机构	部门机构性质	相关同城化文件	权力行使方式	开始时间
12	宁镇杨同城化	暂未建立专门机构（由省发改委协调）	上级职能部门	《宁镇扬同城化发展规划》和《宁镇扬同城化建设推进纲要》	集权与分权结合	2014
13	合淮同城化	暂未建立专门机构（由省发改委协调）	上级职能部门	合淮同城化总体规划	集权与分权结合	2007
14	长三角一体化	长江三角洲地区三省一市主要领导座谈会、党政联席会	国家级职能部门	《国务院关于进一步推进长江三角洲地区改革开放和经济社会发展的指导意见》《长江三角洲地区区域规划》《长江三角洲城市群发展规划》等	集权与分权结合	2008
15	京津冀一体化	国家发改委牵头	国家级职能部门	《京津冀协同发展规划纲要》，《"十三五"时期京津冀国民经济和社会发展规划》等	集权与分权结合	2014

资料来源：根据王德和宋煜（2009）和徐涛（2014）以及相关网络资料共同整理出来。

通过以上的中国同城化治理实践梳理，根据行使同城化权力的部门性质、权力大小等，我们可以看到，中国同城化治理目前存在四种主导模式，即国家引导模式、联席会议模式、联合党委模式和新区治理模式。

(一) 国家引导模式

该模式是指整个同城化方案基本上都是由国家层面的机构或领导来进行规划定调与整体引导，参与同城化的城市主体在国家层面的引导下，再进一步通过协商、互让、谈判等方式来解决同城化进程中可能遇到的问题。京津冀一体化治理模式就是典型的国家引导模式。首先，京津冀一体化作为国家战略，最早提出时间是2014年2月26日，当时京津冀在汇报协同发展工作，习总书记听取时强调，京津冀协同发展的实现，应该放在国家战略的重要位置；在同年的两会上，李克强总理在做政府工作报告时进一步强调京津冀一体化是国家战略。由此可见，京津冀一体化已经不仅仅只是三个省市之间的合作协同工作了，它的更大更高目标就是要打造中国新的区域增长点，因此整个一体化方案规划与治理进程中，是国家在唱主角（雄安新区是最典型的国家引导规划例子），引导三省市进一步协同合作。

（二）联席会议模式

该模式是指参与同城化的各城市主体，通过定期或不定期召开以政府党政首长为主的联席会议，共同协商决策同城化过程中可能出现的重大问题的治理模式。在联席会议模式，各城市政府对同城化过程具有较高的主导决策权，最为典型的案例就是广佛同城化。2009年4月16日，广佛同城化第一次市长联席会议在广州举行，会上共同敲定两市第一批对接的52项重点工作，同时还共同商定今后联席会议召开的机制：每隔半年在广佛两个城市轮流举行，如遇到重大问题可随时协商召开。至今，广佛同城化的市长联席会、党政联席会议以及其他类似的协商会议召开已不下十次。由参与同城化的城市主体领导牵头参与的联席会议模式，基本上在会议期间就可以协商解决大部分同城化问题，各城市的治理决策主导权比较大。除了广佛，厦漳泉、成德、福莆宁等也都使用联席会议作为同城化治理的主导模式。

（三）联合党委模式

联合党委模式是新疆乌鲁木齐市与昌吉州在协同一体化过程中独创的一种治理模式，它的最大特点是新增一个专门的治理领导机构，该机构对区域内的规划与治理拥有绝对的领导权和决策权，是到目前为止中国最具集权性质的同城化治理模式。乌昌一体化专门成立的这个领导机构就是乌昌党委，它是作为自治区党委派出机构性质的领导机构，对乌昌一体化实行统一规划与集中治理。

（四）新区治理模式

新区治理模式是指在不改变原有行政区划的前提下，在参与同城化的城市主体彼此之间交界地带重新规划出一块治理新区域，同时专门成立一个具有多种职能的机构来专门管辖这片新区。目前该治理模式最为典型的例子就是西咸一体化案例。2014年年初，国务院发文正式批复陕西设立西咸新区，具体包括沣渭和泾渭两个新区。在治理机构方面，在省级层面成立了西咸新区建设工作委员会，同时又下设沣渭新区和泾渭新区两个管委会，分别对两个新区的整体规划、基础设施建设以及对外招商等经济问题的统筹工作等具体负责并承担治理工作。

二、中国同城化治理模式面临的问题

根据以上对中国同城化治理模式实践的梳理，我们可以看到，中国同城化的主导治理模式大体上涵盖了西方大都市区三种主流的区域治理模式。例如，国家引导模式和联合党委模式，体现了传统区域主义所主张的集权式大都市区地区政府治理模式；新区治理模式则在一定程度上体现了公共选择学派所主张的分权式市场竞争机制治理模式；而作为中国同城化治理中当前最常用的治理模式，联席会议模式在一定程度上体现了新区域主义所主张的网络化的社会合作治理模式内容。

但总体来看，当前中国同城化治理模式面临以下两个需要解决的主要问题。

（一）行政化问题

从表4-1所梳理的当前中国主要同城化案例治理模式情况中，我们看到，几乎所有的同城化案例都是行政决策的结果。要么是党委牵头，直接建立同城化党委来管辖统治同城化共同事务，要么就是由行政一把手市长挂帅或者由主要行政职能部门领导领衔，通过行政联席会议等来决策同城化项目。所有这些带有浓重行政化色彩的做法，都凸显当前中国同城化治理模式中的一个重要问题，那就是在同城化实践中，政府是绝对的甚至是唯一的"领头羊"，更多体现的是政府行政的意愿，而非同城化区域所有利益主体多方的共同意愿，这与网络治理的要求有一定的距离，尤其非正式网络治理方式没有发挥相应的作用。

（二）区域化问题

中国同城化的实践，更多的是从自身区域（或城市、或省份）发展需求出发，去设计或规划所谓的同城化方案。但这种立足自身区域发展的做法，带来的一个直接明显的结果就是唯区域利益第一，从而导致当同城化涉及需要多方协调的一些项目时，这些项目往往要么夭折、要么一拖再拖。例如，广佛同城化中，与交通有关的同城化项目，例如广佛断头路"海龙大道"、珠江大桥放射线连接广佛新干线等项目都被广州市以各种理由一拖再拖，其中最主要的原因是因为广州市担心这些交通基础设施建好后，因为交通方便以及产业成本悬殊，佛山市的经济环境吸引力就会大大提高，特别在吸引外资方面，这就变相影响了广州的投资吸引力，因此广州市对此类同城化项目并不热衷。这种因区域化而导致的非全局观,直接影响了网络治理的整体目标实现。

因此,尽管在中国的同城化过程中,由于发展基础与现实情况差异很大,在具体的治理模式上应依赖于城市、文化和区域等复杂多样性而加以选择,但不可否认,在中国的同城化发展中,要实现去行政化、跨区域的系统治理,网络治理模式将成为最主流的模式,需要我们在现有治理模式的基础上构建相应的理论体系并付诸实践。

第三节 美德大都市区的治理经验及其启示

关于大都市区治理的实践,全世界有不少国家都有各自好的经验,美国、英国、日本、德国等在大都市区治理方面都有可圈可点的做法。下面以美国和德国为例,来看看他们的区域治理特别是大都市区治理经验有哪些是值得中国同城化网络治理学习的。

一、美国纽约大都市区治理的经验及其启示

纵观美国大都市区治理发展史,其治理理念的演进就是从传统区域主义到公共选择学派再到新区域主义。当然,具体到美国320多个大都市区治理实践,则现实做法又是百花齐放、各有不同。下面,我们就以美国最重要的社会经济区域之一纽约大都市区的治理案例,看看美国大都市区的治理工作具体都是如何开展的。

美国纽约大都市区,又称"三州区域"(Tri-state Metropolitan Region),面积约3.3万平方公里,具体构成包括纽约州、康涅狄格州,还有新泽西州的一部分,由此可见"纽约大都市区"并不是一个真实的行政区划。纽约大都市区前前后后进行了四次区域规划,较好地解决了区域治理问题。1929年,在赛奇基金会支持下成立的纽约区域规划协会(RPA)首次发表了《纽约及其周边地区的区域规划》,规划的核心思想是"再中心化"。该规划通过并制定了10项治理政策,例如努力缓解交通拥堵、不再建高层建筑、建立区域范围的开放空间等①。该规划不仅为区域内的物质建设活动提供了空间框架,同时还赢

---

① 武廷海,高元.第四次纽约大都市地区规划及其启示[J].国际城市规划,2016,31(6):96—103.

得了超过平均份额的联邦政府资金，这为该区域接下来几十年发展打下了良好基础。第一次区域规划治理的特点是建立一个统一的区域管理机构，其集中管理的特点，解决了原先治理中由于过度民主而导致的政治"碎化"等问题。

纽约大都市区在1968年完成它的第二次区域规划，这次规划的核心思想是"再集中"（reconcentration）。规划提出并通过了建立新的城市中心、改善原先陈旧老城区服务设施、进一步统一公交运输规划等5项治理原则。这次规划使纽约大都市区获得了10亿美元的再投资，为其后续的空间发展和基础设施建设等提供了重要资金保障和指导方向。

发布于1996年的纽约大都市区第三次区域规划《危机挑战区域发展》（A Region at Risk），其核心思想是重建包括经济（Economic）、公平（Equity）和环境（Environment）等在内的3E，目标是通过整合3E来推动区域发展和提升居民生活质量，从而提高纽约大都市区的全球竞争力。

纽约大都市区第四次规划启动于2013年4月，这次规划的重点是"区域转型"。该规划的议题主要包括可持续性、宜居性、提供经济机会等四个方面，另外该规划还有一个突出的特点就是区域内专家、企业、公民和社区领袖等共同参与了规划编制。

纽约大都市区近百年来的四次规划情况，我们可以通过表4-2来进行比较。

表4-2 纽约大都市区四次区域规划比较

	第一次区域规划（1929年）	第二次区域规划（1968年）	第三次区域规划（1996年）	第四次区域规划（2013年）
背景	第一次世界大战后，城市爆炸式增长	第二次世界大战后再度繁荣	可持续发展、精明增长理念引领发展	区域抵抗自然灾害的可恢复能力差
核心	再中心化	再集中	重建3E	区域转型
目标	重构区域秩序，提供区域范围内更多的机会；世界最大、最具活力和丰富多样的大都市地区之一	控制蔓延，加强对基础设施和中心区的投资；复兴市区，解决环境退化、旧中心区衰退等问题	重建经济、公平和环境以提高城市居民生活质量，实现城市与区域的可持续发展	培育更多具有经济性的和可持续的社区；经济性、包容性和宜居性的发展，应对气候等灾害

(续表)

	第一次区域规划 （1929年）	第二次区域规划 （1968年）	第三次区域规划 （1996年）	第四次区域规划 （2013年）
措施	制定区划；建立开放空间；缓解交通拥堵；集中与疏散；放弃高层建筑；建设公共空间；预留机场用地；细化设计；减少财产税；建设卫星城	建立新的城市中心；塑造多样化住宅；改善老城区服务设施；保护城市未开发地区生态景观；实施公共交通运输规划	植被；中心；机动性；劳动力；管理	增加收入，减少贫困；扩大住房选择；复兴城市中心区；增加公共需求税收；社会福利；公共基础设施建设；重建、抵制、保留、恢复、撤退
范围	22个县5 528平方英里	23个县12 750平方英里	31个县800个城镇2 000万居民13 000平方英里	31个县783个城镇2 300万居民13 000平方英里

资料来源：武廷海，高元. 第四次纽约大都市地区规划及其启示［J］. 国际城市规划，2016，31(6)：96—103.

从上面的阐述我们可以看到，RPA前前后后为纽约大都市区进行了四次的区域规划，笔者认为，美国纽约大都市区的区域规划与治理对中国同城化治理的启示主要有以下三点。

（一）以基础设施投资建设为基础引导整个区域整体协调发展

从纽约大都市区的四次区域规划内容可以看到，区域的整体协调发展，最主要的是基础设施的保障作用。第一次区域规划明确提出要"缓解交通拥堵"，因为规划设计者知道交通等基础设施对区域发展的重要性。第二次区域规划内容中提出"恢复区域公共交通体系"的目标，而在第四次规划中也提出了包括"公共基础设施建设"等内容，努力为居民提供更多更便利的社会服务设施（交通、教育）。

（二）多方参与和多学科合作是区域规划科学性的重要保障

从纽约大都市区近百年区域规划发展史，我们看到的是RPA越来越重视在区域规划中包括政府、企业、非正式组织、学科专家、社会公众等多方角色参与治理，并积极运用多学科合作研究的成果来科学规划与治理区域，从而使得RPA这个非官方且非营利性组织具有令人信服的规划能力，并发挥着独特的社会影响力。

如第三次区域规划中强调要重新界定"财富"内涵，提出应注重多学科合作；而第四次区域规划中更是倡导通过多种渠道促进规划过程中的公众参与。多方合力参与是 RPA 在制定规划时一贯坚持的原则，通过多种形式鼓励公众参与到规划制定中，来解决区域治理中遇到的问题。

(三) 区域整体协同发展是提升大都市区国际竞争力的关键

区域是解决大城市发展问题较为合适的空间平台。经济全球化以及信息网络化影响下的地域空间解构与重组，主要表现为两个方面：一方面，原先以国家作为世界竞争主体的时代逐渐消失，经济发展带来经济要素的流动不断突破国家边界的限制，越来越多的地方逐渐演变成具有一定经济影响自主权的空间竞争单元，并逐渐打破国家身份限制直接参与国际舞台。另一方面，越来越多跨越地方边界的新的空间治理单元也不断出现，如 RPA 在第一次区域规划中提出，在区域内可以实现交通拥堵的缓解、市场冲突的减少以及经济困难的解决等，因此 RPA 一直致力于纽约大都市区的区域规划。

二、德国大都市区治理的经验及其启示

从某个角度来说，或许德国的区域治理经验更值得中国借鉴学习。因为，中国和德国两个国家在大都市区的丰富程度方面更相似，都是在全国范围内广泛分布着种类繁多、规模不等、特色各异的大都市区（同城化区域），而且这些区域的发展阶段、治理模式、文化特点等也各不相同。下面我们就来看看，从德国的区域治理经验中，有哪些经验对中国的同城化制度协同存在有价值的启示。

德国大都市区治理的产生标志是《德国的欧洲大都市区》。该决议产生于 1997 年德国"区域政策部长会议"（Ministerkonferenz fur Raumordnung，简称 MKRO），意在德国范围内引导打造 7 个具有欧洲影响力的大都市区，具体包括汉堡、慕尼黑、柏林-勃兰登堡、斯图加特、莱茵-美因、莱茵鲁尔和哈利-萨克森-莱比锡三角区。2005 年 MKRO 为了平衡各州利益，又新增了纽伦堡、莱茵-莱卡等在内的 4 个都市区。今天，德国的都市区域网络构架主要就是由这 11 个大都市区构成，如图 4-2 所示。

根据该决议的内容，德国大都市区的主要战略应该包括合作建设基础设施、增强区域内部的交通通信系统链接、共同保护和提升区域内的环境质量、

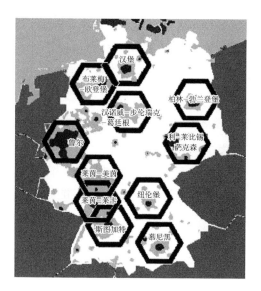

图 4-2　德国 11 个具有欧洲影响力的大都市区

资料来源：唐燕（2010）。

加强各地方政府之间的协作等①。事实上，在地方政府掌握实权、多中心分散的联邦行政体制下，要实现这些战略并非易事，因此，德国政府也在积极努力寻找协同治理的良策。

除了《德国的欧洲大都市区》决议外，依据《联邦区域规划法》，MKRO 在 2006 年还颁布了《德国空间发展概念及途径》决议。该决议从成长与创新、自然资源利用与文化地景塑造、提高公众服务与公共设施三个方面，揭示了德国空间发展面临的挑战和相应对策的制定，从而对大都市区的进一步发展产生重要影响与指引作用。

德国大都市区具有多中心性加上联邦制国家特性，使得德国大都市区的区域治理模式也是多种多样，美国大都市治理中常见的三种模式（即传统区域主义、公共选择学派和新区域主义）在德国的大都市区治理中也随处可见，但其具体的治理形式、治理能力以及资源协同配置情况等存在较大的差异。表 4-3 是根据德国学者本茨关于德国大都市区治理模式研究的结果总结出来的德国大都市区治理主要模式。

---

① 唐燕. 德国大都市地区的区域治理与协作 [M]. 北京：中国建筑工业出版社，2011：29，34，38，122.

表 4-3 德国大都市区治理的主要模式

类型	参与角色	规章制度	关系稳定性
区域管理机构	参与广泛、公共角色（州、区域、地区政权）、固定的合作伙伴	自上而下的规章，经济激励和税收的再分配	制度化
区域"多层次结构"	参与广泛、公共角色（州、区域、地区政权）、私人角色，比较开放	在"层级"中协商	制度化框架，契约和网络
区域规划协会	角色被清晰地定义、公共角色（州规划部门/地方政权）、固定的合作伙伴	通过约束性规划来确立规章，协商	制度化，网络
组织间结构	参与广泛、公共和私人角色、比较开放	竞争、协商和契约	非常灵活
区域会议	参与广泛、公共和私人角色、比较开放	协商，部分激励	较弱的制度化
区域网络	参与广泛、公共和私人角色、比较开放	协商	网络

资料来源：唐燕（2011）。

表 4-4 是沃尔特·罗格等在对比德国 9 个大都市区的区域治理特征基础上，依据各区域治理模式的制度化程度高低所进行的一个排序。

表 4-4 德国 9 个大都市区的治理特点比较

大都市区	治理形式	改革模式	能力	任务	资源	合法性
德累斯顿	目标导向的松散网络	新区域主义	弱	一些	—	低（自愿合作）
柏林-勃兰登堡	州开展的区域规划和松散、目标导向的网络	新区域主义	弱	一些	—	中等（州联邦法律）
慕尼黑	州开展的区域规划	公共选择	中等	一些	低	中等（州联邦法律）
汉堡	州和地方治理的混合开展	公共选择	弱	一些	低	低（自愿合作）
哈雷-莱比锡	州和地方治理的混合开展	公共选择	中等	一些	低	中等（州联邦法律）
法兰克福	相对强大的制度化联盟	都市区改革	强	相对广泛	中等	低（自愿合作）
多特蒙德/埃森（鲁尔）	相对强大的制度化联盟	都市区改革	强	相对广泛	高	中等（地方议会）

(续表)

大都市区	治理形式	改革模式	能力	任务	资源	合法性
斯图加特	相对强大的制度化联盟	都市区改革	强	相对广泛	高	高（市民）
汉诺威	相对强大的制度化联盟	都市区改革	强	相对广泛	中等	高（市民）

资料来源：唐燕（2011）。

唐燕（2010）认为，在德国的 11 个大都市区治理实践中，斯图加特、汉诺威、柏林-勃兰登堡和莱茵鲁尔是最具代表性的四个案例①。

斯图加特的代表性主要体现在其相对强大的制度化区域联盟和区域议会。作为德国巴登-符滕堡州的首府，斯图加特早在 1970 年代初就形成了两个区域规划机构，包括"区域规划联盟"和"邻里联盟"；1994 年又成立"斯图加特区域联盟"并取代了最初的两个联盟。VRS 最初创立的主要目的是改善区域交通基础设施规划与建设，后来权力又扩大到经济发展、垃圾管理和旅游市场等事务，它在平衡组织区域发展以及促进各方协作等方面发挥着重要作用。另外，区域联盟的合法性、权威性等，主要是由公民直选产生的区域议会来得以保证和强化。

汉诺威与斯图加特有一定的相似性，也有相对强大的制度化区域联盟和区域议会。成立于 2001 年的"汉诺威区域"（Regional Hannover，RH），其成员包括中心城汉诺威和 20 个县；从 2002 年开始，由来自整个都市区的市民开始直接选举行政长官和区域议会，进一步保证了汉诺威大都市区的合法性与权威性。当然，有人将汉诺威的区域治理成绩归功于 2000 年汉诺威世博会所带动形成的"区域城市网络"效应，但世博会仅是一个开始，汉诺威都市区在区域治理最值得一提的是其在区域管治上用"水平"的两级结构来替代原来"垂直"的三级管理结构，从而大大提高了行政效率，减少了行政支出，为其他都市区的治理提供了榜样作用。

柏林-勃兰登堡都市区的治理理念依据的是新区域主义。由于历史原因，东西柏林以及腹地勃兰登堡州长期处于隔离状态。1991 年德国统一之时，政府原计划要将两个州统一起来，但遭到勃兰登堡的大力反对。合并计划虽然失败，但由此提出的区域联合规划构想却被保存了下来。1996 年，正式成立的跨

---

① 唐燕. 德国大都市区的区域管治案例比较 [J]. 国际城市规划，2010 (6)：58—63.

州规划合作机构"柏林—勃兰登堡联合区域规划部"拥有直接的政治权力,从而在联邦州层面的规划决策具有制定权和执行权。所以柏林—勃兰登堡都市区在区域治理做法上最显著特点是跨州的区域规划合作以及松散型的非正式区域网络交流合作。

莱茵鲁尔的区域治理特点是多中心区域管治。因为莱茵鲁尔没有明显的核心城市,在 90 个自治的州直辖市和 10 个县中,只有 11 个高级中心。多中心结构是莱茵鲁尔区的最大特点,但由于其分散性,使得跨越行政边界的区域合作就显得非常重要。但多年来,由于各地方政府都在担心丧失部分自治权,因此它们都不太喜欢自上而下的行政指令,而更愿意在区域协作中拥有更多的自主权,例如可以自行挑选合作伙伴以及决定合作方式等。因此,由各城市自愿发起的多层次、多中心的区域合作行为成为莱茵鲁尔区域管治的主要做法。这些松散型的合作行为不仅加强了多方的对话和联系,而且还实现了部分区域规划的功效,值得其他都市区治理学习。当然,毕竟这些合作行为都是非官方的,不具有一定的权威性以及财力保障,因此实际实施效果还是受到一定影响。

由上述四个典型案例我们可以看到,德国在大都市区治理方面的做法可谓是百花齐放。因为联邦制特点,行政权力又主要在各个州手上,所以每个大都市区都在努力保持着自己的行政自治权以及发展个性,区域治理模式以及治理力量大小都相差很大。但有一点必须强调的,那就是德国国家(即联邦)在整个大都市区发展大方向定调上所发挥的引导作用是功不可没的。

从以上德国大都市区治理的主要做法,我们可以看到,德国在大都市区治理方面的经验特点及其对中国同城化实践的启示主要有以下四点。

(一)国家层面的整体引导

从上述德国大都市区治理主要做法介绍中,我们可以看到,德国通过联邦部门制定的《德国的欧洲大都市区》和《德国空间发展概念及途径》等规划政策,对全国 11 个大都市区的联动发展进行了目标、方向和原则等的设定与引导。虽然现实各城市发展实权还属于各州自己,联邦层面的规划并没有实质性的法律约束,但这些规划政策是各州制定下一层次规划需要遵循的主要准则,而且深深地影响并带动了大都市区的整体发展和城市地区间的协作意识。

在德国,区域规划是三级管理的,包括联邦、州和县(市)。其中,联邦政府拥有规划立法权和政策制订权,并负责各方的发展规划平衡问题,充分发挥着从国家层面引导全国各区域发展的使命。

(二) 正式区域治理机构与非正式区域治理途径的合理兼顾

正式区域治理机构是指那些由政府主导、并且获得法律或上级政府认可的治理部门，这是传统科层治理模式的具体表现。为了协同与维护区域的健康稳健发展，正式区域治理机构拥有较强的行政话语权和实践执行能力。在德国的大都市区治理实践中，不少大都市区都建立了一定程度上的正式区域治理机构。其中汉诺威和斯图加特两个地区的正式区域治理机构最为典型，它们都建立了由公民直选产生的多目标区域联盟（即前面提到的 RH 和 VRS）和区域议会，在区域联盟的重要组织成员中，地方政权拥有独立的自治权，为了更好对区域内的共同事务进行集体决策，地方政权就借助区域联盟这个交流平台，以有效实现治理目标。区域联盟拥有极高的法律地位和强大的事务性决策权力，它们主要负责区域发展战略的制定、区域行动的协调、公共服务的提供等，以提升区域竞争力，也因此获得了更为广泛的社会认同。而莱茵鲁尔都市区是个"多中心"的城市区域，该地区由南部科隆—波恩区、中部杜塞尔多夫区和北部鲁尔区三个区域组成，没有共同的区域联盟。但鲁尔区成立了自己的区域联盟 RVR（Regional Verband Ruhr），地方行政领导人代表自己所在的城市或地区参与 RVR 的各种决策和事务性活动，但公民没有直接参加 RVR 选举的权力，因此该区域联盟机构的政治权利和社会认同都没有 RH 和 VRS 高。四个都市区域中，柏林—勃兰登堡区域的区域治理制度化程度最低，它既没有像 RH 和 VRS 那样有高度决策权的区域治理机构，也没有像 RVR 那样的区域联盟，但它也专门组建了以区域规划为目标的跨州联合区域规划部门。该部门内部设有严谨的制度管理体系，用以保障两州平等利益的实现、冲突的解决以及区域共识的达成，但因缺乏法律权利的支撑，实际的执行能力大打折扣。

除了正式的、具有法律效应的区域治理机构外，德国的大都市区治理还有效借助非正式治理途径来软化正式治理组织的硬性，从而对增进区域认同感、强化区域联系、解决地方间问题等起到了非同寻常的作用。在德国大都市区治理中，常见的非正式治理途径有城市论坛、邻里协会、媒体倡议、教会对话、事件运作等，这些建立在自愿合作基础上、由多种方式发起、多元角色参与的区域性治理机制，因其灵活自由且没有法律强制性，更是受到多中心德国大都市区的偏好，所以当建立正式治理机构出现困难时，这些非正式治理途径就承担了开启区域协作平台、形成区域合作氛围的有力作用。例如，借助 2000 年汉诺威世博会筹办之机，当时在汉诺威地区组建了"世博区域城市网络"。围绕着筹办世博会这个主题，汉诺威与周边城市进行了密切对话，就世博会召开所需要的区域公共交通合作等内容进行协商与动员，最终促成共担责任和分享利益的一致行动。这是一个典型的借助特殊事件运作来增强区域合作的例子。

（三）多角色参与的社会合作网络建构

从上面德国四个典型大都市区主要治理做法的阐述中，我们可以看到，德国区域治理模式一般就是在"集中式"管理的区域性机构与"分散式"治理的多中心体制之间进行选择，但不管是侧重于哪种模式，它们的治理目标都是致力于建立一个全方位社会合作治理网络，鼓励政府、非营利部门、社会公众等广泛参与。这是为了避免区域治理的日常事务落入到少数人或少数机构手中而有被他们操纵的可能，从而忽视更多老百姓利益，所以在现实治理活动中，特别是在非正式的治理途径中，一般都必须引入"市民参与"与"中性专家参与日常事务管理"的机制，这样，一方面可以增加网络共享的社会资源和学习来源，另一方面也可以提高治理的透明度，平衡治理权力的分配。例如，邻里论坛就是柏林与勃兰登堡两个州常用的非正式治理方式。在两个州接壤的地区，两个州的地方政权和来自社会各界的代表，以及其他类型的社会志愿者，都是邻里论坛活动的主要参与者。

（四）重视交通和通信网络等基础设施的高度链接

物质基础决定上层建筑。中国也有一句俗话：要致富先修路。这些精神都在德国大都市区治理中得以充分的体现。德国是世界上交通规划建设最好的国家之一，不管是早先平衡型的区域规划，还是现在优先型的区域治理，德国都把建立高度链接的交通和通信网络作为区域发展的重要前提条件。从欧洲版图来看，德国处于欧洲的中心，具有南来北往交通要塞的先天区位优势，因此各个大都市区一直都把交通枢纽建设当作区域治理工作的重中之重。例如，在斯图加特地区，区域联盟近 90% 的财政支出都用在公共交通上[1]。通过不断挖掘多种交通运输方式的潜能，改善交通换乘体系，加强信息网络系统建设等，德国已经

---

[1] 唐燕. 德国大都市地区的区域治理与协作[M]. 北京：中国建筑工业出版社，2011：29，34，38，122.

在全国建立起分布均衡、设施完善、运行高效的交通和信息服务体系，这都为大都市区治理提供了重要的物质基础前提条件。

根据以上分析，虽然世界上并不存在唯一正确的区域治理模式，但不管是从世界区域治理模式的演变趋势也好，还是从中国同城化的多个城市跨行政区划合作特点也好，乃至于从美国和德国区域治理经验启示也好，网络治理都是一种趋势，是经济全球化和信息网络化大背景下的一种主流治理模式。中国同城化发展至今，面临的最大治理问题主要包括城市之间资源的过度竞争（如对外资的抢夺）、产业布局趋同、项目建设重复，以及因建立在行政发包体制基础上的地方官员晋升制而导致的狭隘地方保护主义等，而同城化的网络治理将有助于这些同城化问题的解决。

第四节　中国同城化的网络治理模式

由于任务的复杂性以及治理主体的多元性，中国同城化的网络治理，除了需要运用行政和法律等手段来进行正式治理，以实现对同城化区域的整体统筹治理外，还需要运用包括信任、沟通、承诺、学习、协作等方式进行非正式治理，以实现区域内各参与主体之间关系的理顺，从而更好实现治理的整体目标。为此，笔者构建了中国同城化网络治理模式，如图4-3所示，强调中国的同城化网络治理需要从正式治理方式和非正式治理方式两个角度进行，同时，还需要一系列的治理机制加以保障。该模式提供的是一种架构性的网络治理思路，而非绝对通用的唯一的治理模式，旨在为多元各异的中国同城化案例提供网络治理的指导思想。

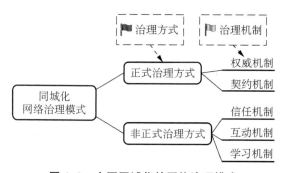

图4-3　中国同城化的网络治理模式

一、正式治理方式及其治理机制

本书认为,中国同城化网络治理的正式治理方式,就是强调运用行政的或法律的手段,将治理内容、治理流程等治理要求和治理目标规划化、制度化、法律化、强制化。在中国的同城化发展中,正式治理方式主要需要权威机制和契约机制来保障。

(一)权威机制

根据中国的国情,在中国同城化的网络治理中,运用一定的权威机制,是同城化顺利进行和有效开展的重要保证。在同城化网络治理过程中强调运用权威机制,这与新制度经济学的观点是一致的。新制度经济学认为,在制度创新的主体中,政府作为制度的最大供给者而处于核心地位,它自己就是一种最为关键的生产性资源。同城化网络治理本质上就是一种制度创新,是对制度的重新安排,因此在这个过程中,上级政府的支持与引导等权威机制运用就至关重要,是同城化制度重新有效安排的重要保证。中国同城化网络治理运用权威机制,具体表现在以下方面:

1. 要制定国家层面的全国同城化整体发展规划

当前,中国各省、区、市在城市发展以及同城化进程中,共同面临的主要问题是缺乏全国范围内科学统筹的区域空间规划和政策指引,从而出现各区域发展同质性程度高、各城市紧守自身利益不放等问题。虽然在 2005 年,原国家住建部委托中国城市规划设计研究院编制完成《全国城镇体系规划(2006—2020 年)》,并于 2007 年上报国务院,但该规划并没有发挥真正意义上的作用,没有实现从国家层面对同城化发展的整体引导。因此,中国同城化的治理,迫切需要由国家层面的政府机构对全国的空间区域未来发展进行进一步的整体引导和科学决策的同城化整体发展规划,真正实现中国大都市区的科学规划与治理,以提升各大都市区、各城市群、各同城区域的区域竞争力。国家层面的全国同城化整体发展规划,一方面可以大大促进同城化进程(如京津冀一体化),另一方面可以从全国视角进行整体区域规划把关,给予同城化发展正确方向,从而避免同城化项目的同质性问题出现。特别是同城化基础设施项目规划方面,国家层面的引导尤其重要,必须从同城化区域整体来设计规划基础设施项目,这是促进区域协同发展的根本物质保障基础。因此要真正落实实施,还得需要国家层面上级的干预与引导，否则可能就会有类似广佛同城化中基础设施项目难以协同开展的现象再发生。

2. 加强地方直接上级政府的适度干预引导

地方直接上级政府的适度干预引导，有利于同城化项目的顺利实施。在中国当前的同城化实践中，跨省、区、市的同城化案例比较少（典型的如京津冀一体化、沪苏嘉同城化），而一省内的同城化案例比较多，例如广佛同城化、长株潭一体化、沈抚同城化、乌昌一体化、合淮同城化等。因此，各省、区、市政府作为上级政府，可以有效协调各参与城市主体之间的矛盾，它的干预力度与推动力度如何，直接关系到同城化战略的实施效果①。如乌昌一体化与长株潭一体化就是两个典型案例②。乌昌一体化实行党委负责制的协调机制，这保证了乌昌一体化的顺利实施。乌昌党委是新疆自治区党委派出的协调管理机构，乌昌一体化的各项活动就是由其直接协调和组织的，因此进展顺利。而长株潭三个城市是1985年提出合作意向的，虽然也签订了一系列的合作协议，但由于省政府态度游离，支持力度不够，没有跟进具体的实施措施，很多合作协议方案最终都沦为一纸空言。到了2005年，由于有了湖南省政府的大力支持，长株潭一体化才开始真正得以快速推进。由此可见，地方直接上级的适度干预与支持，是同城化战略顺利实施的重要保证。特别在中国，主要以经济指标为考核内容的城市行政考核体系，势必导致各城市只关注自身的经济发展，同时也会把其他城市视为自己的竞争对手。因此，如果没有直接上级的适度支持干预，各城市之间的协同合作真正能实现的不多，更多"同城"也就只能空谈③。

(二) 契约机制

形成可严格执行的具有法律效应的制定、合约、文件和程序等，有利于对同城化工作进行指导、控制、规范，以保证合作城市各自的利益不受到损害。因此，同城化治理也需要具有法律保障的正式契约来协调和保护彼此的合作关系。由此，中国同城化网络治理运用契约机制，具体表现在以下方面：

---

① 林东华. 基于集成的同城化租金分析及战略思考 [J]. 福州大学学报（哲学社会科学版），2013 (4)：43—48.
② 王德，宋煜. 同城化发展战略的实施进展回顾 [J]. 城市规划学刊，2009 (4)：74—78.
③ 林东华. 基于集成的同城化租金分析及战略思考 [J]. 福州大学学报（哲学社会科学版），2013 (4)：43—48.

1. 实现同城化制度文件法律化

首先就是要尽可能使各种同城化制度文件法律化，具有法律效应并被严格执行。从前面的表 4-1 中我们可以看到，在中国已有的同城化治理实践中，几乎每一个同城化案例都制定了相应的同城化文件，各种合作协议、发展规划、合作框架、总体规划、指导意见等数不胜数，但事实上，这些文件到底发挥了多少的作用，我们这里很难进行统计。但有个事实，那就是即使有这么多制度文件似乎都在为同城化治理"保驾护航"，但同城化治理的实践却似乎并不乐观，"同城"友谊的小船还是说翻就翻。例如，说好每年举行一次联席会议的，但现实中说不开就不开（如厦漳泉同城化第三次联席会议至今迟迟未举行）；又如，说好了区域内相关共同事务要一起同心协力共同解决的，但一旦影响到某一方的利益，那就是能拖就拖（如广佛的断头路"海龙大道"项目等）……之所以有这么多影响治理效果的情况发生，最主要的原因就是因为前面提到的那么多制度文件，很多都不具备法律上的约束性，更多只是作为城市之间合作协商内容记录而已。另外，很多政府官员按契约行事的意识不够，同时在中国政府部门之间"违约"成本比较低甚至没有，所以最后的结果事实就是：有一堆的同城化制度文件，但很少有严格去执行的。由此可见，中国同城化的网络治理急需契约机制来加以保障。

2. 建立多方参与同城化决策的治理制度

就是要鼓励同城化相关利益主体积极参与到同城化的网络治理中，来加强契约机制运用过程的监督性和运用结果的有效性。在同城化制度协同中，如何在制度设计时就考虑让社会各方力量积极参与到同城化网络治理工作中，这是提高同城化网络治理质量的重要保证，也是提高同城化契约的科学性与认同度的有效途径。到目前为止，中国同城化的规划与治理基本上主要还是以官方政府牵头为主，虽然个别同城化过程邀请高校与科研单位作为政府决策智囊团一起加入，例如京津冀一体化邀请清华大学建筑与城市研究所加入，但其他同城化案例可能更多就是纯粹各政府机构之间的协商与决策，行政化意识比较强，而社会公众志愿者、私营机构、非营利部门等的参与几乎很少。这样的结果，同城化治理最后只是政府部门自己的事了，而事实上同城化的公共事务是涉及方方面面的，政府单方并不能完全代表所有各方。于是，一方面民众除了坐享同城化带来的好处外，对同城化的具体事务并不会多关心，特别是中国这样数千年深受儒家文化影响的国家；另一方面政府因为行政区划硬性利益原因，会导致决策时行政化和区域化偏好严重，从而在涉及同城化的协同合作问题时总有些地方有私心。因此，中国的同城化网络治理过程应该要鼓励社会各方的积极参与，建立起一种政府、私营机构、非营利部门、社会公众等广泛参与的全方位社会合作治理网络，让大家共同为同城化网络治理出谋划策，既提高区域内网络治理知识的共享度，也提高网络治理契约的透明度，充分发挥契约机制作用，以提高最终的网络治理效率。

3. 建立同城化激励与约束制度

在同城化网络治理过程中坚持契约机制，还体现在应该实现同城化激励与约束内容的明确化，从而有助于调动同城化各参与主体的积极性。以激励机制为例，不管是泰罗科学管理时期的"胡萝卜加大棒"的方法也好，还是现代企业文化中强调的"以人为本"的方法也好，目的都是为了更好地激励员工，以提高劳动积极性，最终提高生产效率。同样道理，在中国同城化的网络治理中，由于涉及的利益主体很多，因此如何激励这些利益主体一起齐心协力参与到同城化的协同管理中，就显得异常重要。借鉴美国与德国的区域治理经验，中国同城化的网络治理模式在运行中，可以建立由第三方管理的同城化发展基金制，以保证基金使用的客观性与科学性。发展基金来源主要是各利益主体，根据各利益主体的经济发展状况，每年按一定比例上交基金数。这些基金主要用于基础设施建设方面，目的是把交通等基础设施项目先建起来，以保证同城化的物质基础。一般来说，经济发展较落后的城市主体，基础设施相应发展也较落后些，因此，这样的基金制有利于激励这些非中心城市参与同城化的积极性。同样道理，对于同城化中的违约行为，也需要制定一些惩戒制度来加以约束与限制。例如，可以直接在同城化制度中明确一旦违约该惩罚多少违约金，或者在制度中明确一旦违约则后续的合作成本要增加多少等。总之，在各方取得共识的同城化契约中，一定要把如何激励各城市积极投入到同城化进程中以及如果违约将受到何种惩戒等内容都事先明确，取得共识，并加以宣传强调，以便于在各方熟知的基础上加强执行力度，真正把契约机制的作用发挥到极致。

二、非正式治理方式及其治理机制

同城化协同管理的根本目标是区域竞争力最大化，而这个目标的实现，光有正式治理方式还远远不够，因为参与同城化的城市主体是多元的，利益诉求也是多样的，因此还需要依赖一些非正式治理方式来处理各利益相关者之间的关系。

同城化网络治理中的非正式治理方式，强调的是运用非行政的或非法律的手段来加强网络治理，主要目的是理顺和柔化网络治理中各主体间的关系，以利用这些关系纽带来提高网络黏性，提高网络治理效率。一般来说，非正式治理方式主要表现为那些具有浸润性作用的行为，包括信任、支持、互动、沟通、承诺、共享、协作等。网络治理与其他治理模式最大的区别在于强调关系的治理，强调在治理过程中关系协调的重要性。因为网络治理涉及太多相关利益者了，这么多的利益诉求需要协同，光靠法律条款或行政手段等硬办法可能难以实现，此时，信任、承诺、包容、协作等浸润性的非正式治理方式就可能起到柔而不弱的促进作用。

在中国的同城化发展中，非正式治理机制需要通过建立信任机制、互动机制和学习机制等来保障。

(一) 信任机制

"信任"一词在不同学科有不同的解释：在社会学中，信任被视为一种依赖关系；在心理学中，信任被定义为人们为不确定性的社会交往所提供的一种较为稳定的心理预期……同城化是一种社会发展产物，所以，我们这里采用了"一种依赖关系"作为同城化网络治理中参与主体之间的信任内涵。也就是说，在同城化网络治理中，信任机制充分运用的结果就是建立各参与主体之间彼此的一种依赖关系，这样就使得同城化有别于单一城市的独立发展，它是各参与城市建立在相互依赖基础上的一种互动关系。

韩炜（2014）认为，信任机制借助情感、互惠、长期合作等的投入，使得参与方的承诺超出了契约的限制，从而对双方关系做出契约外的贡献，以此促进问题的联合解决以及高质量的产生[1]。陈群元（2011）也强调，在非制度化协调机制执行中，不应该强制进行，而应"以信誉作保证"，建立基于信任和利益的协同关系[2]。由此可见，信任不仅仅只是简单形成一种依赖关系，它更重要的是过程的付出，是借助彼此的感情投入、信心增强等实现"关系"的进

---

[1] 韩炜，杨俊，张玉利. 创业网络混合治理机制选择的案例研究［J］. 管理世界，2014（2）：118—136.
[2] 陈群元，喻定权. 中国城市群的协调机制与对策［J］. 现代城市研究，2011（3）：79—82.

一步黏着，从而可以完成在关系内进行资源、信息以及利益等的交换，并最终达成一系列互惠互利的合作协议。信任是在不确定条件下一个主体愿意依赖另一个主体的行动，这种"愿意"是建立在对未来的承诺基础上的，是对未来拥有感性信心而产生的。在同城化的网络治理过程中，因为大家都对同城化的未来有一定的理想预期，同时也都对同城化有一定的投入承诺，因此，应该说参与同城化的各城市主体彼此之间还是有一定信任的，只是这信任程度的大小取决于各城市的承诺力度以及对同城化未来蓝图的认识能力。但不管怎样，在同城化网络治理中充分运用信任机制，可以充分发挥信任的浸润性黏合剂作用，以填补同城化中行政化、契约化等硬性做法所遗留的各种空白，降低网络治理的交易成本，提高网络治理的运作效率。

（二）互动机制

在中国，信任机制的发挥是基于一定的"关系"网络，而"关系"网络的增强需要有关各方彼此保持不断互动。中国有句俗话说得好："有来才有往"。在同城化的网络治理中，也必须强调"有来有往"，因为只有经常保持互动，各方的感性认识才会增强，信息交流才会增加，才能形成基于感情之上的信任。

在同城化网络治理过程中，加强各城市主体之间互动的方式可以很多，例如可以召开同城化发展论坛、特殊事件运作联系、同城化志愿者协会、网络媒体对话活动等。这些活动形式可以灵活多样，且因为不是行政强制的，如果活动主题设计得好，可以有效增强各城市主体之间的互动，从而培育各方对同城化区域的认同感，而这是相互信任、相互支持、相互协作的主要基础。例如，长三角区域的各城市，在2010年上海世博会之前以及之中，共同借助世博会这一事件契机，进行了广泛的互动合作，从而大大增强了彼此合作的信心，对开启长三角区域协作平台、形成长三角区域合作氛围起到有力的促进作用。

在同城化网络治理过程中增强互动机制，还有利于降低因各城市主体利益诉求差异而产生的不同声音，避免区域认同度的降低，避免不信任、不支持等现象的产生。同城化网络治理中之所以会有不同声音的产生，在很大程度上是因为信息不对称而造成认知的差异。例如，厦漳泉同城化过程中，三个城市特别是泉州市民的认识有较大偏差，他们将厦漳泉同城化直接视为是厦门对泉州现有成果的掠夺，并将该事件在网络论坛上不断发酵升温，我们不能否认这些论坛内容会对厦漳泉同城化联席会议无法按计划召开起到一定的负面影响作用。长株潭一体化也有类似的网络发酵情况，一种观点就是长沙借同城化项目在获得政策好处之后把株潭两个小弟抛到一边去了；另一种声音则来自湖南其他二线城市，他们不服气为什么株潭可以参与同城化而其他二线城市却不可以呢？这种种不同声音的发出，都是因为彼此信息沟通不充分而导致的不信任、不理解、不包容，而这样的直接结果就是同城化效果因此而大打折扣。要解决同城化发展中遇到的这些问题，最重要的还是要加强互动与沟通，增加城市之间"往来"的次数，多联络感情、多沟通想法。频繁、紧密的互动会引发可信的资源交换与知识转移，使各城市主体形成更为紧密的关系，而这些浸润性的非正式治理关系可以"润滑"正式治理方式因过于硬性而带来的劣势，从而使同城化的网络治理能更有序、更有效地进行。

(三) 学习机制

要实现同城化的非正式治理方式，还有一个很重要的治理机制需要强调，那就是学习机制。同城化的网络治理是一种全新的制度安排，是一种制度创新，因此，要使得同城化的网络治理更有效，参与同城化的各城市主体需要不断加强学习、实现知识资源等的共享，以有效应对创新性事物。

在同城化网络治理过程中，学习机制本质上是一种沟通交流机制，通过各城市主体间的频繁、紧密的沟通与交流，降低信息流动的黏滞性，促进信息在各参与主体之间的流动。另外，同城化的过程也是各城市彼此合作的过程，而良好的学习机制在提高各城市知识存量的同时，还会促进各城市间协同效应的产生和信任关系的加深，从而使得学习机制成为信任机制的有益补充。在同城化网络治理过程中，有效的学习机制更多表现为一种协调机制，以各城市之间定期交流、联合解决同城化共同事务等形式使得与任务相关的知识能在同城区域内有效流动，加速了知识在各城市间的交换，实现知识资源共享，从而使同城化任务与目标在契约框架下更好地完成。

当然，同城化中学习机制能否有效发挥，取决于上文提到的互动机制运用效果。在同城化网络治理过程中，充足的信息和充分的互动，是提高各城市主体治理行为准确性和透明度的重要保证，同时也能够促进各城市主体的治理决策更加理性。彼此的相互学习以及知识共享的过程是信息对称和信息成本最小化的实现过程，而这是对正式治理方式的有益补充。

本 章 小 结

本章在对西方经典区域治理模式演变进行分析并比较的基础上，提出中国同城化需要进行网络治理的观点。进而对中国同城化治理模式实践进行比较总结，发现中国同城化治理模式当前存在的最大问题是行政化与区域化，而解决这些问题的有效办法还是网络治理，从而进一步验证本章开始提出的中国同城化需要网络治理的观点。紧接着，结合中国的国情，进一步对美国纽约大都市区和德国大都市区治理经验进行总结，并运用这些经验启示提出了中国同城化网络治理模式，旨在为中国的同城化实践提供制度协同的理论支持。本章最后从同城化网络治理的正式治理方式和非正式治理方式两个角度出发，分别就如何实现这两种治理方式的治理机制进行了阐述。即若要更好地进行同城化的网络治理，权威机制和契约机制是正式治理方式实现的重要保障，而信任机制、互动机制和学习机制则是实现非正式治理方式的有力支持。

第五章
同城化的要素协同管理

同城化战略因为涉及城市协同发展的多个领域、多个层面，因此需要协同的资源要素也是多元的，特别是同城化本身就是一个网络，因此其资源具有网络资源的特点。本章从同城化的资源要素分析入手，阐述了同城化的要素协同管理机制，并从投入产出及过程管理两个层面分别阐述了实现中国同城化要素协同管理的路径，同时以京津冀和厦漳泉两个同城化实例分别对两种协同管理路径的实现方法进行应用分析。

第一节 同城化的资源要素分析

在中国同城化的协同管理中，当前人们最热衷也最容易实现的就是要素协同，但这并不等于说要素协同效果最好。反之，因为要素涉及范围广，不同种类要素的协同方法与协同思路差异很大，因此在要素协同之前，首先需要厘清的是：同城化协同管理中主要涉及哪些资源要素？这些要素都有什么特征？它们对同城化进程又都有什么样的影响？

早在1990年，迈克尔·波特在他的《国家竞争优势》一书中，就国家竞争力的影响因素提出了钻石模型[1]，该模型虽有不足，但自提出之后却一直成为国家或区域竞争力分析的基本范式。同城化的根本目标也是为了提高同城化区域的整体竞争力，对于同城化中资源要素的考虑，也可以借鉴波特"钻石模型"的分析思路。因此，本书构建了如图5-1所示的同城化资源要素分析模型。

---

[1] 迈克尔·波特. 国家竞争优势[M]. 北京：华夏出版社，2002.

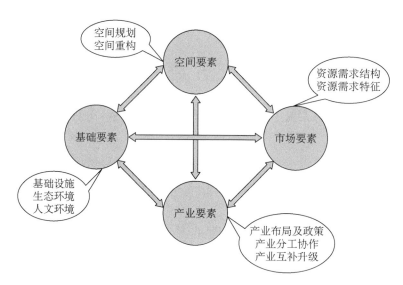

图 5-1　同城化资源要素分析模型

从图 5-1 可见，决定同城化竞争力的资源要素主要包括基础要素、空间要素、产业要素和市场要素等四个方面。需要说明的是，现实中这些要素往往不是独立存在的，而是彼此相互联系、相辅相成的。同城化本身就是一个网络联合体，因此它的资源要素也具有网络资源的特点，这些要素之间具有彼此关联性。如果我们以实现更大的区域经济竞争力作为同城化要达成的主要目标的话（这实际上是第三章高频词分析的结果），那么可以将这些资源要素分为直接要素和间接要素。其中，直接要素主要是指那些与区域经济竞争力形成有直接关系的要素，它们直接影响着市场的供应与需求，具体包括产业要素（影响市场供应）和市场要素（影响市场需求）；间接要素主要是指那些并不直接影响但对区域经济竞争力的形成起辅助支持作用的要素，具体包括基础要素和空间要素。

一、同城化的基础要素

同城化的基础要素是指那些能够为促进同城化实现提供基础保障条件的要素，一般包括基础设施设备、人文环境、生态环境等。其中的基础设施设备要素更是同城化的基础，主要包括交通设施、通信设备、供排水设施、医疗教育设施等，且大多数同城化合作项目（特别是同城化初期的合作项目）基本上都是从这些基础要素的协调与合作入手，例如厦漳泉第一批 18 个同城化项目中有 13 个是与基础要素协同有关的，其中的厦漳泉城际轨道交通、公共交通服务对接、厦漳泉公共交通智能管理系统、厦漳海底隧道等 7 个更是直接与交通有关的。

同城化的基础要素是同城化区域内城市与城市、人与人之间相互联系的重要纽带，它们缩短了同城化的空间通勤时间（交通网实现便利的通勤条件），也缩短了老百姓的心理联络距离（通信网提供了发达的通信条件）以及文化心理认同（人文条件提供了相似的价值标准），同时也为同城化提供了好的环境条件（跨区域生态问题的共同治理）。同城化的基础要素空间分布情况及其完善程度，不仅决定了同城化可能的实现程度，而且还影响着城市与城市之间的辐射力与吸引力的强弱。但现实中，因为中国现行的行政制度是以行政区为考核责任主体的，受利益驱动及制度影响，城市基础设施等基础要素基本上都是以城市行政区为单元的，因此，一定程度上会形成盲目攀比竞争以及重复建设等，使得有限的基础要素资源不能得到优化配置、无法发挥最大的效用。

在同城化基础要素的协同管理中，关键是要从同城化区域的整体和全局进行考虑，完善区域内基础要素的空间分布，实现区域内基础设施等的共建共享，以充分发挥基础要素的纽带、联结、互通、凝聚等作用，从而影响同城化区域其他要素的布局与发展，进而进一步影响各城市主体之间的辐射力与吸引力，并最终提高同城化区域的整体竞争力。基础要素的协同，是同城化其他要素协同的基础，也是推动空间要素协同、产业要素协同和市场要素协同等的有效途径。从当前中国同城化实践看，几乎所有的同城化案例都以基础要素协同开始。除了前面提到的厦漳泉同城化第一批共建内容中的交通设施共建项目外，还有水利项目（长泰枋洋水库饮水枢纽工程）；另外，沈抚同城化里的城际快速路和轻轨建设，沈抚、长株潭、西咸等的通信同费同网，长三角的杭州湾跨海工程、洋山深水港码头……所有这些都说明了基础要素协同在中国同城化协同管理中的普遍存在与受重视程度。

人文环境和生态环境同样也为同城化提供基础保障。虽然这两方面的要素协同不如基础设施设备要素协同效果那么显性，但从同城化发展后期来说，或许它们的协同更重要。好的人文环境，能够让各城市的政府工作人员和民众对同城化有更多的共同认识，容易产生区域认同感；好的生态环境，则能为同城化区域的可持续发展提供稳定有力的后劲支持；这些都是同城化区域提高区投资环境吸引力、提高区域竞争力的重要保障。以生态环境为例，随着社会的发展，人们越来越注意到生态环境对人类以及地球可持续发展的重要性，因此，在同城化实践中，越来越多的同城化协同合作关注跨区域生态保护治理，不管是国家级的京津冀一体化也好，还是地方级的太榆同城化、郑汴一体化、西咸一体化等，均将生态环境的一体化合作纳入相关的合作框架协议中，这是大家对基础要素协同重要性的行动证明。当然，现实中也存在着一些地方由于生态环境等协同效应无法立马见效、无法迅速获得经济效应等而忽视这些要素的协同，甚至出现"先污染，后治理"等局面，但这是需要纠正与引导的，毕竟人类不能采取涸泽而渔的办法来实现所谓的社会发展。

二、同城化的空间要素

同城化的空间要素主要包括空间规划和空间布局等，这是同城化形成的重要载体。通过区域内空间布局的整体有序组织，拓展同城化区域内的用地空间，实现区域内土地效益使用的最大化，这是同城化空间要素协同的思路和目标，也是最终真正实现"同城"的重要载体。

同城化的目标之一是形成"一小时生活圈"，要实现这个目标，除了刚才提及的交通等基础设施设备的协同外，还需要实现空间要素的协同。空间要素的协同一般有两种做法：一种是直接通过同城化参与城市主体之间进行相互空间延伸来实现，例如广佛同城化中广州市实施的"南拓、北优、东进、西联"空间发展战略与佛山市的"城市空间沿东西轴向发展"相呼应，最终形成广佛两市的空间同城态势；另一种就是通过专门建立新城或新区的方式来实现，例如沈抚同城化中的沈抚新城以及西咸一体化中的沣渭新区就是典型的例子。

在同城化协同管理中，之所以能够实现并且必须实现空间要素的协同，关键在于因城市迅速发展而产生的聚集经济加速了对可流动资源要素的需求（如人才、资金、技术等），从而也加剧了不可流动资源要素的稀缺（如土地），因此就使得城市发展受到空间上的限制。同城化对空间要素的协同管理，目的就是为了摆脱这种受限，缓解因不可流动而造成的包括土地数量、质量等空间要素供应问题，更好发挥区域内空间的最大效用，为同城化提供更多的空间资源。因此，从同城化区域整体对区域内的空间要素资源进行统筹规划、统一布局甚至是空间重构等，就显得异常重要。例如，厦漳泉中的厦门发展就受限于空间资源，因此厦漳泉同城化中的重要内容之一就是往西南方向和漳州的空间整合、往东北方向和泉州的空间协同。而京津冀一体化雄安新区的横空出世，更是同城化中空间要素协同的创新典范。

三、同城化的产业要素

一般来说，产业要素主要包括那些与产业布局及政策、产业分工协作、产业互补升级有关的要素，它是同城化的初衷，也是目前中国同城化进程中最被关注的要素之一，这从第三章高频词分析结果可以看出：排在第五位的高频词组是"经济、产业、生产"，说明同城化项目都是以有利于经济发展为核心的，这是人们对同城化是"为了促进区域经济发展"的战略意义所取得的共识。

产业是同城化区域的经济基础，促进产业发展是同城化发展的核心动力。现实中，出于自身利益驱动以及受到以 GDP 为考核硬指标的行政制度影响，各参与城市主体一般都非常重视自己城市的产业发展，在产业布局上难免会出现因各自为政而导致的重复建设、一窝蜂上项目、追逐短平快项目、区域内相互竞争、抢夺资源等问题。因此，如何处理好区域内产业的合理布局与科学分工，出台协同发展的产业政策，这应该是同城化产业要素协同需要重点解决的问题之一。同时，产业的互补升级也是同城化产业协同的重要要素构成。除了应该避免各参与城市主体的产业重复建设与资源浪费，同城化还应该鼓励各城市主体保留自己的产业特色，并形成相互借力的产业互补格局，同时在可能的情况下，努力创造产业升级的条件与机会。

产业要素互补可以从两个角度看，一是垂直方向的产业要素互补，二是水平方向的产业要素互补。垂直方向的互补主要是指产业链上游、中游与下游产业之间的互补，或者是经济发展水平的不同阶段产业之间的互补，从而实现延伸产业链，形成有竞争力的产业优势等目标，如沈抚同城化里的产业要素协同等；水平方向的产业要素互补主要是城市与城市在相近发展水平之间的要素互补协作，或是企业与企业之间在产业链上相同生产环节或工序之间的互补，从而实现加宽产业链、形成一定规模产业集群、打造完整产业链等目标，如广佛同城化里的产业要素协同等。但不管是哪个方向上的产业要素，关键还是彼此相互借力，争取在同城化区域内统筹考虑产业发展问题，以大项目和特殊事件为引线统一协调布局，实现产业布局方面的相互支持、相互协作，形成互补发展的经济格局。只有实现区域内产业的合理布局，才能实现同城化产业的协同发展，才能为同城化的经济增长提供重要的供应保障，才能增强同城化区域的整体合力与竞争力。

四、同城化的市场要素

同城化的市场要素主要包括那些影响同城化区域市场需求的因素，例如由各种人财物、技术、信息等要素所决定的资源需求结构、资源需求特征等，它能刺激影响同城化的发展。

波特在研究影响国家竞争力的相关要素时，就提出了"需求条件"这个要素。他认为，需求条件可以分为国内需求和国际需求两大类，其中，决定国家竞争力的关键是来自某个国家国内的大量需求和挑剔客户。同样道理，同城化区域的竞争力，部分也是取决于市场要素的协同能力。同城化的开展，会促进区域内市场资源要素的流动与再聚集，与市场相关的人财物、技术、信息等要素也会相应地发生流动与再聚集。同城化是二次城市化，其带来的最为显性的变化就是城市与城市之间经济联系加强。在一些学者对同城化愿景的描绘中，就提到轻松实现"在A城工作在B城生活"的梦想，这是城市与城市之间加强联系的最显性表现。城市之间经济联系的加强，会造成市场资源需求结构、资源需求特征等的变化，所以在同城化中，如何进行产业整体布局、如何调控资源要素流向等已成为各城市考虑的重点。

总之，在同城化进程中，每个参与城市主体的市场大小不同，最主要的原因是因为决定市场的人财物、技术、信息等要素的差异，而这些差异又决定了各城市主体市场资源需求结构以及资源需求特征等的差异。同城化市场要素的协同，关键是从同城化区域整体来协调市场资源要素的互补、借力等，从而实现区域内整体市场需求最大化，刺激区域经济的更大更好发展。

由上所述，我们看到，在同城化这个大系统中，其资源要素主要包括基础要素、空间要素、产业要素、市场要素等四大类，其中基础要素是基础，空间要素是载体，产业要素和市场要素则是同城化发展的重要双动力。只有这四个方面的资源要素都得到很好的配置与协同，同城化的整体竞争力最大目标才可能得以实现。

第二节　同城化的要素协同管理机制

同城化的要素协同管理，最理想的状态就是实现资源整合效果、发挥同城内资源利用最大化。根据前文同城化的高频词分析结果，本书提出以下四个同城化的要素协同管理机制。

一、市场价值机制

追逐市场价值最大化是所有要素流动的目标，这是要素流动趋利性的表现，也是市场经济的根本特点，就如刚出生的孩子不用教就会自己吃奶一样，任何要素的流动都是朝着有利于自身要素发展的方向去的。特别是在市场经济中，只要市场中存在利益洼地，相关的资源要素自然就会朝着这个洼地涌动与集聚，市场利益引导下的资源要素会自动流向收益高的项目或区域，这就是资源要素对市场经济利益的追逐。这种逐利性是客观存在的，也是不可阻挡的。所以，在同城化的资源整合中，首先要正确认识要素流动的逐利特点，同时要充分利用这个特点，通过在同城化区域内不同城市主体间创造并凸显各自不同的区位优势，以吸引更好的资源要素流动过来。任何假大空的规划内容都是无法抵挡要素逐利流动的"锐眼"，只有真正好的市场机会才能使得要素流动迅速、活跃且有力。城市间各自区位优势的强化，有助于加速要素流动。同时，城市间要素的差异化与互补性，也可加强要素的流动性。

在同城化的四个方面资源要素中，最易呈现逐利性的是产业要素和市场要素，而基础要素和空间要素，因为其相对的不易移动性，其逐利性相对没有那么突出。但总的来说，这四种要素都有逐利的特点，哪怕是最不易流动的土地资源，也会被政府通过各种的政策手段来实现逐利目的。

利用市场价值机制使资源流动起来，并不是说就放任这些资源要素随意任性流动，更不允许要素的逐利流动盲目地甚至是一窝蜂地出现，以致造成资源浪费。在同城化的协同管理中，有关政府部门和同城化组织机构应该有意识地主动发挥自身在市场价值机制中的协调引导作用，应该充分利用自己的信息获取优势和人才拥有优势，收集大量与同城化发展有关的数据信息，如产业布局、产业链分工、市场机会识别等，并通过及时的大数据分析，向有关资源要素拥有方提供来自官方的、科学有效的帮助与引导，这样才能因势利导地充分发挥要素的市场价值机制。

在同城化之前，行政区经济以及以 GDP 为发展核心的地方政府广泛存在对单体利益的追求，从而在一定程度上影响着城市与地区间资源要素的自由高效流动。同城化进程势必会带来新的市场利益洼地，因为各参与城市主体都会因加入同城化而在发展过程中发生一些非均衡的态势，各种资源要素借机流入到具有初始区位优势的地区，从而引起人流、物流、资金流、技术流、信息流等的重新集聚与分布。虽然各个地区都会在一定程度上自身消化这些变化，但如果同城化有关部门机构能够从同城化区域整体视角，在遵循市场机制的前提下克服行政区划制约，有效引导同城化区域内的各种资源要素的流动，使流向更合理、流量更科学，同时搭建更好的资源市场平台，创造良好市场环境，则将推动同城化区域内资源要素结构的进一步有效调整、优化配置，最终实现同城化要素资源的有效整合。

二、行政协调机制

在中国，上级政府的职能管理作用在任何一个层级环节都是不可忽视的。同样的，在中国同城化进程中，上级政府也应该在同城化要素协同中发挥行政协调作用。

正如上文所述，要素流动具有明显的市场逐利特征，而政府的职能管理能力强与弱，将对这种逐利趋势起到或促进或抑制的作用。强能力政府将给予区域整体经济发展以支持和促进作用，而弱能力政府可能不仅无法做到倾力支持，甚至可能对无序的要素流动和重复的资源浪费都无法进行有效控制管理。特别在中国，上级政府的行政力量有着特殊的不可替代的决定性影响作用，甚至政府政策可能全新创造一个产业，也可以完全毁掉一个产业。例如，20世纪80年代的中国，全面进行了财政制度改革，即实行税收留成制，这大大刺激了地方政府发展地区经济的热情。因此，在同城化的资源要素整合过程中，要充分发挥上级政府的行政协调力量。首先，上级政府要建立高层政府的协调制度，发挥高层协调机制，对同城化进程中出现的空间要素衔接、产业布局调整、基础设施合作开发以及市场要素资源整合等问题，应及时给予指导与解决，并致力于为同城化提供良好的政策环境氛围和创造良好的整合发展条件。其次，对于职能管理能力强的同城化相关部门，可以进一步发挥人才、信息、技术等拥有优势，充分发挥上级的整体规划的指导作用。例如，在产业资源要素整合中，通过设计规划同城化整体区域的产业技术发展路线图，将资源整合目标与产业链规划匹配起来，明确同城化各参与城市主体在区域内各产业链中的节点位置，明确各城市主体产业发展重点，从而对同城化区域内产业进行整体性布局，各有侧重点但又协同发展，实现"竞合"与"共赢"并存。而在基础要素和空间要素的资源整合中，上级政府的规划指导作用就更明显了。相关同城化管理部门要用发展的眼光去看同城化的未来，才能对基础要素和空间要素等基础性、支撑性资源的整合发展有前瞻性和远见性的规划与设计，也才能对这些资源要素实现科学有效整合，从而实现同城化区域整体竞争力最大化。

三、协同合作机制

同城化是由多个不同城市主体组成的网络集合体，因此，如何调动这些参与主体的积极性，培育协同合作意愿，提高区域合作的认同感，建立信任合作的氛围等，需要通过协同合作机制来实现。

美国学者尼尔·瑞克曼等在1995年著作《合作竞争大未来》一书中提出了成功伙伴关系构成的三要素，那就是贡献、亲密和愿景三个关键因素[1]。"贡献"是通过建立合作关系实现资源共享、优势互补；"亲密"是指各合作伙伴为了共同利益而给予彼此更多的信赖；"愿景"是指那些能够激励合作伙伴成员相互寻求合作的对未来发展所持有的共同理念。

因此，同城化的资源要素要实现好的协同合作，关键在于三个方面：首先，就是努力描绘同城化共同的愿景及目标，这对决定合作主体是否有一致的合作目标、是否有强烈的合作意愿有很大影响。因为如果没有可以预见的愿景及目标，各城市就会失去协同合作的动力，也就失去同城化的行动方向。而共同愿景的描绘，需要各参与城市主体之间通过多交流、多沟通、多对话而逐步达成共识。例如，通过召开同城化城市论坛、加强各城市主体政府机构间的对话等，来搭建更多的信息交流与合作沟通的平台，从而增强同城化区域的整体认同感，以促成更多同城化的协同合作。其次，努力分享互补性资源，这是实现协同合作最根本的因素。如果没有实实在在的可以互补的资源要素存在，那同城化的愿景也将成为海市蜃楼。参与同城化的城市主体之间互补的资源要素是同城化发展的客观基础，例如厦漳泉同城化中，漳州肥沃且丰富的土地资源、泉州扎实的工业基础以及厦门有利的地理位置等，都是客观存在的可以充分互补的资源优势。最后，就是要建立亲密的合作关系。同城化不是一般的行政性合作，它不是行政强制性行为，更多是基于大家彼此对未来愿景的期盼而形成的自愿性行为，因此比起一般的行政行为来说，它更具有亲密性。但亲密

---

[1] 尼尔·瑞克曼等. 合作竞争大未来 [M]. 北京：经济管理出版社，1998.

程度大小，或者说合作意愿大小，在同城化实践中却是差异很大的。一般来说，自愿型的同城化案例，其参与主体的合作意愿较强烈，毕竟大家都是出于自身发展需求而自愿参与到同城化合作中，如广佛同城化等；但有些政府牵线搭桥的同城化项目，则明显出现各城市主体参与不主动的现象，各方的合作意愿并不强烈，从而使得同城化项目很难推进实施，例如福莆宁同城化等。因此，要提高合作意愿，除了如前所述需要围绕所提出的共同愿景和要达成的共同利益，通过制定共同的同城化目标进行激励之外，还需要不断强化同城化合作城市间彼此的信任和信赖。因为同城化不像强制行政行为那么有约束力，更多是自发与自觉的，如果没有足够的相互信任，再加上同城化愿景的不确定性，都可能降低合作意愿。当然，信赖不是凭空产生的，它需要一些实实在在的内容支撑，例如通过建立合理的同城化利益分配机制，使同城化各城市主体能够平等地共享同城化发展带来的利益，实现真正的多赢格局。此外，增加同城化各城市之间在规划、制度、政策等方面的沟通交流，也有助于让各同城化主体有更实在的平等存在感，从而产生相互的信任和信赖。

四、信息共享机制

在同城化的资源要素整合中，信息共享机制就是强调在整个过程中需要借助信息网络及其信息技术，通过建立同城化合作城市共有的资源要素信息数据库，实现资源要素信息的数据收集、处理、分析、应用和共享，从而有效克服由于信息不对称而造成的同城化资源要素信息封闭、信息失真、信息垄断等发展瓶颈问题，为同城化要素协同管理提供重要的、准确的、全面的信息支持保障，使得同城化的资源要素整合能够在大数据分析的基础上更科学、更有效地实现。

要建立同城化统一的资源要素信息数据库，首先就是要有不同城市主体准确的资源统计数据信息。当前，中国城市各项统计数据的形成路径基本上是由下而上的，这样就很容易出现"为数据而统计"的怪现象，从而造成在各种统计年鉴里看到的数据可能不够准确甚至失真的情况。因此，要建立同城化的信息共享机制，首先得在数据获取的源头上下功夫，保证初始数据是真实准确的，那么后续的数据分析和数据共享等工作才有意义。其次，各参与城市主体要有共享奉献精神。在同城化之前，这些资源要素信息都是属于不同城市分别占有的，因此要把这些资源要素信息拿出来共享，就需要各城市主体要有大局观念和奉献精神，同时能够看到信息共享的未来共赢蓝图，这样才能真正实现资源要素信息的共享，而这是同城化资源要素整合协同管理的基础。

第三节 同城化的要素协同管理路径

在理论探讨同城化的资源要素及其协同管理机制的同时，我们还需要探讨如何在同城化实际工作中了解现有资源要素的配置使用情况，即哪些资源要素用好了，哪些资源要素没有用好；现有的同城化区域产业布局情况如何，具体的产业链整合又应该如何进行等等。因此，需要进一步探讨中国同城化要素协同管理路径。

考虑到对同城化区域经济竞争力的影响直接与否，以及相关研究数据获取的可得性与相对容易性，本书这里重点探讨同城化直接要素，即产业要素和市场要素协同管理路径。同时，采用经济学中最经典的"投入—产出"思维范式，从"投入产出"和"过程管理"两个层面来研究同城化要素协同管理路径。而具体的同城化要素协同管理路径，我们可以借助一些方法来识别与寻找，图5-2描绘的是本书借助数据包络分析方法（Data Envelopment Analysis，以下简称DEA方法）和区位商（Location Quotient）分析法来分别寻找同城化直接要素协同管理路径的思路。

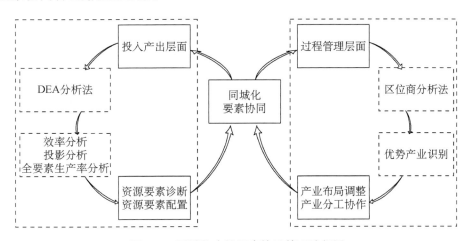

图 5-2 同城化直接要素协同管理路径图

一、投入产出层面的同城化要素协同管理路径

(一) 基于投入产出层面的要素协同管理路径研究思路

投入产出是经济学中最常用的思考问题范式之一，在以经济发展为核心的同城化战略资源要素协同管理中，这个思维范式同样也适用。因为，虽然当今人类社会已经进入到一个飞跃发展的时代，但同时面临一个重要问题，那就是人类对资源的索取需求越来越大，而地球资源却是有限的，社会资源开始呈现日愈稀缺的迹象，因此如何用最小的投入获得最大的产出，一直是大家关注和思考的问题。同城化战略的提出，本身就带有对这个问题的思考，即共享资源是同城化战略的重要目标之一。从中国同城化实践来看，不少的同城化战略从设计之初，就是为了共享有限的资源。例如厦漳泉同城化，厦门市如果不是受困于城市发展空间资源的限制，应该也不会在厦漳泉同城化实施过程中发挥如此积极且主动的作用。每一个同城化实例，都有不同的区域资源分布特点，有的是参与同城化的城市主体各自拥有自己独特的资源优势，参与同城化则便于实现更好地借力；有的是其中某一个城市拥有的资源正好是另一个城市所稀缺的，那么同城化则有助于实现彼此的互补……但不管是哪一种情况，同城化战略实施中都存在着资源有限的严峻现实。

从投入产出层面寻找同城化要素协同管理路径，可以帮助我们弄清楚以下问题：为了促进城市经济发展，需要投入哪些资源要素？投入多少？如何投入？产出效果如何？而搞清这些问题，可以通过对资源要素进行诊断和对资源要素配置影响因素进行分析，以明确同城化各城市的投入产出是否有效、各城市投入经济效率不足的原因是什么、各城市资源要素的配置效率如何等等，进而找到实现同城化要素协同的资源配置、资源互补、资源共享等管理路径，以不断提高同城化资源要素的投入产出性价比，最大可能地发挥资源的效用，这是同城化要素协同管理的目标，也是提高同城化区域整体经济竞争力的重要途径。

(二) 基于投入产出层面的要素协同管理路径研究方法

那么，如何围绕着以上这些问题从投入产出层面寻找资源要素协同管理路径呢？笔者主要借助DEA方法进行研究。

DEA方法是运筹学、管理科学和数理经济学交叉研究的产物，它是一种

对若干具有多投入、多产出的决策单元进行经济有效性分析的定量计算方法，由 Charnes 和 Cooper 等人于 1978 年创建[1]。DEA 方法由于具有投入产出之间关系无须用具体函数形式来显性表达而避免了设定误差、采用最优化方法来内定权重而避免计算模型因主观确定各指标权重而带来的缺陷、能为那些效率不足的分析对象指出提升效率的优化途径等优点[2]，因此，它作为一种有效的投入产出效率分析方法，创建至今在理论上和应用上得到了极大的丰富和发展。DEA 方法中，可用来测度投入产出经济效率的模型主要有 CRS 模型（以规模报酬固定为假设前提）、VRS 模型（考虑变动规模报酬）和 Malmquist 模型（能反映效率的前后期动态变化）。在同城化的资源要素协同管理中，我们可以应用这些模型计算分析结果，来获取与资源要素协同管理相关的有用信息，如哪个城市的投入产出最有效；投入经济效率不足的城市是因为什么原因导致的，各资源要素在不同城市配置效率如何等。通过这些信息的获取，来分析各参与城市主体（即不同决策单元）在同城化进程中各种不同资源要素的使用情况，从而可以帮助寻找同城化资源要素协同管理路径。

  本书这里以 Deap2.1 版本为例，说明一下如何应用 DEA 方法来实现上述同城化要素协同管理的诉求目标。首先，就是应用 DEA 方法测度什么的问题。在收集好相关研究对象的面板数据后，我们使用 Deap2.1 软件，在模型方法选择中分别选中 VRS 和 Malmquist 两种，然后启动程序就可以得到计算结果。从 VRS 的计算结果中，其中的 "EFFICIENCY SUMMARY" 可以帮助我们清晰看到哪个城市的投入经济效率是有效的，哪个城市的投入经济效率是非有效的，此时测度的是资源要素使用经济效率，该测度使各城市清楚各自的资源要素使用效率情况，为后续的资源要素配置提供大方向。"SUMMARY OF INPUT SLACKS" 则可以帮助我们看到每一个城市在投入要素中，哪些要素冗余了，冗余多少，即该测度可以帮助各城市进行资源要素诊断，诊断结果能够有针对性地帮助各个城市明白各自在提高投入产出经济效率方面可以努力的途径以及具体的方向。另外，从 Malmquist 的计算结果中，其中的 "MALMQUIST INDEX SUMMARY OF FIRM MEANS" 可以测度各个城市

---

[1] Charnes A, Cooper W W, Rhodes E. Measuring the efficiency of decision making units [J]. European Journal of Operational Research, 1978 (2): 429—444.
[2] 林东华. 基于 DEA 的中国城市群经济效率 [J]. 北京理工大学学报（社会科学版），2016，18 (6): 92—98.

投入经济效率中的技术变化、纯技术效率还是规模效率等指标，从而帮助各个城市厘清各自投入产出经济效率 DEA 非有效的具体影响因素，为进一步提高资源要素配置效率提供方向。

由此可见，运用 Deap2.1 软件进行 DEA 方法测算，可以满足同城化要素协同管理中对资源要素在投入产出中的效率情况、要素诊断和资源配置等的需求。同城化战略实施过程中，如何有效提高各项同城化资源要素的投入产出效率、完善区域内各项资源配置，这是所有参与城市主体都关心的话题。毕竟，社会越发展，资源越稀缺，特别是那些不可再生性的资源短缺问题，在当今时代越来越突出。借助 DEA 方法，我们既可以发现不同城市之间在要素投入产出效率之间的差异以及影响差异的要素诊断，同时也可以发现资源要素配置差异的影响因素，进而有利于我们对同城化资源要素协同管理的调整把握。

(三) 投入产出层面的京津冀同城化要素协同管理路径应用实例

这里主要运用 DEA 方法中的 VRS 模型和 Malmquist 模型，以京津冀一体化战略中涉及的 13 个地级以上城市（具体包括北京、天津、石家庄、唐山、秦皇岛、邯郸、邢台、保定、张家口、承德、沧州、廊坊、衡水）为研究对象，利用相关面板数据，从投入产出层面对同城化资源要素协同管理路径进行研究分析。

总体设计是：在计算指标体系构建中，理论上，包括基础要素、空间要素、产业要素、市场要素等在内的所有同城化资源要素都可以作为投入指标来进行测度，但在满足指标可获得性、DEA 评价结果区分度保证、投入变量与产出变量之间必须满足相关性等原则要求基础上，考虑到空间要素相关指标较难获得等原因，这里只从基础要素、产业要素和市场要素中各选择一个要素作为最后的评价指标：产业要素指标以固定资产投资总额作为资金要素投入代表（X_1），市场要素指标以年末单位从业人员数作为人力要素投入代表（X_2），基础要素指标以移动电话年末用户数作为信息要素投入代表（X_3）。对于产出指标的选择，因为当前中国各城市对同城化战略的期望还主要是为了促进区域经济发展，所以最后选择 GDP 作为产出代表（y）。本研究的具体数据来源主要是 2016 年的《中国城市统计年鉴》[1]，通过对所选取投入产出变量数据之间进

---

[1] 国家统计局城市社会经济调查司. 中国城市统计年鉴[M]. 中国统计出版社，2016.

行进一步相关系数检验，表 5-1 的检验结果显示，所选择的 3 个投入变量分别与产出变量之间存在高度正相关，并且在 α＝0.01 时显著，表明投入变量与产出变量满足相关性假设，这些结果都进一步证明了所选取指标符合 DEA 方法模型的假设要求①。

表 5-1　投入产出变量之间的 Spearman 相关系数

	固定资产投资总额	年末单位从业人员数	移动电话年末用户数
2015 年 GDP	0.852 255 106**	0.947 177 607**	0.921 817 693**

注："＊＊"表示在 1%置信度下显著。

1. 京津冀同城化的资源要素诊断

利用 Deap2.1 软件，将由 2016 年《中国城市统计年鉴》中相关数据计算得出的京津冀 13 个地级以上城市投入产出数据装载至 VRS 模型中，从"产出不变，投入最小"的角度对各城市的投入产出经济效率进行分析，得到京津冀一体化战略中的 13 个地级以上城市 2015 年各项投入经济效率指标及其相关分析结论②。其中，对京津冀 13 个地级以上城市 2015 年的有关数据进行 DEA 分析，结果如表 5-2 所示。

表 5-2　2015 年京津冀投入经济效率 DEA 评价结果

	综合效率	纯技术效率	规模效率	规模趋势
北京	1	1	1	—
天津	1	1	1	—
石家庄	0.795	0.804	0.988	irs
唐山	1	1	1	—
秦皇岛	0.842	1	0.842	irs
邯郸	0.654	0.725	0.902	irs
邢台	0.67	0.805	0.833	irs

---

①　林东华. 基于 DEA 的中国城市群经济效率［J］. 北京理工大学学报（社会科学版），2016，18(6)：92—98.

②　同上.

(续表)

	综合效率	纯技术效率	规模效率	规模趋势
保定	0.699	0.742	0.942	irs
张家口	0.612	0.864	0.708	irs
承德	0.678	1	0.678	irs
沧州	0.926	1	0.926	irs
廊坊	0.849	0.996	0.853	irs
衡水	0.753	1	0.753	irs
平均值	0.806	0.918	0.879	

从表 5-2 的 DEA 评价结果，我们可以看到京津冀同城化各城市主体投入产出经济效率情况。2015 年京津冀 13 个地级以上城市中，其中北京、天津和唐山等 3 个城市属于有效决策单元，它们不管在资源利用方面，还是规模集聚方面，都达到 DEA 有效。另外 10 个非 DEA 有效的城市中，其中秦皇岛、张家口、承德、沧州、廊坊、衡水等 6 个城市的纯技术效率都高于规模效率，特别是秦皇岛、承德、沧州和衡水等 4 个城市已实现纯技术效率有效，但由于规模效率比较低，分别为 0.842、0.678、0.926 和 0.753，因此规模集聚能力不足直接导致这 4 个城市综合效率低下。剩下的 4 个城市包括石家庄、邯郸、邢台和保定，它们都是属于规模效率高于纯技术效率的，比较典型的如保定，其规模效率达到 94.2%，但纯技术效率只有 74.2%，这直接导致该城市的综合效率不足七成，只有 69.9%。也就是说，这 4 个城市群的非 DEA 有效，主要原因是由于资源利用能力不够。从本年度各效率的平均值来看，纯技术效率为 91.8%，高于规模效率的 87.9%，即总体来说，京津冀 13 个地级以上城市的投入产出经济效率没有达到 DEA 有效，主要的原因是规模集聚能力不足，再加上资源配置和利用能力也不高，使得京津冀区域城市的非 DEA 有效率达 76.92%。

接下来，进一步对京津冀同城化各城市主体进行 DEA 投影分析，可以对资源要素进行诊断，有助于明确各投入资源要素可以节省的数量及幅度，或者可能增加的产出数量及幅度，从而明确资源要素协同管理的方向。通过计算，得到如表 5-3 所示的 2015 年京津冀 13 个地级以上城市的经济效率投影分析情况。

表 5-3　2015 年京津冀投入经济效率的 DEA 投影分析结果

城市	综合效率	松弛变量（冗余量）			冗余度		
		X_1	X_2	X_3	X_1	X_2	X_3
北京	1	0	0	0	0	0	0
天津	1	0	0	0	0	0	0
石家庄	0.795	3 740 107.998	0	40.129	6.57%	0	3.75%
唐山	1	0	0	0	0	0	0
秦皇岛	0.842	0	0	0	0	0	0
邯郸	0.654	0	0	0	0	0	0
邢台	0.67	0	0	20.215	0	0	3.75%
保定	0.699	0	0	107.410	0	0	11.35%
张家口	0.612	0	0.999	0	0	2.66%	0
承德	0.678	0	0	0	0	0	0
沧州	0.926	0	0	0	0	0	0
廊坊	0.849	0	0	0	0	0	0
衡水	0.753	0	0	0	0	0	0
平均值	0.806	287 700.615	0.077	12.904	0.51%	0.20%	1.45%

从表 5-3 可清晰看出，2015 年京津冀 13 个地级以上城市中，北京、天津和唐山 3 个城市为 DEA 有效，因为它们不仅各项经济效率值为 1，且各项投入产出指标都没有冗余，说明它们在目前城市群规模管理和操作水平下效益发挥较好。秦皇岛、邯郸、承德、沧州、廊坊和衡水等 6 个城市群虽然没有达到效率最优，但也没有出现投入冗余的现象，说明其经济非效率主要是由于规模非有效导致的。而石家庄、邢台、保定和张家口 4 个城市则或多或少存在现有投入要素组合不合理的状况，具体分析如下：石家庄在投入要素 X_1（即固定资产投资总额）和投入要素 X_3（即移动电话年末用户数）均出现投入冗余，其中投入要素 X_1 的冗余度为 6.57%，投入要素 X_3 的冗余度为 3.75%。说明该城市在城市发展中，一方面固定资产利用率不高，出现一定程度的固定资产浪费现象，另一方面也未充分发挥信息化的作用，部分移动信息资源处于闲置状态，因此今后应通过自身科技发展以进一步提高信息资源的利用率。邢台和保

定两个城市均出现信息资源的闲置,投入要素 X_3 的冗余度分别为 3.75% 和 11.35%,因此这两个城市需要进一步提高信息资源的利用率。张家口则主要在投入要素 X_2(即年末单位从业人员数)出现冗余,冗余度为 2.66%,说明张家口城市存在劳动力过剩的问题,这是造成张家口经济效率非 DEA 有效的主要原因。因此,张家口应在今后发展中适当精简人力,提高人事管理水平,并通过绩效管理等手段有效激励劳动力发挥更大作用。

2. 京津冀同城化的资源要素配置

应用 DEA 方法中的 Malmquist 模型,可以计算得到 2011—2015 年京津冀区域 13 个地级以上城市的全要素生产率指数及其构成情况具体结果(如表 5-4 所示),以便明确影响同城化各城市主体投入产出效率的具体因素,从而清晰资源要素协同管理的具体路径。

表 5-4　2011—2015 年京津冀各城市全要素生产率指数及其构成

城市	综合效率	技术进步	纯技术效率	规模效率	全要素生产率
北京	1	1.005	1	1	1.005
天津	1	1.035	1	1	1.035
石家庄	1.005	1.02	1.001	1.004	1.025
唐山	1	0.982	1	1	0.982
秦皇岛	1.016	0.953	1	1.016	0.968
邯郸	0.954	0.968	0.962	0.992	0.924
邢台	0.998	0.93	0.978	1.021	0.927
保定	1.003	0.962	0.997	1.006	0.965
张家口	1.006	0.959	1.014	0.993	0.965
承德	0.97	1.015	1	0.97	0.984
沧州	1.02	1.019	1.011	1.01	1.04
廊坊	1.047	0.95	1.033	1.014	0.995
衡水	1.007	0.94	1	1.007	0.947
平均值	1.002	0.979	0.999	1.002	0.981

从表 5-4 可以看到,技术进步、纯技术效率和规模效率三个指数的平均值中,除了规模效率指数的平均值大于 1 外,其他两个指数的平均值都小于 1。

说明在 2011—2015 年五年中，京津冀区域的发展，规模效率变化带来的贡献更大一些，但这仅仅只是相对而言的，总体并不容乐观。若从全要素生产率指数看，其平均值小于 1，也就是说规模效率带来的些许贡献无法掩盖因技术进步和纯技术效率不足而拖的后腿，技术创新不足等直接影响京津冀区域经济的动态发展。因此，进一步提高京津冀同城化区域的技术创新能力，以提高区域内资源要素协同管理水平，这是京津冀同城化接下来的工作重点之一。

具体到各个城市主体，对于反映城市综合效率和技术进步总体状况的全要素生产率来说，该指数大于 1 的城市只有 4 个（北京、天津、石家庄和沧州），比重不到三分之一，而且这些城市的技术进步、纯技术效率和规模效率指数全都大于 1，说明这 4 个城市不管是在知识积累技术创新方面，还是在资源配置与利用能力以及规模集聚能力等方面，都处于动态增长趋势，但其他 9 个城市在技术创新等方面还是不够的，影响到资源要素协同管理的效果，因此后续需要进一步提高技术创新能力。从规模效率指数变化看，包括北京、天津、石家庄、唐山、秦皇岛、邢台、保定、沧州、廊坊和衡水在内的 10 个城市规模效率变化率都大于 1，说明从 2011 年到 2015 年这 10 个城市的规模聚集能力在动态提高，反映了同城化给大多数城市都带来了规模集聚效应。但其他 3 个城市的规模集聚效应不足，需要扩大城市经济规模，以实现规模经济，从而提高同城化资源要素协同度。

3. 京津冀同城化实例应用结论

从上面 DEA 方法的三个计算应用我们可以看到，效率分析有助于我们了解同城化中各参与城市主体的资源使用效率情况，便于各城市把握资源要素协同管理的大方向；投影分析有助于具体了解各城市哪些资源要素冗余了、冗余多少等信息，从而帮助各城市主体以及同城化相关管理机构进行资源要素诊断，进而明确接下来区域内的资源要素调配的具体方向。而全要素生产率指数及其构成分析，更有助于进一步明确影响各城市投入产出效率差异的具体原因，从而使后续的同城化资源要素配置能有更清晰的取长补短方向。由此可见，应用 DEA 方法可以帮助同城化从投入产出层面寻找资源要素协同管理路径。

从京津冀同城化投入产出经济效率实证研究中，我们看到同城化投入产出经济效率所关心的三个关键点都有相应明确的结论。首先，关于哪个城市的投入产出最有效问题，实证结果显示，在 2015 年京津冀 13 个地级以上城市中，北京、天津和唐山等3个城市属于有效决策单元，它们不管在资源利用方面，还是规模集聚方面，都达到 DEA 有效，而另外 10 个城市都或多或少存在着非 DEA 有效的问题。其次，关于投入经济效率不足的城市有何改进途径的问题，实证分析结果也非常清晰。其中石家庄、邢台、保定和张家口 4 个城市存在较为明显的投入要素组合不合理状况，需要同城化有关部门进行协同管理，或者有关城市之间相互协调，以提高资源配置能力与使用效果。最后，影响投入经济效率具体因素方面，实证分析表明，在 2011—2015 年五年中，京津冀区域经济发展中，规模效率变化带来的贡献更大一些，换言之，同城化区域内技术创新还有待进一步提高，这是提高资源要素协同管理水平的关键。

二、过程管理层面的同城化要素协同管理路径

（一）基于过程管理层面的要素协同管理路径研究思路

在同城化要素协同管理过程中，从要素投入到结果产出，中间还有非常复杂的转换过程。从产业经济视角看，这个转换过程主要表现为产业布局调整或产业区域转移。换言之，同城化战略的实施，必然对参与城市主体的产业调整与产业区域转移带来变化。所以，在同城化的要素协同管理中，要有好的投入产出效应，就需要加强中间过程的管理，特别是同城化区域内产业的整体布局与调整等。

在同城化的产业要素协同管理过程中，从产业集群和产业链的视角，是选择让投入要素在现有的产业布局里发挥作用，还是通过产业布局调整、产业区域转移等使产业要素发挥更大作用，再或者是通过寻找优势产业，尽可能发挥优势产业对整个产业集群和整条产业链的辐射影响作用等，这些都是同城化战略在实施过程中需要认真思考与研究的。从中国同城化实践看，中国很多同城化战略提出的初衷，就是为了从整个区域长远可持续发展而考虑的产业有效转移。例如，2017 年 4 月横空出世的雄安新区规划，就是京津冀一体化中一个非常典型的非首都功能产业疏解承接地规划建设的例子。作为国家战略的京津冀一体化，其提出与实施，最主要的目的就是为了进一步突出北京的首都城市功能，由此产生的北京产业转移就势在必行，即有利于北京首都城市功能优化的产业将得以保留与提升，而不利于北京首都城市功能的产业将被转移至津冀两地甚至被淘汰。而雄安新区的设计就是为了承担承接北京非首都功能疏解承接地的重担。

(二) 基于过程管理层面的要素协同管理路径研究方法

那么,如何通过产业布局调整来更好实现资源要素的协同管理呢?笔者认为,可以借助区位商的分析思路来加以实现。

区位商分析法最早是由哈盖特(P. Haggett)提出的,在区域分析中,通过区域要素空间分布情况的测算结果来反映产业专业化程度,这是区位商的主要应用思路,因此它又被称为专门化率[①]。在同城化的资源要素协同管理中,我们可以通过同城化进程中各城市产业区位商的计算结果,来判断同城化区域内哪个城市具有相对优势产业。通常来说,区位商值越大,说明该城市该产业的专业化水平越高。那么,借助这样的分析结果,我们就可以从同城化区域整体视角,一方面考虑如何将区域内的资源要素转移到产业专业化程度比较高的区域,实现产业集群规模化,以提高资源利用效率;另一方面,借助区位商值判断哪个城市的相关产业具有产业内学习影响和辐射功能等,同时借助该产业在"同城"内具有的明显比较优势,对该产业链进行宽度和深度的优化。

利用区位商从过程管理层面研究同城化资源要素协同管理路径的思路具体如下:

区位商的计算公式指标选择可以多元,考虑到本书里是对同城化资源要素协同管理经济效率进行测度,所以选择以产值贡献大小为衡量指标,来计算同城化内各城市某产业的区位商,那么 i 城市 j 产业的产值区位(Lq_{ij})的计算公式就如公式 5-1 所示:

$$Lq_{ij} = \frac{G_{ij} \div G_i}{G_j \div G}, \ (i=1, 2, \cdots, m) \tag{5-1}$$

式 5-1 中 G_{ij} 为 i 城市 j 产业的产值数量,G_i 为 i 城市总产值数量;G_j 是指所在城市中 j 产业的产值数量,G 表示城市所在区域总产值数量。若 $Lq_{ij} < 1$,说明该城市该产业的专业化程度落后于全区域,说明 i 城市 j 产业不存在对外经济服务功能,无法发挥同城化中优势产业的辐射效应,当然也就不太可能成为具有相对竞争优势的产业了。若 $Lq_{ij} > 1$,说明该产业的专业化程度高于全区域,说明 i 城市 j 产业除满足自身城市经济发展需求、自给自足外,还对

[①] 姜博,修春亮,陈才. 环渤海地区城市流强度动态分析[J]. 地域研究与开发,2008(3):11—15.

"同城"内其他城市的相关产业具有产业内学习影响和辐射功能等；如果计算出来的区位商值大于1.5，则说明在同城化区域内，该产业具有更为明显的比较优势，那么它就是"同城"内的优势产业。

由此可见，利用区位商分析法来寻找同城化资源要素协同管理路径，具体思路就是通过"同城"内优势产业的识别（区位商的计算结果），来把握同城化区域内产业布局调整以及产业分工协作的具体方向和对策。通过区位商分析法，我们可以得到不同城市的区位商值，通过这些数值大小的比较分析，我们可以获得每个城市的优势产业信息。在同城化战略中，优势产业不仅仅具有输出产品与服务的功能，更主要是可以成为城市间产业要素协同管理发展的重要契合点。拥有优势产业的城市，也想将自己的优势产业影响力扩大，特别是在产业要素资源有限的现实条件下，如果能通过共建产业园等项目来进行合作，一方面可以很好地解决拥有优势产业的城市资源有限问题，另一方面也带动了没有拥有优势产业的城市经济发展，这样的产业布局调整策略是一个多赢的策略。同时，优势产业的识别，还有助于各城市在相关产业链的进一步发展，从产业链深度和宽度来实现区域内产业分工协作的深化。当然，要扩大优势产业的影响力，还有一个重要的前提是该城市所拥有的优势产业应该具有一定的产业规模，这样才能实现影响力的扩张，或者说才具有优势产业的辐射影响力。

（三）过程管理层面的厦漳泉同城化要素协同管理路径应用实例

这里以厦漳泉同城化为实例，利用区位商分析法来识别厦漳泉三个城市各自的相对优势产业，以进行同城化区域内产业整体布局与调整，实现整体资源要素协同效用最大化，从而进一步寻找厦漳泉同城化要素协同管理路径。

1. 厦漳泉同城化优势产业识别

对于厦漳泉三市优势产业的选择，笔者主要考虑以下几点：首先，如果某产业的 $LQ<1$，说明在整个同城化区域内，该产业的专业化程度比较落后，因此不可能成为具有相对竞争优势的产业，因此区位商小于1的行业直接不予考虑。其次，若某产业的 $LQ>1$，则说明该产业的专业化程度高于整个"同城"，特别是如果 $LQ>1.5$，则表示该产业在同城化区域内具有明显的比较优势。另外，在同城化区域内，要是某产业产值占区域工业总产值的比重太小，例如小于2%，那么它的变化情况对"同城"区域整体工业水平影响就比较小，所以也不把它列入选取范围之内。因此，最后我们依据 $LQ>1.5$ 以及产值比重大于2%的双重标准，来选择厦漳泉三个城市中具有明显相对优势的产业作为三个城市各自的优势产业。表5-5是根据2017年厦门、漳州和泉州三个城市统计年鉴里的相关数据计算得到的厦漳泉三个城市的大类产业区位商值和产值比重，并最终得到三市的相对优势产业。

表5-5 2016年厦漳泉大类产业区位商计算结果

大类产业	厦门		泉州		漳州	
	2016年区位商值	产值比重	2016年区位商值	产值比重	2016年区位商值	产值比重
黑色金属矿采选业	0	0	0.647 243	0.196 358	0.134 474	0.013 894
有色金属矿采选业	0	0	0	0	0	0
非金属矿采选业	0	0	0.222 839	0.067 604	0.593 015	0.061 273
农副食品加工业	0.628 784	0.074 816	0.235 171	0.071 345	2.914 095	0.301 099
食品制造业	0.353 44	0.042 054	1.132 77	0.343 654	2.639 524	0.272 729
酒、饮料和精制茶制造业	0.804 384	0.095 709	0.784 116	0.237 881	1.084 324	0.112 038
烟草制造业	0	0	0	0	0	0
纺织业	0.258 317	0.030 736	1.088 322	0.330 17	0.254 391	0.026 285
纺织服装、服饰业	0.519 62	0.061 827	2.402 069	0.728 728	0.190 467	0.019 68
皮革、毛皮、羽毛及其制品和制鞋业	0.108 39	0.012 897	1.989 88	0.603 68	0.217 616	0.022 485
木材加工及木、竹、藤、棕、草制品业	0.020 771	0.002 471	0.082 898	0.025 149	0.616 949	0.063 746
家具制造业	0.983 226	0.116 989	0.528 002	0.160 183	2.089 096	0.215 856
造纸及纸制品业	0.233 078	0.027 733	1.519 405	0.460 95	2.529 953	0.261 407
印刷和记录媒介的复制	1.177 642	0.140 121	1.125 735	0.341 52	0.782 802	0.080 883

(续表)

大类产业	厦门		泉州		漳州	
	2016年区位商值	产值比重	2016年区位商值	产值比重	2016年区位商值	产值比重
文教、工美、体育和娱乐用品制造业	0.531 632	0.063 256	0.989 301	0.300 129	0.608 374	0.062 86
石油加工、炼焦及核燃料加工业	0.027 489	0.003 271	3.092 062	0.938 054	0.128 848	0.013 313
化学原料及化学制品制造业	0.561 119	0.066 764	0.573 946	0.174 121	1.763 137	0.182 176
医药制造业	1.172 553	0.139 516	0.338 112	0.102 575	0.682 706	0.070 54
化学纤维制造业	0.419 698	0.049 938	0.762 518	0.231 329	0.012 009	0.001 241
橡胶和塑料制品业	1.335 044	0.158 85	0.623 779	0.189 239	0.675 734	0.069 82
非金属矿物制品业	0.278 496	0.033 137	1.456 735	0.441 937	1.155 149	0.119 356
黑色金属冶炼及压延加工业	0.071 754	0.008 538	0.258 95	0.078 559	2.378 065	0.245 713
有色金属冶炼及压延加工业	0.817 214	0.097 236	0.181 9	0.055 184	0.323 148	0.033 389
金属制品业	1.749 408	0.208 152	0.510 67	0.154 925	2.011 591	0.207 847
通用设备制造业	1.139 076	0.135 532	1.067 147	0.323 746	0.996 463	0.102 959
专用设备制造业	1.115 449	0.132 721	0.940 514	0.285 329	0.258 113	0.026 67
汽车制造业	2.282 624	0.271 597	0.263 973	0.080 083	2.033 474	0.210 108
铁路、船舶、航空航天和其他运输设备制造业	0.936 604	0.111 441	0.217 922	0.066 112	1.039 837	0.107 441
电气机械及器材制造业	1.749 546	0.208 169	0.395 921	0.120 113	1.385 732	0.143 181
计算机、通信和其他电子设备制造业	4.847 484	0.576 776	0.166 718	0.050 578	0.441 676	0.045 636

(续表)

大类产业	厦门		泉州		漳州	
	2016年区位商值	产值比重	2016年区位商值	产值比重	2016年区位商值	产值比重
仪表仪器制造业	2.016 416	0.239 922	0.213 623	0.064 808	1.893 72	0.195 668
其他制造业	0.795 632	0.094 668	2.258 396	0.685 141	1.101 282	0.113 79
废弃资源综合利用业	0.317 024	0.037 721	1.007 328	0.305 598	0.780 171	0.080 611
金属制品、机械和设备修理业	5.588 059	0.664 893	0.287 964	0.087 361	0.043 56	0.004 501
电力、热力生产和供应业	0.549 046	0.065 328	0.788 386	0.239 177	1.028 08	0.106 226
燃气生产和供应业	0.286 159	0.034 048	1.221 515	0.370 577	0.317 755	0.032 832
水的生产和供应业	2.514 084	0.299 137	0.966 531	0.293 222	0.390 125	0.040 31

由表5-5可以清晰获得厦漳泉区域内各城市的优势产业信息，从而有助于区域内各城市明确相应产业布局调整和产业分工协作方向。厦门与漳州共同的优势产业有3个：金属制品业、汽车制造业和仪表仪器制造业；泉州与漳州共同的优势产业有1个，即造纸及纸制品业；泉州与厦门没有共同的优势产业。另外，厦门自己独立的优势产业有4个：电气机械及器材制造业；计算机、通信和其他电子设备制造业；金属制品、机械和设备修理业；水的生产和供应业。漳州自己独立的优势产业有5个：农副食品加工业；食品制造业；家具制造业；化学原料及化学制品制造业；黑色金属冶炼及压延加工业。泉州自己独立的优势产业有4个：纺织服装、服饰业；皮革、毛皮、羽毛及其制品和制鞋业；石油加工、炼焦及核燃料加工业；其他制造业。从这个结论中，我们仍然可以看到厦漳泉同城化中三市产业要素协同发展的可能性，特别是厦门和泉州的产业均不雷同，泉州与漳州的优势产业相同的只有一个，厦门与漳州的优势产业重复有3个，但各自还分别有4个和5个的独立优势产业。

2. 厦漳泉同城化实例应用结论

从上面的产业布局情况分析结果，我们可以清楚地认识到，厦漳泉同城化区域内的 3 个城市所拥有的优势产业各不相同，因此该同城化的要素协同管理可以借助这些差异化的优势产业，一方面以这些优势产业为核心，借助这些优势产业的辐射影响作用与领头带动作用，在同城化区域内或联手组建产业集群，或合作建立产业园区，通过同城化区域内产业整体布局调整等过程管理去把控和发挥产业要素的协同效用，来完成区域整体产业布局优化；另一方面，在优势产业识别的基础上，从产业链宽度和深度出发，共建联系紧而有深度的产业链，从同城化区域整体实现产业分工协作深化，从而实现过程管理层面的同城化资源要素协同管理。例如，漳州可以利用自己在农副食品加工业和食品制造业方面的产业优势，大力发展这些产业，同时与厦门进行产业链上的深度合作，依托厦门外贸、金融等产业优势，从而进一步形成联系紧密且深度合作的产业链布局。

本 章 小 结

理想的同城化要素协同管理应该是通过提高同城化的资源整合能力来促进"同城"区域的经济增长，不断提升同城化区域内的整体经济竞争力。因此，本章首先对中国同城化的资源要素进行分析，提出同城化的资源要素主要包括基础要素、空间要素、产业要素和市场要素等四个方面，其中产业要素和市场要素是直接要素，而基础要素和空间要素是间接要素；其次，进一步从市场价值、行政协调、协同合作和信息共享等四个方面阐述了同城化的要素协同管理机制。在此基础上，从投入产出层面及过程管理层面研究同城化要素协同管理路径，并以京津冀和厦漳泉两个同城化实例分别对两种同城化要素协同管理路径进行应用分析。

第六章
同城化的文化协同管理

在同城化的协同管理中，难度最大的莫过于文化协同管理了。现实中，我们看到，只要有人的地方就有文化。而在同城化发展过程中，不管是主体还是客体，"人"都在扮演着重要的角色，发挥着重要的作用。因此，通过同城化的文化协同管理，有利于理顺同城主体间及相关利益者之间的关系，最终促进文化协同来实现同城化目标，是实现同城化协同管理的保证。那么，如何实现同城化的文化协同管理，本章通过对同城化文化协同管理内涵和目标的界定，分析了中国同城化文化协同管理面临的问题及其原因，进而构建了同城化的文化协同管理模型，并分别从理念层、制度层、器物层阐述了中国同城化文化协同管理的构想，最后进一步阐述了同城化文化协同的运行机理。

第一节 同城化文化协同管理的内涵和目标

一、同城化文化协同管理的内涵

首先我们需要明确的是文化。文化在不同的学术语境中具有不同的理论阐释。"信息论者断言文化是信息的传播或保存系统；结构论者则将文化区分为显结构和隐结构的关系；社会学者将文化看作是人们社会规范和行为方式的总和；文化学者认为文化就是生活"[1]。对文化的认识，梁漱溟曾这样表述其观点："文化不过是那一民族生活的样法罢了"，"所谓一家文化不过是一个民族生活的种种方面"[2]。由此可见，文化实际上就是"人化"，是人们对物质世界

---

[1] 刘作翔. 法律文化论 [M]. 陕西人民出版社，1992：3.
[2] 梁漱溟. 东西文化及其哲学 [M]. 上海世纪出版集团，2006：31, 18.

进行改造的一切"人为"成果，是人与自然界、人与人之间互动的结果。因此，文化的产生与发展需要一个长期积淀过程，它是人们在长期的生产与生活过程中行为选择和心理积淀的结果，这是文化的历史性。同时，我们从人类文明发展史中也注意到，地理条件和环境气候等自然要素对人类文化的形成与发展也起到至关重要的影响作用，甚至影响到一个区域内人们的语言习惯、传统风俗、生活方式、宗教信仰等，从而在历史长河中形成特定区域内的文化同构，地域文化应运而生，且每个地域都有区别于其他地域的显著文化特质。特别在中国，由于地域辽阔、民族众多，多元的地域文化共同构成丰富的中华文化，这是文化的地域性。另外，文化虽然作为人类生活方式的体现，为人类生产生活提供行为准则和价值观，但它本身却是看不见摸不着的，它需要一定的载体来呈现，例如生产工具、生活行为、法律法规等，这是文化的载体性。

而同城化文化协同管理是指以参与同城化的城市主体各自多元的地域文化为前提，根据差异性的文化倾向或文化模式，融合因文化差异而导致的行为和制度差别，减少文化冲突，实现在理念层、制度层和器物层的和谐一致，为区域资源和优势的综合利用以及实现区域协同效应提供保证。

在同城化的文化协同管理中，正确认识文化的历史性、地域性和载体性同样是非常重要的。因为，文化的历史性提醒人们，同城化文化协同不是一蹴而就的，它需要一定的时间来积淀；地域性既给同城化文化协同管理带来困难（因为各地文化不同），也使我们看到同城化文化协同管理的必要性与可能性，因为同城化的突出特点就是邻近若干城市之间的协同合作，而相近地域的文化具有较大的相似性，因此协同管理起来相对比较容易；而载体性则告诉我们，文化协同管理不是孤立进行的，它需要与同城化的其他协同管理内容同时进行，才能顺利实现。

二、同城化文化协同管理的目标

同城化文化协同管理的目标是实现多元一体的互动协作过程，这是同城化文化协同管理与其他领域文化协同管理的最大区别。

早在1999年，费孝通先生就提出处理文化关系的"多元一体"观点。当时，他在研究民族问题时提出"世界范围内文化关系'多元一体格局'建立的观点,认为应该在全球范围内实行和确立'和而不同'的文化关系"①。费孝通先生还用"各美其美,美人之美,美美与共,天下大同"来表达文化多元一体的美好图景。"各美其美"就是不同文化中的不同人群对自己传统的欣赏,这是处于分散、孤立状态的人群所必然具有的心理状态。"美人之美"就是要求我们看到别人文化的优势和美感,这是不同人群接触中要求合作共存时必须具备对不同文化的相互态度。"美美与共"就是在天下大同的世界里,不同人群在人文价值上取得共识以促进不同的人文类型和平共处②。

现在,我们研究同城化的文化协同管理问题,与费孝通先生研究的民族问题是相似的。从前文同城化定义中,我们可以清晰地看到,参与同城化的城市至少有2个,且一旦决定参与同城化,那就意味着整个城市的"全员"参与,即参与同城化的主体是多元的,既包括数量上的多个(2个及2个以上的城市),也包括角色上的多元(包括政府、企业、社会、市民等)。同时,每一个城市都有长期历史积淀下来的自己独特的历史文化、人文特点、风俗习惯等,这意味着在同城化过程中,交集碰撞的文化也是多元的。再者,从文化本身的形态构成来看,它包括以价值观为代表的理念层、表现为各种法律法规和规章制度的制度层,以及显性可见的器物层等,这三个文化层次在协同管理过程中的方式方法选择、难易程度表现等也大相径庭,这从另一个角度再次体现文化协同的多元性。而同城化战略的终极目标是"同城",即多个城市融为"一体",因此,借用费孝通先生的"多元一体"观点来定性并设置同城化文化协同管理的目标是恰当的。

第二节 同城化文化协同管理面临的问题及原因分析

同城化协同管理研究内容涉及方方面面,其中文化协同管理难度最大,因为其面临的问题更具有深层次性、其涉及的范围更具有广泛性。英国人类学家马林诺夫斯基依据文化的功能将文化现象分为三个层次:第一个层次是生产工具、物质条件等,即器物层;第二个层次是社会组织、法律法规等,即制度层;

---

① 费孝通. 新世纪、新问题、新挑战[C]//费孝通全集(第15卷). 北京:群言出版社,1999:287—288.

② 费孝通. 重建社会学与人类学的回顾和体会[J]. 中国社会科学,2000(1):45.

第三个层次包括价值追求、道德观念、宗教信仰、民族情感、思维方式等,反映人的内心世界,即理念层。这种区分方式为文化形态的划分首开先河①。下面,我们就从文化形态的三个构成层次来梳理当前中国同城化进程中文化协同管理面临的主要问题。

一、同城化文化协同管理面临的问题分析

(一) 理念层的问题分析

同城化文化协同中的理念层是政府、企事业单位、社会和所有市民等对同城化本质和规律的理解与认识,是随着同城化不断发展的切合区域自身实际的价值观和方法论的集成。就同城化文化的三个层次而言,理念层无疑是核心与重点,它决定了制度层和器物层。在当前中国同城化的实践中,文化协同管理在理念层方面存在的主要问题表现在两个方面,一个是政府决策管理方面,另一个是市民价值观念方面。

1. 政府决策思维存在明显路径依赖

长期以来,中国各级政府在事务管理及社会治理方面始终秉持明显的传统管理惯性思维,即使在网络知识时代的今天也不例外。改革开放四十多年来,中国大力推行以市场经济为导向的城市发展道路,以及以城市 GDP 为关键指标的政府业绩硬考核方式,这些都决定了中国的城市管理存在明显的以 GDP 为核心的经济主导型路径依赖。换言之,由于存在这样的经济主导型路径依赖,参与同城化的相关城市,在进行所有的同城化合作决策时,首先就是拿出经济效益这个尺度进行衡量,所有的合作方案都以是否能够促进自身城市经济发展为标准进行取舍。由此可见,这种路径依赖的决策惯性从根本上制约着同城化协同管理的相关制度变革和全面整体协作,从而对文化协同管理带来较大的负面影响。

2. 市民传统价值观念根深蒂固

正如本章一开始提到的文化历史性所阐述的,任何文化的形成都不是一蹴而就的,都是经过人类长期的劳动生产与社会生活而不断积累下来的世界认识与价值判断。因此,价值观念一旦形成,要改变它就不容易了。这一点在

---

① 应国良. 公共领域合作中的文化冲突与互动 [J]. 武汉大学学报 (哲学社会科学版), 2009 (1): 106—111.

Thomas Herdin 等人的研究成果中也可以很明显地得到验证。Thomas Herdin 等学者以 1988 年至 2007 年中国人价值观变化为研究内容，具体调查结果显示，近 20 年来，中国人传统的核心价值观（如"成就"——个人成功、"安全"——社会稳定、"遵从"——社会行为规范等）并没有发生大的改变，而次要价值观（如生活方式、工作风格和国际化观念）则受到全球化和国际交往的影响较大[①]。从这个研究结论我们看到，中国人这些根深蒂固的传统价值观不仅表现在人们日常生活中，而且也将对同城化的协同管理产生制约作用。同城化，意味着城市的改革，也意味着城市管理的变化，因此就会动到中国人传统价值观中那块"安全"的奶酪。结果就是导致在同城化实践中，难免会有一些这样或那样的不同声音，甚至可能采取阻挠行动。例如厦漳泉同城化案例中，来自泉州各方的不同声音最大，因为他们从自身地方利益出发，认为泉州经济实力强过厦门，厦漳泉同城化是厦门对泉州的"抢功"与"掠夺"，担心同城化之后会影响他们现有稳定的小康生活水准，结果造成原本计划好的第三次同城化联席会议却一拖再拖。

由此可见，中国同城化文化协同管理的理念层问题如果不先行解决，会直接影响到文化协同管理中制度层以及器物层的建设与完善。

（二）制度层的问题分析

从中国同城化实践来看，在同城化协同管理中遇到的最大制度性问题，一方面以户籍管理制度为中心的现行行政管理体制和运行机制，由于存在严重的制度设计弊端，因此对同城化工作开展产生体制性障碍作用。另一方面，缺位的同城化法律法规，使得很多的同城化协同管理工作缺乏法律保障，因此无法顺利进行。

1. 户籍身份差异阻碍了对同城化文化的认同

同城化协同管理的目标之一是城市之间人口流动的无障碍，但这个目标要实现，至少在目前看来是困难重重。因为以户籍管理制度为中心的中国现行人口管理制度存在一些明显的制度性弊端。中国现行的人口管理制度是以 1958 年出台的《中华人民共和国户口登记条例》为代表的户籍管理制度，对于同城化来说，这个制度会带来以下几个方面的弊端：第一，由于现行的户籍管理制

---

① Thomas Herdin，郑博斐，李双龙等. 全球化背景下中国的价值观变迁与跨文化差异传播［J］. 新闻大学，2015（1）：43—48.

度把中国人口分为农业人口和非农业人口两大类，因此人为造成了二元对立的社会结构，形成"城里人"与"乡下人"心理落差；第二，当前的户籍准入制度时不时都在提醒那些流动人口（如城市新移民）"落户"问题，因为他们的外地身份或者农民身份在社会保障以及其他制度上难以获得迁居地的市民权，身份不被迁入地城市完全认同，甚至在有些地方还被当地人歧视，从而形成"城内人"和"城外人"角色区别，并引起严重的"社会屏蔽"作用；第三，中国当前的行政机构设置、公共服务资源配置、人员安排乃至经费预算等都是以户籍人口作为基础进行核定的，而同城化带来的大量流动人口都不在当地户籍里，因此都不在这些行政预算考虑范围内。这些人员工作在当地、生活在当地，合法纳税，但却无法公平获得当地的社会福利待遇，造成诸如社保、医疗、教育等公共服务资源的严重短缺。比如，在上海的户籍管理政策中，子女上学、医保养老等都与户籍情况息息相关。如果是没有上海户籍和居住证的居民子女，就没有参加上海中考和高考的权利；而取得上海户籍和居住证的新移民与没有居住证的居民在医疗保险、养老保险、失业保险等方面的待遇也相差甚远[1]。公共服务的享受权利不平等，更使流动人口在文化融合上不具备对等性，因制度原因导致身份差异并引起的服务差别等也阻碍了同城化的文化认同[2]。

2. 同城化配套的法律法规严重缺位

当前同城化战略在中国不少区域轰轰烈烈地铺开，但实践中，切实可行的同城化配套法律法规却严重缺位。每一个同城化案例的产生，都有一系列的协议制度产生，但这些条文，或者是城市管理者（或市长、或市委书记）协商后签订的行政协议，或者是实施起来需要有很多附加条件的法律法规。在中国同城化实践中，真正与同城化配套的法律法规还没有完全到位，例如涉及民生的医保政策、基础教育政策、购房政策等，这些政策的公平与否、到位与否，都直接影响到同城化的效果。例如，宁波市教育局曾出台《关于做好外来务工人员随迁子女在我市参加升学考试工作的实施意见（试行）》，文件虽提出随迁子女与户籍学生享受同等教育政策，但在实施细则中还是设置了不少限制条件，如要求其父母必须要有合法稳定职业、稳定住所、足够的社保参加年限

---

[1] 张文宏，雷开春. 城市新移民社会融合的结构、现状与影响因素分析 [J]. 社会学研究，2008 (5)：117—141.

[2] 陈觅. 公共服务视角下的流动人口文化融合——流动人口管理服务的宁波实践 [J]. 领导科学，2014 (21)：25—27.

等，否则还是无法在就学地报名参加中考等。没有切实可行的同城化法律法规作为制度保障，没有浓厚的契约文化氛围，所有的同城化措施都会流于形式，同城化文化协同管理也将无法实现。

（三）器物层的问题分析

就如企业文化中的器物层主要是由企业 LOGO、基本字、基本色等与企业形象有关的显性要素内容构成一样，同城化文化协同管理中的器物层也主要是与同城化区域形象相关的一些显性要素，例如同城化区域形象宣传、同城化生活方式等。在当前中国同城化实践中，文化协同管理器物层方面存在的问题主要表现在两个方面：一是没有统一有力的同城化区域形象宣传，二是存在可能影响决策偏差的文化表层同步现象。

1. 同城整体形象统一宣传的欠缺增大文化协同管理难度

当前中国的同城化主要还是由政府部门牵头，这样或多或少都会将同城化当作行政业绩对待，而不是作为真正用来提高区域竞争力的战略。因此，同城化整体形象的统一宣传不到位，各相关利益主体无法对此达成共识等问题十分突出。具体而言，相关政府部门对同城化整体形象的策划和重视程度还远远不够，对同城化战略缺乏统一有效的形象宣传，致使除了政府部门之外的其他各方对同城化战略认识产生偏颇。因而老百姓只惦记着同城化后带来的直接受益，如交通便利、话费节省等；企业只惦记着同城化后税收是否可以减少了，市场是否可以增大；甚至政府都只惦记着城市的 GDP 是不是可以增加了。但这些其实都不是同城化最重要的目标，同城化最重要的目标是实现区域形象的整体提高、区域竞争力的最大化，而这些终极目标的实现，可能会以牺牲眼前的利益为代价。但当前人们对这点认识还远远不到位，或者明知但故意不提及而只强调眼前利益，根本原因就是有关部门对同城化整体形象宣传还不够，使参与同城化的各方主体无法达成协同共识，从而增大文化协同管理的难度。

2."文化表层同步"的假象增大文化协同管理障碍

前面提到的 Thomas Herdin 在他 2015 年的那项研究中同时还提出了"文化表层同步"（cultural surface synchronization）这一概念[①]。"文化表层同步"

---

① Thomas Herdin，郑博斐，李双龙等. 全球化背景下中国的价值观变迁与跨文化差异传播［J］. 新闻大学，2015（1）：43—48.

描述了全球化只是在浅表的层面影响和改变了文化，而基本的价值观结构并未受到太大冲击这一社会现象。这里的"浅表的层面"主要就是指文化的器物层。Thomas Herdin 在对中国职业经理人的价值观变迁进行研究时发现，无论在北京还是上海，以生活方式、工作风格等为代表的 Schwartz 次要价值观会随着经济全球化以及中国经济不断开放而有着比较显著的变化，即呈现"文化同步"。但这种同步仅仅只是表层的同步，西方价值观并没有对以安全、成就、遵从等为核心的、根深蒂固的中国传统价值观实现完全的融合，因此称为"文化表层同步"。

在同城化进程中，同样存在明显的"文化表层同步"现象。随着信息技术的飞速发展以及同城化导致的合作交流日益频繁，并且通过"同城"生活或移居到中心城市等途径，参与同城化的外围城市居民表面上似乎已经融入中心城市居民的文化生活中，大家搭乘相同的城市交通设施一起上下班、一起消费、一起娱乐，但事实上，这些生活方式仅仅只是体现器物层文化的同步，而由理念层文化所决定的各个城市居民基本价值观等却根深蒂固（例如大城市婚姻生活中"凤凰男"与"孔雀女"的价值观碰撞冲突），不易同步。在同城化的文化协同管理中，要特别注意由"文化表层同步"而带来的文化协同管理障碍。因为这样的表层同步可能具有一定假象作用，会导致人们忽视基本价值观差异的存在，错认为"同城"已经真的实现了，从而使城市之间更为深入的文化协同管理受到影响。因此，准确认识到器物层面的"文化表层同步"可能掩盖真实文化价值观差异等问题，对于今后有效开展同城化文化协同管理工作将具有重要的意义。

二、同城化文化协同管理面临问题的原因分析

通过前文对中国同城化文化协同管理面临的主要问题的梳理，我们看到中国同城化文化协同管理顺利进行所面临的挑战还不少。为什么会存在以上问题？其深层次、根源性的原因又是什么？

本书认为，中国同城化文化协同管理面临问题的原因主要有两个：一是文化惯性使然的结果，二是传统"主体性"思维影响的结果。

（一）文化惯性的影响

在上文分析中提到，文化具有历史性，它不是某个时间段一蹴而就的产

物。但也正是这样的历史性，使得文化一旦形成，不是一时半会儿可以消除与改变的，这就是文化的惯性。

人类社会中，文化惯性随处可见。在中国同城化的文化协同管理实践中，也同样随处可见文化惯性的影子。首先，前面分析的文化协同管理现存问题中很大一部分产生的原因都是由于文化的惯性使然，特别是理念层方面的问题。例如，不管是政府决策思维的路径依赖也好，还是市民传统价值观念的根深蒂固也好，实际上都是文化惯性作用的结果。而制度层问题中同城化配套法律法规的严重缺位，实则也是制度文化惯性使然，因为原先就没有这样的制度法规，而同城化是制度的创新，是需要打破原先惯性的。同样，器物层问题中缺乏统一有效的同城化形象宣传等，也是需要创新的思维才能完成，而工作文化惯性使得有关部门缺乏对这个问题的认识与重视。由此可见，文化的惯性作用，人们对于很多同城化进程中遇到的文化协同管理问题也就"熟视无睹"了，因此没有解决问题的紧迫性。

其次，文化的惯性还表现在各城市政府部门的工作习惯、工作方式等方面。各参与城市主体政府部门的工作习惯并没有因为同城化而马上改变过来，例如，在决策时更多还是以自己城市为主体来考虑，而不是站在同城化整体视角进行考虑；甚至在工作交流中，语言上仍然过多强调"我们这个城市"而非同城化整体，这种有意无意的"自我"表现，实际上都是文化惯性使然，都会对同城化整体推进带来负面影响。

（二）传统"主体性"思维的影响

人类认识世界的哲学思想，决定了人类文化中的世界观，进而影响人类的价值观以及人生观。随着人类认识世界的工具与方法的不断进步，人类认识世界的哲学思想也在发生着改变，从古代哲学的"本体论"到西方近代哲学的"主体论"再到当今的"共主体论"，其中"主体论"在西方近代哲学中一直扮演着主旋律的角色。

早在 1644 年，笛卡尔在他的第一原理中就提出了著名的"我思故我在"哲学思想，之后被逐渐发扬光大成"主体-客体"的哲学思想，并成为西方近代哲学的主旋律，其哲学范式就是因为能思才存在的自我把自身之外的一切都客体化和对象化。换言之，除了能够思考的自我外，其他事物都成为自我思考的对象，成为确认自我价值的工具，即所有的一切都是按照主体-客体的思维方式来相处的。这种思维方式把人的认识对象客观化，从而在一定程度上解决人类共同知识的形成机制问题，其现实指导意义远远超过古代哲学里主客不分的本体论哲学。

在当前中国同城化的实践中，"主体性"思维对文化协同工作产生了不少的负面影响，甚至是根本性的负面影响。一方面，政府作为同城化的主导者，潜意识下就有了"主体"的身份感觉，因此，其他的相关利益者就成为"客体"，成为同城化的对象，于是，不管是在政府的决策意识上（如决策路径依赖）还是制度制定方面（如现行制度性弊端），很多都是从"主体"角色出发，而极少顾及其他相关利益者。另一个方面，"主体性"思维还可能导致同城化中的中心城市"一主为大"，在合作过程中过多强调中心城市的利益而较少考虑甚至可能忽视外围城市的发展诉求，这都将直接增加同城化文化协同管理难度，从而影响文化协同管理的效果。在同城化的文化协同管理过程中，当人们按照"主体性"思维来处理参与同城化的若干城市之间关系时，中心城市的主体地位和外围城市的客体地位就会使得很多的文化协同管理举措陷入难以开展的困境。在前文的分析中，不管是理念层的问题也好，还是制度层、器物层的问题也好，产生的根本原因就是因为强烈的"主体性"哲学思维，从而认为中心城市就应该与外围城市待遇不同，中心城市的居民就应该享受与别的城市不同的福利政策……同城化的结果，势必会在城市间涌现大量人流，而这些人流的流向很大一部分是从外围城市流向中心城市，即中心城市会产生大量的新移民。而按照主客两分的"主体性"思维，中心城市原居民作为中心城市文化的载体俨然以征服者与主导者的姿态去张扬自己的主体性价值[①]，而新移民作为外来文化的载体只能作为客体而被征服、被影响，无形中，中心城市原居民对这些新移民就会产生歧视甚至排斥，这在同城化的文化协同管理中是最不愿看到的现象。

因此，当前中国同城化文化协同管理过程中，最大也是最关键的问题是深层次思维的错误。不管是政府也好，还是市民也好，对同城化的性质认识普遍都还不到位，普遍都存在着不平等、"傍大款"、征服与被征服等心理，以中心城市为核心的"主体性"思维仍严重存在。这种现象，在同城化之初适当存在

---

① 陈绍芳. 城市化进程中文化融合的哲学解读——基于主体间性理论的分析[J]. 社会科学家，2010（5）：127—129，132.

本无可厚非，毕竟现实如此，特别是同城化中的经济发展更需要中心城市发挥增长极作用。但在同城化的文化协同管理中，这个"主体论"中心化的思想会造成诸多的文化冲突，影响区域内各城市主体彼此的文化认同，最终因为文化无法协同而导致其他的同城化目标无法实现。

第三节 基于共主体性思维的同城化文化协同管理构想

通过同城化的文化协同管理，可以解决同城化实践中面临的诸多文化问题，减少同城化进程中各方利益相关者的文化冲突，并最终实现同城化区域的文化融合，这是同城化协同管理的终极目标，但也是最难的协同内容，毕竟要在意识层面和价值观层面达成完全共识并非易事。因此，本书构建了同城化的文化协同管理模型（如图6-1所示），应用共主体性思维，从理念层、制度层和器物层三个层面来阐述同城化文化协同管理的基本构想。

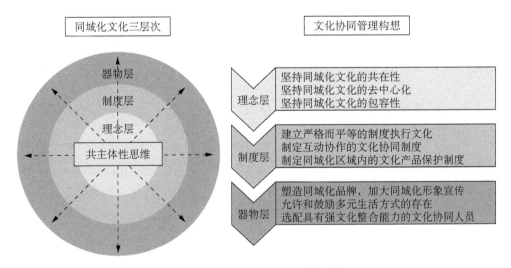

图6-1 同城化的文化协同管理模型

以笛卡尔第一原理为代表的近代"主体论"哲学通过高扬理性来彰显人的主体性地位，但到21世纪，"主体论"哲学理性万能和唯我独尊等直接导致了社会资源匮乏、生态环境恶化等全球性问题，人与自然、人与人之间的关系一度被忽略。世界是多元的，特别是随着科技的发展，加上信息网络技术的支撑，很多事物之间的关系不再仅仅只是主客分离的二元状态，有不少是"自我"和"他我"的共在关系，这在"主体论"哲学里是无法解决的，于是就有了哈贝马斯等人提出的共主体性（intersubjectivity）思维[①]。"共主体论"不是对"主体论"的绝对否定，而是积极扬弃。

共主体性思维通过积极反思现代社会人际关系异化等现象，肯定了他我的主体性，承认他我与自我一样平等，都处于主体地位，且这种共主体性只有当主体间实现了平等对话才能得到全面充分的体现。当今世界，特别是人类社会，生存不是主客两分基础上主体征服、构造客体，而是自我与他我的互动协作活动；另外，人类社会还有其他的多元关系，例如自我与他人、个体与社会等，社会发展要求自我主体必须处理好这些关系，必须能够与其他主体共在，因此需要共主体性思维来处理这普遍存在的主体与主体间的共在关系。

同样，共主体性思维的共在性、去中心化、包容性等特点，可以帮助多元城市在同城化中实现主体间的平等对话，相互包容、和谐共生，实现和而不同、多元一体的同城化文化协同，从而为同城化其他的协同管理提供正确的理念支撑与价值准则。正如图6-1所示，作为一种价值观，共主体性思维具有浸润性，在理念层树立共主体性思维，同时也会影响和决定制度层以及器物层的管理举措（如图中虚线箭头所示）。

一、同城化的理念层文化协同管理

理念层文化的协同是重中之重，是同城化文化协同管理的根本。要对同城化的理念层进行文化协同管理，就要采用"共主体论"来替代"主体论"，树立基于共主体性思维的文化协同管理理念，从而实现从根本上解决理念层问题的目标。应用共主体性思维，同城化的理念层文化协同管理具体可以从以下三个方面入手：

（一）坚持同城化文化的共在性

共主体性思维与主体性思维最大的区别就在于前者强调了自我与他我之间不是认识、征服和改造的关系，而是自我主体和他我主体的共同存在。在同城

---

① 陈绍芳. 城市化进程中文化融合的哲学解读——基于主体间性理论的分析[J]. 社会科学家，2010（5）：127—129，132.

化过程中，每一个独立的城市主体不应该把其他城市主体看作外在的对象性的存在，而是应该看作与自我城市一样的另一个自我城市，所有参与同城化的城市之间的关系应该是共在多赢的伙伴关系。

（二）坚持同城化文化的去中心化

前文提到，按照主体-主体的思维方式，参与同城化的城市之间还应该是平等的关系，不存在谁统治谁、谁征服谁的问题，因此，虽然在同城化之前有所谓的中心城市与外围城市之分，但在同城化过程中，就要去中心化。同城化城市之间彼此形成网状关系，大家相互依存、相互联系，不存在以谁为中心的问题，每一个城市既是中心又不是中心，彼此处于平等的主体地位。

（三）坚持同城化文化的包容性

共主体性思维更多强调的是和谐共生，相互包容。由于文化的历史性原因，参与同城化的各城市文化经过长年累月的沉淀，都有自己独特的一面，都有与别的城市不同的地方，在同城化的过程中，文化冲突总是难免的。因此，如何采取宽容的态度去包容彼此文化之间的差异，并在找到共性的基础上努力促成文化协同，这是同城化文化协同管理中又一重要思考。当然，要实现共主体性的文化协同，还得其他相关的管理机制要跟上，如第四章提到的信任机制、互动机制、学习机制等。

二、同城化的制度层文化协同管理

在同城化的文化协同管理中，虽然根源上还是理念层原因造成的，但制度层也有自己的特殊性。本书认为，要对同城化的制度层进行文化协同管理，重点应该从以下三个方面入手。

（一）建立严格而平等的制度执行文化

关于同城化的制度化、契约化问题，在第四章已经阐述，这里就不作赘述。但光有制度，没有相应的制度执行文化，那制度也有可能会成为"花瓶"作为摆设。本书认为，依据共主体性思维，在制度层面首先需要建立严格而平等的制度执行文化。所谓的"严格"，是指在同城化的协同管理中，必须坚持"有法必依，执法必严"的制度执行文化。正如在第四章的相关分析中我们注意到，中国的同城化实践，应该说相关的协议、规划、发展纲要等还是不少的，但被执行力度却不够，除了有些是因为这些文件没有法律化从而缺乏强制约束性外，更多的是缺乏严格执法、一切按法办事的文化氛围。所以，首先要树立的就是严格的制度执行文化。其次，制度执行文化必须是平等的，这是共主体性思维浸润的要求。也就是说，对于不同的同城化参与城市主体，不管强还是弱，不管是中心城市还是外围城市，一旦确定下来的同城化法律文件，任何一方主体都得严格执行。如果有违约行为，不管哪一方，都得按照规定好的条款进行惩戒处理，严格执行且平等对待。

（二）制定互动协作的文化协同管理制度

文化制度层是文化理念层的体现，它将隐性的理念予以制度化、条文化、标准化，从而便于操作实施。根据共主体性的同城化文化协同管理理念，文化协同管理制度在设计安排时要本着平等、共生、互动、协作的原则。与同城化文化协同管理相关的制度，最典型的就是上文提到的户籍管理制度，它是当前影响中国同城化文化协同管理进程的重要制度障碍，使户口成为不平等社会身份的象征，也加大同城化市民在空间流动和文化互动方面的困难。因此在对"同城"市民进行管理时，建议尽快取消传统户籍管理制度，同时充分利用公民身份数据库，为同城化各项社会制度安排搭建共享信息平台，实现对居民的科学管理，实现"同城人"真正平等、互动、共在、和谐的社会关系。与同城化文化协同管理有关的制度还很多，特别是相关的法律法规能否及时到位，都决定了文化协同管理最终的效果。

（三）制定同城化区域内的文化产品保护制度

如果把同城化区域内的文化产品也作为同城化文化协同管理的对象来看的话，那在制度层文化协同管理中还应该强调对区域内文化产品保护的制度化。同城化是由多个地域相近的城市主体共同参与组成的，这些相邻城市一般在文化方面都具有同源性，例如厦漳泉的闽南文化、京津冀的燕山文化、广佛两地的广府文化等，因此，对于区域内一些具有文化遗产价值的文化产品予以制度化并加以共同保护，也是同城化制度层文化协同管理的重要内容。

以厦漳泉同城化区域的南音文化产品发展保护为例，早在2007年福建省就已经获得文化部批准设立了第一个国家级文化生态保护区"闽南文化生态保护区"，相应的《闽南文化生态保护区总体规划》也于2014年4月23日由福建省政府办公厅发布，旨在明确非物质文化遗产南音文化保护的"三大抓手"以及具体的核心管理对象等。关于南音文化发展保护等内容，在福建省政府总体规划以及厦、漳、泉三地的实施方案中都有涉及，但立足于厦漳泉同城化区域规划之上的南音文化传承发展总体规划却没有。所以，作为区域文化协同管理的重要内容之一，文化产品保护同城化区域内的整体制度化还需要重视与加强。

三、同城化的器物层文化协同管理

按照共主体性思维，同城化的器物层文化协同管理应该侧重从以下三个方面进行。

（一）塑造同城化品牌，加大同城化形象宣传

进入 21 世纪，越来越多的城市开始注重自身城市品牌的塑造与识别，这是城市发展的法宝之一。例如，"非常新加坡""无限多伦多""百分百纯美新西兰"等，这些成功的城市品牌化案例给人们越来越多的惊艳，也让全世界越来越多的人牢牢记住了这些城市。同样的，同城化在发展过程中，如何从整体区域视角对同城化整体形象进行品牌化塑造，从而促进同城化形象强化以及达成同城化形象共识等，这都是同城化器物层文化协同管理应该重点考虑的内容之一。

同城化品牌的塑造与识别，是管理者希望能够引起人们对同城化区域美好印象的独特联想，是对同城化区域的一种自我规划、定位和描述。因此，同城化的品牌化运用不是一件孤立的事情，它应该在同城化的整体规划、设计时就考虑进去，也就是说，同城化的品牌化运作与同城化的整体规划应该是有机结合在一起的。科学塑造同城化区域品牌形象，并给予大力宣传推广，使与同城化相关的所有利益主体都知晓并熟悉，从而更易取得一致的同城化区域共识，有利于其他文化协同管理工作的开展。

（二）允许和鼓励多元生活方式的存在

同城化的文化协同管理中应用共主体性思维，那就意味着在承认参与同城化的多元城市主体之间是平等交互关系的同时，也承认不同城市主体在城市文化方面的差异性以及平等性，并认同这些各异的文化之间是平等、和谐、共在的。每个城市的文化都有自己的特点，每个城市的文化都值得尊重，因此同城化的文化协同管理，不是用某个城市文化去取代其他的城市文化。同城化文化协同管理的主要任务就是去寻找不同城市文化之间共性之处，通过互动协作来更好促进同城文化协同，从而形成双赢或多赢的同城化格局。如果从器物层显

性特点的角度出发，那就意味着不同城市居民各自生活方式的平等与共在。也就是说，根据共主体性思维，在器物层的文化协同管理中应该允许和鼓励多元生活方式的存在，以体现平等、共在等思想。

(三) 选配具有强文化整合能力的文化协同管理人员

所有的同城化文化协同管理工作，都需要具有强文化整合能力的文化协同管理人员参与，这也是同城化整体形象内容之一。

同城化文化协同管理的关键在于人的管理。一方面，文化协同管理的对象是文化，而文化是人在与自然界的长期互动中形成的。不同城市的市民文化习俗不同，不同政府部门公务员文化也不一样，因此形成了各异的城市文化。另一方面，文化协同的主体也是人，即不管是城市的管理者也好，还是参与同城化各个项目工作的人员也好，他们的能力、格局、认识等，都决定了同城化战略高度和实施效果。文化协同管理对工作人员的能力要求很高，一方面，他们要有识别不同文化在特定场景下差异体现的能力；另一方面，他们自己在文化认识上也不能带有偏差或偏见，只有这样，他们才能把各城市文化差异优势转化成可以利用的有利资源，同时进一步减轻或消除由文化差异而带来的文化协同管理效果。因此，作为同城化整体形象内容之一的文化协同管理人员，一定要选配那些具有强文化整合能力的专业人才，才能把控同城化文化协同管理的力度，才能按照科学逻辑处理复杂多元的同城化文化关系，才能更好地树立共主体性的文化协同管理理念，最终实现同城化文化协同。

第四节 同城化文化协同的运行机理

一、同城化文化协同的逻辑关系

因为有文化冲突，所以需要文化协同管理，因此要想更好地开展文化协同管理，还需要进一步了解文化协同产生的内在逻辑关系。

文化融合是指不同性质的文化之间交融整合的过程，在这个过程中各种文化相互改造并塑造对方，各种文化特质之间相互渗透、相互结合、互为表里，最终融为一体[①]。文化融合是文化协同管理的最高境界，对于同城化来说，要

---

① 何静. 企业文化融合的内在逻辑关系 [J]. 辽宁经济，2007 (3): 77.

实现不同城市主体之间的文化融合,这是几乎不可能的,因为毕竟每一个城市都代表着不同的利益主体,在行政壁垒没有打破的前提下,地方保护主义还是存在的,因此这里我们更多研究的是文化协同。在人类长期的劳动生产过程中,文化是人类与自然界发生互动关系时创造的物质财富与精神财富的总和,并随着人类社会的发展而发展。在某种文化发展的过程中,既可能遇到外部异质文化的碰撞和冲突,也可能在内部存在传统与现代之间的张力和平衡问题。因此,文化协同是一个动态变化的过程,它的内在逻辑在特定文化内部、不同文化之间以及文化与社会的互动关系中展开①。

借鉴田丽(2016)的研究,本书提出了同城化文化协同的内在逻辑关系如图 6-2 所示。

从图 6-2 中,我们可以清晰地看到,文化是人类区别于自然界其他生物的最典型产物,它在历史发展过程中,一定存在着来自内部传统自在性与现代超越性之间博弈的内动力和来自外部异质性文化的冲击力,这两种力量不断动态平衡着,形成某一时期的文化协同。但这种文化协同也是暂时的,因为它还会继续不断地受到内动力和冲击力两股力量的影响,还会继续动态平衡着,还会形成新的文化协同。同城化文化同样是人类发展的产物,因此它在形成发展过程中,也会遇到来自内部自在性与超越性博弈的内动力和来自外部异质性文化的冲击力。同城化文化协同管理的目标就是让这两股力量不断动态平衡着,从而形成同城化的文化协同。

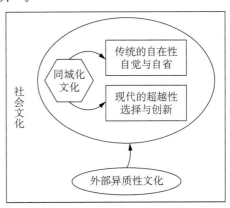

图 6-2 同城化文化协同的内在逻辑关系图
资料来源:根据田丽和邹丽萍(2016)修改。

同城化文化的传统自在性与它的历史性相关,是指参与同城化的各城市主体文化在人类长期发展中所积累下来的历史沉淀。某一种文化之所以能被沉淀下来,一定是被人们所共同认可的,从而形成文化的固有结构,因此一般都具有一定的稳定性与顽固性,是不容易被改变的。但本着改造世界这个伟大使命

---

① 田丽,邹丽萍. 中国城镇化进程中的文化融合问题——基于乡土文化的视角[J]. 学习论坛,2016(4):56—60.

的人类是不安于现状的,总是有着强烈的不断超越自然、超越自己的欲望,这又表现为文化的现代超越性。在同城化进程中,人们一方面遵循历史沉淀的城市文化,另一方面又在本能地自觉反思,并在不断的自省中去选择更适合同城化发展的新思想新观念,创造性的创新与自发性的革命不断出现。同城化文化就是在传统自在性与现代超越性之间不断博弈与不断成长的,这构成了同城化文化发展的内动力。

同时,同城化文化在发展中还会不断地受到来自外部异质性文化的冲击与影响,这又构成了文化协同的外源性发展压力。一般来说,政治、文化等上层建筑会随着社会生产力的发展而发展,但事实上,文化具有惰性的超稳定结构,不容易发生本质性改变,只有外部刺激即异质性文化的引入和冲击,才能给文化协同带来机会①。如果这些外部异质性文化又是与时代发展大方向相吻合的话,那么它对现有文化的冲击力就更大,例如网络信息技术对人类的冲击、国家发展新政策对同城化的影响。这样的冲击首先是诱发同城化文化内部现代超越性的觉醒,并在此基础上进一步引起传统自在性批判性的反思与自省,于是新一轮且更为激烈的博弈发生了,这一切都是为了准备更好地吸收借鉴同城化外部文化中的优秀文化元素,实现新的文化协同。

二、同城化文化协同的运行机理

按照理想的状态,同城化文化协同管理的最终目标是实现基于共主体性思维的文化协同。结合前面的同城化文化协同内在逻辑关系的分析,我们可以来描绘同城化文化协同的运行机理。我们以三城市(分别用A城、B城、C城表示)同城化为例,根据上文同城化文化协同管理哲学解读中的共主体性思维,来阐述同城化文化协同的逻辑关系运行机理,如图6-3所示。

在图6-3中,①②③④四个不同类型区域分别代表着同城化之后共存的四种不同文化类型,即:某个城市独立文化、两两城市协同文化、三个城市协同文化、"同城"文化。图6-3是一幅按照共主体性思维描绘的三城市同城化文化协同美景,具体如下:

在实施同城化战略之前,三个城市各自独立,因此它们的城市文化也相应

---

① 田丽,邹丽萍.中国城镇化进程中的文化融合问题——基于乡土文化的视角[J].学习论坛,2016(4):56—60.

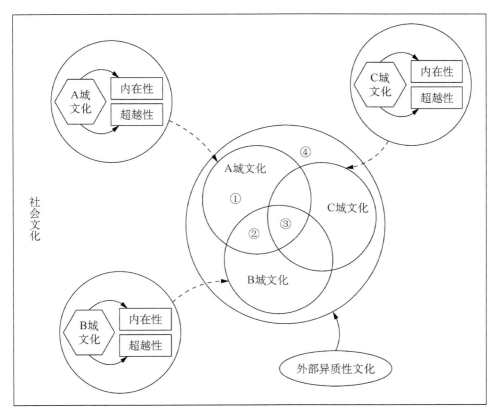

图 6-3 同城化文化协同的运行机理图

独立。如图 6-3 中所示，分别散落在不同角落的 A 城文化、B 城文化、C 城文化，它们各自是独立的文化主体，各自按照一般文化协同的逻辑关系，通过自身文化自在性与超越性的博弈与平衡而不断发展。但在实施同城化战略之后，通过各个领域的深度协同合作，三个城市慢慢"携手"走近（图中用三条虚线表示），最终实现文化协同。文化协同并不意味着其他城市文化的消亡以及"同城"文化的唯一存在。相反，根据共主体性原则，协同之后的同城化文化，最大特点就是实现了求同存异下的多元文化共在。此时，多元文化主体平等相处，它们在保留自己特色优秀文化（如图中①区域的文化）的同时，彼此努力寻找各城市文化中的共同点，努力吸取其他城市优秀文化并进行协同，于是就形成了图中③区域的文化。而两两城市文化共性部分以及两两相互文化学习吸收部分就形成②区域的协同文化。④区域则象征着在经历漫长的接触、冲突、共生、互动、试错之后最终产生一种创新且包容的"同城"文化,该文化印证了本章一开始对同城化文化协同管理的定性,即同城化文化协同管理是多元一体互动协作的动态平衡过程。因此,该文化既包含了前面①②③三类文化,更重要的是那部分在同城化大背景下创新的全新文化内容,比如高度互动协作文化等。最后,我们还看到,同城化文化协同虽然有自己独特的多元文化主体特点以及多层级的文化协同关系,但其文化协同仍然遵循一般的文化协同逻辑关系,它也仍然处于社会文化大系统中,也会受到异质性文化的冲突等,因此具体的多元化多层级的文化协同运行机理这里就不再赘述了。

本 章 小 结

成功的跨文化管理,必须经历正视"文化差异",避免"文化冲突",培养"文化敏感性",促进"文化融合",推动"文化创新",发展"文化认同"这六个阶段[①],同城化的文化协同管理也不例外。本章从同城化文化协同管理的内涵与性质剖析开始,进一步从理念层、制度层和器物层三个层面对中国同城化实践当前面临的文化协同管理问题进行梳理,进而从思维范式入手哲学解读这些问题背后深层次的原因。本章核心是构建了基于共主体性思维的同城化文化协同管理模型,并从理念层、制度层和器物层三个层面阐述了基于共主体性思维的中国同城化文化协同管理构想,最后进一步阐述了同城化文化协同的逻辑关系和运行机理。

---

① 雷小苗. 正视文化差异,发展文化认同——跨国公司经营中的跨文化管理研究 [J]. 商业研究,2017 (1): 13—18.

第七章
集成视角的同城化协同度评测研究

前文在构建同城化协同管理理论体系之后,分别从制度协同、要素协同和文化协同等三个维度展开研究,并围绕三个维度系统阐述相应的协同管理构想。但既然是研究集成视角下的同城化协同管理,就有必要进一步将三个维度集成起来,从集成视角来综合评价同城化的协同效应,研究其协同度的测量。本章将在前文研究基础之上,借助 Yaahp11.2 软件,结合运用层次分析法、模糊综合评价法和专家意见法等方法,构建同城化协同度评价模型,系统设计同城化协同度的评价指标,并最终形成同城化协同度的评测表,以期为后续的实证分析乃至现实工作中对具体同城化对象的协同度评测提供一个评测工具、一种研究方法。

第一节 协同度与同城化协同度的内涵

一、协同度的内涵

"协同"一词最早由德国科学家哈肯在 1971 年提出,他认为世间万物都普遍存在无序和有序的现象,包括自然界以及我们人类社会。哈肯认为,无序是一种混沌的状态,而有序就是所谓的协同,当外部环境条件具备时,无序与有序是可以相互转化的。

当对事物进行协同管理之后,就会产生协同效应现象。所谓协同效应,是指若干个因素的有效组合可以比任何单个因素单独作用产生更大的效果,也就是可以实现"1+1>2"的效果。从这个内涵中我们可以看出,协同效应关注的是"1+1>2"的增效能力。一般来说,协同效应研究最早比较多地出现在以企业为对象的研究领域中，包括企业外部的协同效应研究和企业内部的协同效应研究。前者主要是指不同企业之间通过共享资源、产业链上紧密合作等来实现比单一企业运作更高盈利能力的协同合作模式，如同一个产业集群下的企业之间协同合作或企业并购后的协同合作等。后者则主要是指在企业内部通过供产销等物资流动环节以及其他职能活动之间的协同合作。企业中的协同效应可以表现在多个方面，包括销售协同效应、生产协同效应、投资协同效应和管理协同效应等。协同效应可以使企业更加充分地运用各种经营资源，更加合理地组织各种经营活动，从而有效提高企业的获利能力。同时，协同效应也是衡量企业的各种经营资源与活动"搭配"是否合理的主要指标之一，尤其是在多元化战略决策中表现尤为明显。

此外，协同效应既可以进行质性研究，也可以进行量化研究，其中具体量化的测量研究，就是所谓的协同度研究。协同度研究是用来评价各参与合作的主体之间在实施协同合作战略时协同程度以及协同效果的主要途径与手段，旨在为复杂系统的协同发展状况设置一个测量标尺，从而获得较为直观的测量结果，以为相关的发展决策提供依据[1]。协同度越高，说明整个复杂系统在结构、功能等方面的协同合作越良好；反之，协同度越低，说明复杂系统内各子系统之间的合作不够顺畅或不够到位，彼此之间在结构或功能等方面可能还存在着相互制约，从而导致系统无法实现"1+1＞2"增效作用。

二、同城化协同度的内涵

根据哈肯的协同论观点，同城化也是一个从最初无序到最终有序的发展过程。最初形成的同城化区域，是一个远离平衡态的开放系统，社会发展以及市场竞争等促使该区域不断与外界发生物质或能量交换，从而推动同城化区域内各城市之间发生协同作用，以在不打破各城市行政壁垒的前提下努力在城市空间、城市结构、城市职能等方面达到一种新的有序平衡态。当然，同城化从无序到有序，可能是一个漫长博弈的过程，毕竟每一个城市都是一个独立的行政单位，各城市难免存在自我利益追求与自我保护的想法，于是在博弈中合作、在合作中又博弈，如此循环更替，非线性螺旋式上升，每一次的循环更替，都

---

[1] 乔旭宁，张婷，安春华等. 河南省区域发展协调度评价 [J]. 地域研究与开发，2014，33（3）：33—38.

是在追求同城化区域内更高程度的协同有序状态。

同城化的协同效应与企业的协同效应在本质上是相同的，都是为了追求"1+1＞2"的增效能力。但二者由于协同对象不同，协同内容差异大，因此相应的协同目标甚至协同机理等也有所差异。同城化的协同管理，主要目的是为了在不突破原先行政边界的基础上，通过各方的协调合作等，就参与同城化的各城市所共同关心或共同面临的区域性重大问题共商共计，例如环保问题、交通问题、经济发展问题、发展差距问题、城市可持续生态发展问题等，目的是实现优势互补，减弱区域冲突，提高区域竞争力，实现区域整体发展。因此，同城化协同效应就是指参与同城化的多个城市通过协同合作之后，实现了同城化区域整体功能大于单个城市功能之和，从而实现区域内重大问题共同解决、区域整体竞争力明显提升等协同效果。

同城化协同效应具有系统性、动态性和复杂性等特点。结合前面第三章所构建的同城化协同管理理论体系框架，那么同城化的协同效应就应该包括三个方面的协同效应，即制度协同效应、要素协同效应和文化协同效应。但是在现实中，这三方面的协同效应是有机共存的，并无法严格区分开来，因此一般就以同城化协同效应进行统一的评价与测量，这就是其系统性。其次，同城化协同效应的动态性表现在整个同城化协同管理过程是一个漫长的博弈过程，其间合作与博弈呈非线性螺旋式上升，是循环更替的，是不断地从无序到有序、然后再打破平衡、再从不平衡到平衡的过程。最后，同城化协同效应的复杂性，一方面是表现在同城化本身就是一种新的制度安排，是在不突破原来行政边界基础上的一种创新性的合作模式，没有现成的方法、路径可以参考，所以难度大，工作复杂；另一方面，同城化本身就是一个复杂系统，它不仅涉及多个城市，而且涉及城市方方面面的职能，它不仅涉及城市产业经济发展方面，而且涉及交通、通信、医保、教育等民生问题的理顺与提高，因此这个复杂系统在从无序到有序的协同发展过程中，又具体包含了有序效应、伺服效应和自组织效应[1]，其复杂性可见一斑。

从上面的同城化协同效应内涵和特点我们可以看出，要对其进行研究，其难度和复杂程度可能要远远大于对企业协同效应的研究。同样的，同城化的协

---

[1] 方创琳. 京津冀城市群协同发展的理论基础与规律性分析［J］. 地理科学进展，2017（1）：15—24.

同效应研究也包括质的研究和量的研究两方面，其中关于量化方面的研究就是同城化协同度的研究。也就是说，同城化协同度反映了"同城"复杂系统中各协同要素（包括治理制度、组织结构、资源要素、区域文化等）在从无序到有序的演化过程中不断进行博弈与协同，最终产生彼此和谐一致的程度，是衡量跨城市区域协同创新中协同效果有效性的工具之一，是用来评价各城市之间在实施同城化战略时协同程度以及协同效果的主要途径与手段。同城化协同度的高低可以反映城市协同创新系统机制运行的好坏，因此它一般通过评价模型的构建、评价指标的设立、测评表的生成等来完成，旨在为复杂系统的协同发展状况设置一个测量标尺，从而获得较为直观的测量结果，以为相关的区域发展决策提供依据。当然，关于同城化协同度的研究目前还比较少，一方面，由于同城化本身也是一个比较新的事物，且是中国特有的城市化产物；另一方面，由于同城化涉及面广、涉及领域几乎无所不包，因此要对其进行量化研究，其评价模型构建、评价指标设计的难度就非常大，所以，这些都需要我们尝试一些创新性的思路来进行研究，这也正是本章主要的研究目的。

同城化的战略意义主要是为了促进区域经济协调发展，提高区域整体竞争力，因此能否促进区域内经济协同发展，已经是大家用来评判同城化战略实施效果理想与否的重要指标。以中国国家级的京津冀同城化协同发展战略为例，其协同目标就是为了共建一个世界级的大都会。因此，其协同效应如何，最后就是通过区域内的一些重大问题是否得以解决来体现，例如，共同的环境污染问题、北京的非首都功能转移与拥挤缓解问题、交通通信等的互联互通问题、城市公共服务均衡问题等。而如果能够对这些问题进行量化（即协同度）研究、能够得出一些较为直观显性的评价结果，那无疑将对后续进一步可持续的同城化协同发展提供有价值的决策参考依据。

第二节 集成视角的同城化协同度评测

这里将结合前面第三章到第六章的研究内容，以及方创琳（2017）[①]、吴笑

[①] 方创琳. 京津冀城市群协同发展的理论基础与规律性分析［J］. 地理科学进展，2017（1）：15—24.

(2015)①、Iansiti（2004）② 等学者的观点，尝试提出基于集成视角的同城化协同度评价模型，并进一步设计其评价指标体系，同时运用层次分析法确定评价指标体系中各指标的权重，以期能够为同城化协同度的评价研究提供一种分析途径。

一、同城化协同度的评测模型

本书把同城化作为一个集成系统来研究，结合本书第三章所构建的同城化协同管理理论体系，提出了测度同城化协同度的评价模型（如图7-1）。该模型包括制度协同、要素协同和文化协同等三构面，并确定了同城化系统自身建设以及同城化协同管理相关利益者在内的六个维度。

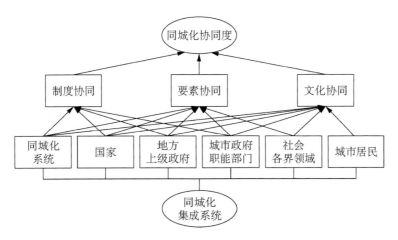

图 7-1　集成视角的同城化协同度评价模型图

在本书第三章所构建的同城化协同管理理论体系架构表明，同城化协同管理具有三构面，具体包括同城化的制度协同、要素协同和文化协同。由于集成租金的存在，参与同城化的城市主体为了"优势互补、资源共享、互利共赢"的集成目标而联盟在一起。但同城化寻租行为将面临着多个潜在约束，如"同城"管理制度的设计能力、不同城市间的资源整合能力、不同参与主体之间的

---

① 吴笑. 协同创新的协同度测度研究 [J]. 软科学，2015，29（7）：45—50.
② Iansiti M., Levien R.. Strategy as Ecology [J]. Harvard Business Review, 2004, 82（3）：68-78，126.

文化协同能力等，所以，要实现同城化的协同管理，就必须从制度、要素和文化三个维度出发，集成为同城化协同管理的三构面。这三构面就构成了同城化协同度评价模型的准则层，即制度协同、要素协同、文化协同等。同时，根据前面第四章到第六章的研究内容可以获知，与同城化协同管理系统有利益相关的，除了同城化系统本身外，还有国家、地方上级政府、城市政府职能部门、社会各界领域和城市居民等相关利益方。

结合前文第四章的研究内容可知，同城化的网络治理是为了最大化地整合各城市间的优势资源、协调彼此的利益关系和减少不和谐及冲突，进而维持各城市间长期持续的互动与合作关系所建立的正式和非正式的制度安排。它有自己的治理目标（如资源共享、多方互惠），有自己的治理机制（如信任、互动、谈判、适应），还有自己的治理手段（制度激励与法律约束、关系性契约）等。因此在对制度协同进行评价研究时，主要涉及的利益相关方包括国家（如整体规划引导）、地方上级政府（如政策干预、法律出台）、社会各界领域（如多方主体参与监督）、城市政府职能部门（如激励与约束机制、相互信任、信息沟通）等。

结合前文第五章的研究内容可知，同城化战略因为涉及城市协同发展的多个领域、多个层面，因此需要协同的资源要素也是多元的。同时，第五章还明确提出，决定同城化竞争力的资源要素主要包括基础要素、空间要素、产业要素和市场要素等四个方面，这些要素在现实中往往不是独立存在的，而是彼此相互联系、相辅相成的。这些资源中既包括那些与区域经济竞争力形成有直接关系的直接要素，它们是产业要素（影响市场供应）和市场要素（影响市场需求），同时也包括那些并不直接影响但对区域经济竞争力的形成起辅助支持作用的间接要素，具体包括基础要素和空间要素。因此在对要素协同进行评价研究时，主要涉及的利益相关方包括国家（如市场供给政策）、地方上级政府（如产业政策与支持方向）、城市政府职能部门（如执行力度、信息沟通）等。

结合前文第六章的研究内容可知，同城化的文化协同管理关键在于理顺同城主体间及相关利益者之间的关系，最终促进文化融合来实现同城化目标，这是实现同城化协同管理的重要保障。因此在对文化协同进行评价研究时，主要涉及的利益相关方包括国家（如国家政策引导）、地方上级政府（如决策意向与态度）、城市政府职能部门（如合作意愿和工作理念）、社会各界领域（如多方参与程度）、城市居民（居民的参与热情、支持力度）等。

二、同城化协同度的评测指标体系

在构建同城化协同度评价模型之后，接下来进一步结合上文相关内容，以及各领域专家的意见来设计同城化协同度的评价指标体系。这里需要说明的是，为了更加科学、客观、全面地测度同城化系统的协同发展水平，本书在设计同城化协同度评价指标体系时，遵循如下几个基本指导原则：一是针对性原则，因为同城化是比较中国化的崭新事物，因此在选择指标的过程中特意向包括长三角、京津冀、厦漳泉等同城化先行区域的相关职能部门工作人员、学者专家以及有代表性的行业工作人员等调查咨询，以保证指标的设置尽可能反映同城化协同管理的管理现实与目标意愿；二是主客观相结合原则，虽然同城化协同度有很多方面很难用直观具体的量化数据进行直接观察，但在指标选择时还是尽可能以客观事实为基础，同时结合各领域专家的意见，按照相关理论进行；三是可行性原则，即指标力求在能够反映现实问题的基础上尽可能简洁，且指标的表述尽可能明细，以便于较好获取专家的评价意见和信息收集。

在具体指标体系设计中，笔者充分考虑专家的意见以及前文第三章至第六章的研究内容，设置了三层的指标体系，包括目标层、准则层和指标层。其中目标层就是同城化协同度，把提升同城化协同度作为同城化协同管理研究的最终目标；第二层的准则层，就是以同城化协同管理理论体系框架中的三构面作为三个准则，具体包括制度协同、要素协同和文化协同；第三层的指标层，则依据上文提到的六大相关利益方在整个同城化协同管理中起到的作用或发挥的影响等来设计相应的影响评价指标，同时综合第三章扎根理论研究结果，最终共设计了 17 个具体评价指标。因此，同城化协同度评价指标体系如表 7-1 所示。

表 7-1 同城化协同度的评价指标体系

目标层 （一级指标）	准则层 （二级指标）	指标层 （三级指标）
同城化 协同度	制度协同	国家整体规划引导
		地方上级政府干预
		同城化文件法律化
		多方主体参与监督治理

(续表)

目标层 （一级指标）	准则层 （二级指标）	指标层 （三级指标）
同城化协同度	制度协同	同城化激励与约束机制
		各城市间相互信任度
		信息沟通充分程度
	要素协同	同城基础设施统一布局
		医疗教育资源共享
		同城空间统一规划
		同城产业合理分工布局
		同城间人财物的自由流动
	文化协同	各城市间文化相互包容度
		各城市共赢合作意愿
		倡导严格执行制度文化的氛围
		同城整体形象宣传
		各城市间文化差异

三、同城化协同度评测表的生成

仅有评价指标体系是无法进行实际的同城化协同度测度研究的。接下来，将运用层次分析法对影响同城化协同度评价指标的权重进行计算和检验，并基于此生成可以用来测度同城化协同度的评测表，从而为后续的实证分析以及现实同城化协同管理的量化评价提供评测途径与工具。

（一）同城化协同度评价指标权重的确认及其结果讨论

层次分析法（Analytic Hierarchy Process，简称 AHP）是美国运筹学家 T. L. Saaty 教授在 20 世纪 70 年代初提出来的一种多指标综合决策方法，它把复杂事物根据相关关系进行分层次的表述，从而构建模型与指标体系，并将各项指标采用九分制标度法（其含义如表 7-2 所示）进行两两比较，从而获得各指标的权重。AHP 是一种结合了定性与定量的分析评价方法，一般来说主要包括构建模型与指标体系、建立判断矩阵、进行指标权重确定以及一致性检验等步骤①。因为具有较为严格的研究步骤，所以 AHP 在多指标的综合评价分析方法选择中还是比较受欢迎的。本书主要借助 Yaahp11.2 软件进行分析，因此具体的层次分析法原理这里就不作赘述了。

表 7-2 九分制标度法因子相对重要性取值对照表

标度	含义
1	两个指标相比，两者同等重要
3	两个指标相比，前者比后者稍微重要
5	两个指标相比，前者比后者明显重要
7	两个指标相比，前者比后者强烈重要
9	两个指标相比，前者比后者极端重要
2，4，6，8	分别表示 1～3、3～5、5～7、7～9 的中值，重要性介于两者之间
倒数	如果指标 B_i 与指标 B_j 比较得到 B_{ij}，那么指标 B_j 与指标 B_i 比较得到 B_{ji} 则等于 $1/B_{ij}$

资料来源：兰继斌、徐扬和霍良安（2006）。

为了完成上述评价指标权重的确认，笔者在 2017 年分三次共历时近两个月对厦门、泉州、漳州、上海、浙江、苏州等同城化区域进行实地调研。在此基础上，运用 1～9 标度评分标准，借助 Yaahp11.2 软件设计调查问卷，并选择 39 位同城化区域的职能部门工作人员及相关专家发放调查问卷，请他们对各同城化协同度指标进行打分，最终获得有效问卷 34 份。

根据调查问卷结果，再次运用 Yaahp11.2 软件中的层次分析法对数据进行分析，34 份问卷通过一致性检验，其判断矩阵 $CR \leqslant 0.1$，且 λmax 均等于其判断矩阵的最大特征根。随后，采用加权几何平均综合判断矩阵法，进行群决策。由于所获取专家问卷数量不算多，加权算数平均综合判断矩阵可能存在不合理性，因此在使用软件的群决策时选择比较合理的加权几何平均综合判断矩阵法②，最终得到如图 7-2 所示的指标权重情况。

---

① 方创琳，毛汉英. 区域发展规划指标体系建立方法探讨 [J]. 地理学报，1999 (5)：410—419.
② 薛耀文，杨根科. 算术平均和几何平均在群组决策中的比较研究 [J]. 太原重型机械学院学报，1994 (1)：91—96.

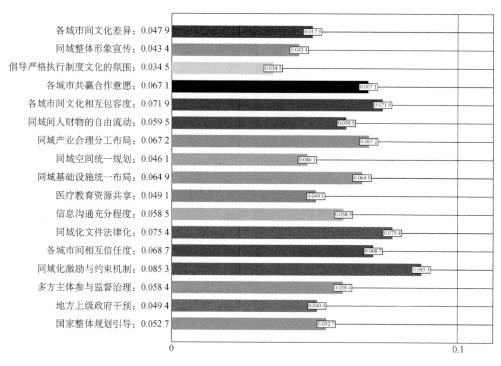

图 7-2 同城化协同度评价指标的权重系数

将以上这些权重逐一放入指标体系中清晰表述,就形成具体如表 7-3 所示的同城化协同度评价指标体系(带权重)。

表 7-3 同城化协同度评价指标体系(带权重)

目标层 (一级指标)	准则层 (二级指标)	指标层 (三级指标)
同城化 协同度	制度协同 0.403 6	国家整体规划引导 0.052 7
		地方上级政府干预 0.049 4
		同城化文件法律化 0.075 4
		多方主体参与监督治理 0.058 4
		同城化激励与约束机制 0.085 3
		各城市间相互信任度 0.068 7
		信息沟通充分程度 0.058 5

(续表)

目标层 （一级指标）	准则层 （二级指标）	指标层 （三级指标）
同城化协同度	要素协同 0.303 0	同城基础设施统一布局0.064 9
		医疗教育资源共享0.049 1
		同城空间统一规划0.046 1
		同城产业合理分工布局0.067 2
		同城间人财物的自由流动0.059 5
	文化协同 0.293 3	各城市间文化相互包容度0.071 9
		各城市共赢合作意愿0.067 3
		倡导严格执行制度文化的氛围0.034 5
		同城整体形象宣传0.043 1
		各城市间文化差异0.047 9

从上面的分析结果可以看到，在影响同城化协同度二级指标的三个维度中，制度协同的影响力最大，其权重为0.403 6；要素协同的影响力次之，其权重为0.303 0；文化协同的影响力最小，只有0.293 3。这个分析结果与现实比较相符。在中国，各级政府的规划决策、法律法规等制度性内容在各个领域都是起着决定性的影响作用，同城化又是中国当前城市化的主要趋势现象，因此受到相关制度的影响自然就比较大。在三个维度中，文化协同对同城化协同度的影响最小，这与当前中国的同城化实际进展现实也较为吻合。当前中国的同城化与其说是各城市自愿合作行为，还不如说是政府整体规划的结果，所以，以文化包容、合作意愿、同城整体形象宣传等为显性特征的同城化文化协同管理还是较为薄弱，其对同城化整体协同度的影响力因此也较小。

在影响同城化协同度的17个三级具体指标中，其中权重排在第一位的是"同城化激励与约束机制"指标，其权重为0.085 3，这说明同城化作为一种中国独有的区域一体化新形式，参与的城市主体主动性还不是特别强烈，因此需要相关配套的激励与约束机制来推动整个同城化项目的进展。权重超过0.07的还有"同城化文件法律化"和"各城市间文化相互包容度"两个指标，前一个指标说明各位专家对中国同城化协同管理的制度化和契约化有着深深的期待，后一个指标说明不同参与主体之间的相互包容与相互信任在同城化实现协同管理中起到至关重要的作用，是决定同城化协同管理能否有效有序开展的重要因素。

从这 17 个三级指标的权重分析结果看，比较有意思的是，在制度协同维度下的 7 个指标中，权重最小的是"地方上级政府干预"指标，权重为 0.049 4，这可能是参与调查的专家更看重同城化参与城市主体发挥其主动性的原因。在要素协同维度下的 5 个指标中，权重最小的是"同城空间统一规划"指标，权重为 0.046 1，这反映了当前中国同城化实例中有同城空间统一规划的不是很多，毕竟同城化的特点是在不打破原先行政壁垒的基础上进行的。在文化协同维度下的 5 个指标中，权重最小的是"倡导严格执行制度文化的氛围"，其权重只有 0.034 5，是所有指标中权重最小的一个。这可以从两个方面来理解：一是本身当前同城化的制度执行力度就不是很大，很多同城化的文件出台后没有被很好执行或者无力被执行，甚至被搁置一旁，例如福莆宁同城化；另一个方面也说明中国至今严格执行制度文件的意识或认识还不够，有些职能管理人治现象还比较突出，因此包括被访专家也认为它对同城化协同度影响也还是很不够的。

（二）同城化协同度评测表的生成

同城化协同度各级指标权重确认之后，此时还无法直接用来测度不同同城化个案的协同度。因此，我们需要借助相关工具，通过一定方法形成评测表。本书这里主要是借助 Yaahp11.2 软件里的模糊综合评价法（Fuzzy Comprehensive Evaluation，简称 FCE），在前面用层次分析法构建评价模型和确定评价指标权重的基础上形成 FCE 问卷（即评测表），如表 7-4 所示。

表 7-4 同城化协同度评测表

评测人	姓名：		单位：
	评测对象		＊＊＊同城化
同城化是在不打破原先城市行政壁垒的前提下所进行的各城市之间的协同合作，请各位专家根据自己的经验认知对＊＊＊同城化协同度的各项指标进行尽可能客观的评价，谢谢大家。			
NO.	评测指标	评测指标说明	评价
1	国家整体规划引导	从国家层面对地方发展的整体规划与引导力度大小	非常理想 比较理想 一般 比较不理想 非常不理想

(续表)

NO.	评测指标	评测指标说明	评价
2	地方上级政府干预	各城市直属地方上级领导对同城化的支持与干预力度大小	非常理想 比较理想 一般 比较不理想 非常不理想
3	多方主体参与监督治理	包括政府、企业、各界专家、居民等对同城化事务参与的热情与重视	非常理想 比较理想 一般 比较不理想 非常不理想
4	同城化激励与约束机制	关系性契约达成后,是否被严格且平等执行	非常理想 比较理想 一般 比较不理想 非常不理想
5	各城市间相互信任度	各城市政府之间彼此信任程度的大小	非常理想 比较理想 一般 比较不理想 非常不理想
6	同城化文件法律化	同城化区域内各城市协同合作的法律文件数量多少、涉及内容范围等	非常理想 比较理想 一般 比较不理想 非常不理想
7	信息沟通充分程度	各城市之间同城化治理信息相互沟通渠道是否畅通、互动是否经常等	非常理想 比较理想 一般 比较不理想 非常不理想
8	医疗教育资源共享	与民生相关的医疗、教育资源、社保等的互通共享力度	非常理想 比较理想 一般 比较不理想 非常不理想

(续表)

NO.	评测指标	评测指标说明	评价
9	同城基础设施统一布局	包括同城交通网络、通信设施等基础设施的统一规划与共建共享	非常理想 比较理想 一般 比较不理想 非常不理想
10	同城空间统一规划	是否有统一布局的新城、飞地或开发区等	非常理想 比较理想 一般 比较不理想 非常不理想
11	同城产业合理分工布局	包括产业链共享合作、区域内产业统一布局等	非常理想 比较理想 一般 比较不理想 非常不理想
12	同城间人财物的自由流动	包括人、财、物、信息等市场要素流动的便利性与流量数	非常理想 比较理想 一般 比较不理想 非常不理想
13	各城市间文化相互包容度	不同城市文化之间的相互包容，以及居民对同城化的认识与认同程度	非常理想 比较理想 一般 比较不理想 非常不理想
14	各城市共赢合作意愿	各城市政府参与同城化的积极性及互动频繁程度	非常理想 比较理想 一般 比较不理想 非常不理想
15	倡导严格执行制度文化的氛围	已出台的同城化文件或其他制度是否被严格执行	非常理想 比较理想 一般 比较不理想 非常不理想

(续表)

NO.	评测指标	评测指标说明	评价
16	同城整体形象宣传	是否有统一的"同城"整体形象设计及宣传等	非常理想 比较理想 一般 比较不理想 非常不理想
17	各城市间文化差异	不同城市之间文化差异程度大小	非常理想 比较理想 一般 比较不理想 非常不理想

同城化协同度评测表生成之后，经过适当修改，我们就可以利用它来对中国不同的同城化个案进行同城化协同度的分析研究，从而得出各城市在参与同城化协同合作过程中彼此的协同管理工作开展得如何、协同效果又怎样等研究结论，以期对现实的同城化协同管理提供一些量化的、显性的研究结果，从而为中国各区域的同城化战略决策提供一些参考依据。

本 章 小 结

现实中，影响同城化协同管理的因素很多，且大多是定性因素，因此很难对其进行量化测度。本章借助 Yaahp11.2 软件中层次分析法和模糊综合评价法，同时结合专家问卷调查法，构建了同城化协同度的评价模型，设计了同城化协同度评价指标体系，并确定了各评价指标的权重。在此基础上，进一步生成同城化协同度的评测表，以期为下一章的实证研究和中国同城化实例提供用来量化测度同城化协同管理水平以及协同效果的评价工具，使得同城化协同管理有可以显性量化的研究途径。

第八章
实证分析：厦漳泉同城化的发展及其协同管理

本章结合实地调查及相关数据，首先阐述了厦漳泉同城化的发展背景、发展基础和发展现状，其次是对厦漳泉同城化的发展效果进行了定量分析和定性分析，并通过对六年多来厦漳泉同城化协同度的评测，从中找出厦漳泉同城化协同管理中可能存在和需要思考的问题，以更有针对性地提出厦漳泉同城化协同管理的思考，以期对中国同城化协同管理理论和同城化协同度研究进行印证，并为中国同城化的发展提供一些启示。

第一节 厦漳泉同城化的发展

一、厦漳泉同城化的发展背景

从历史角度看，"厦漳泉同城化"这个提法并非无本之木，它的前身可以追溯到"闽南金三角"和"厦泉漳城市联盟"等概念。其实，早在新中国成立之前，厦漳泉就已经在港口贸易方面有所往来，随着中国经济的发展，厦漳泉三个城市在经济、政治、文化等方面的联系越来越紧密。但由于中国城市传统行政管理体制中的各自为政，在一定程度上束缚和阻碍了厦漳泉的协同发展与共同进步。在当今经济全球化、信息网络化等大背景下，厦漳泉三市之间再次的协同合作与共同发展已成为一种必然的时代需求，也是提升厦漳泉区域乃至福建省、海峡西岸等区域经济实力的重要选择。下文关于"厦漳泉同城化"的发展溯源，有助于我们更好地了解厦漳泉发展的历史、把握厦漳泉合作的现状、发展厦漳泉美好的未来。

(一) 萌芽阶段（1985—1992 年）：闽南金三角

20 世纪 80 年代初，中国确定了对外开放、对内搞活经济的基本国策，开始从封闭的和半封闭的经济中摆脱出来，打开了一扇又一扇的大小"窗口"，面向世界，意味着中国社会主义建设已揭开了新的一页①。有了对外开放的基本国策之后，中国沿海地区经济发展战略也随之开始逐步制定。1980 年，中央提出了经济特区发展概念，具体包括深圳、珠海、厦门、汕头等四个，1984 年开放 14 个沿海城市，1985 年开放三个三角洲（长江三角洲、珠江三角洲和闽南厦漳泉三角地区）经济开放区，1988 年决定建立更特殊更开放政策的海南经济特区……至此，中国的经济体制改革，通过经济特区、开放城市、经济开放区等多层次的实践与探索，开始在中国大地逐步推进。由此可见，厦漳泉三个城市的区域共同发展，早在 20 世纪 80 年代就已经在国家的区域经济中占有重要地位。

其实，厦漳泉三角地区，并不是 1985 年才突然被国家提及。早在 1981 年，"闽南金三角"一词在中国国家科委的科技政策研究会上就被提出，该会议当时在厦门召开，会上就厦漳泉地区的经济发展问题进行了讨论。1983 年 9 月，时任福建省委常委王一士主持召开了开发闽南区域经济座谈会。1984 年 5 月成立闽南区域经济开发办公室，由福建省常务副省长王一士兼任主任，由厦门市副市长张可同、泉州地区专署副专员张祺载、龙溪地区专署副专员姚金孝兼任副主任。该办公室设在厦门，具体负责制定闽南三角区的合作开发方案。1985 年初，谷牧同志向邓小平建议将厦漳泉也列为沿海经济开放区，得到了邓小平的赞同。1985 年 1 月，国务院在北京召开"长江三角洲、珠江三角洲和闽南厦漳泉三角地区座谈会"，会议传达学习了中央和国务院关于将这三个地区开辟为沿海经济开放区的批示和邓小平有关谈话精神。同年 2 月中央明确提出将长江三角洲、珠江三角洲和闽南厦漳泉三角地区开辟为沿海经济开放区，并给予它们特殊经济政策。文件中提到，闽南厦漳泉经济开放区除厦门经济特区外，还包括：厦门市的同安县；龙溪地区的漳州市、龙海县、漳浦县、东山县；晋江地区的泉州市、惠安县、南安县、晋江县、安溪县、永春县。至此，

---

① 温长恩. 中国开放形势下地图集的社会需求 [J]. 地图, 1989 (2)：3—6.

闽南金三角完成了从最初的概念提出到作为国家发展战略一部分的顺利发展，从而初步形成闽南金三角地区的开放格局。

之后，福建省也多次出台相关文件，促进闽南金三角的进一步发展。例如，1986 年 12 月，《关于加快开放、改革步伐，大力发展外向型经济的决议》在中共福建省委第四届四次全会上被提出。在该《决议》里，实施沿海、山区"两条线"发展的布局被明确提出，以经济开发区带动山区经济发展的思路也已明确。随后，福建省政府和省体改委先后出台《关于进一步推动横向经济联合的补充规定》和《关于改善资金供应和支持横向经济联合的几点意见》等文件，制定了一系列鼓励经济联合的优惠政策。1987 年 12 月召开的福建省委工作会议，进一步明确了福建发展外向经济的指导思想、主攻方向和政策措施，提出"在战略布局和梯度上，厦门经济特区、福州开放城市和以闽南厦漳泉三角地区为主的 33 个县（市、区）开发区，在改革中起示范作用，在建立沿海与内地新型经济中起牵引作用"。

闽南金三角作为中国最早的沿海开放地区之一，虽然其经济实力和长三角、珠三角等经济发达地区无法相提并论，但是因为其独特的地理位置（紧邻台湾）、语言环境（闽南语系）和风俗习惯（闽南文化），吸引了大量台商的投资，是大陆台商投资最密集的区域。因此，在中国经济发展中，闽南金三角的地位很是特殊，具有加强闽台经济合作、推进祖国和平统一大业等重大战略意义。

（二）发展阶段（1992—2010 年）：闽东南开发、厦漳泉城市联盟与海峡西岸城市群

闽南金三角政策并没有一直持续到厦漳泉同城化的提出，中间还出现了"闽东南"以及"厦漳泉城市联盟"等概念。

1992 年，党中央肯定了福建省委提出的加快闽东南开放开发的思路，"闽东南"的概念在党的十四大报告第一次被正式提出，并成为加速开放开发的重点地区之一。在党的十四大报告里明确指出，中国加快开放开发的重点区域包括长江三角洲、珠江三角洲、环渤海湾地区和闽东南地区，并要求这些地区应率先建成现代化的地区。1994 年 9 月，厦门牵头召开厦门、泉州、漳州、龙岩、三明、汕头、梅州、鹰潭、抚州、赣州、吉安、上饶、衡阳和郴州等 4 省 14 地市参加的"闽、粤、赣、湘邻近地区区域经济发展问题研讨会"，近百名代表就本区域联合协作的方向、内容和重点进行了实质性的探讨。本次会议的

召开为闽西南、粤东、赣东南经济协作区（大区域）的建立奠定了基础。1994年12月，厦门牵头召开包括泉州、漳州、龙岩在内的首届党政领导联席会议，会议决定成立闽西南经济合作区（小区域）。1995年4月，第一届闽粤赣党政领导联席会议在汕头市召开，协作区范围扩大到包括江西鹰潭市、福建三明等13个地市。1995年5月，闽西南区域经济合作办公室发起成立厦门市区域合作招商协会，同时还建立专门的管理协调机构以保证区域经济合作顺利发展并取得成效。1995年10月，福建省第六次党代会提出了新的战略布局，强调以厦门经济特区为龙头，加快闽东南开放与开发等精神。20世纪90年代中期，厦漳泉三地借助"闽西南五市经济合作区"和"闽粤赣十三市经济协作区"等平台开展了一系列区域协作，为以后同城化的发展奠定了基础。

2002年，福建省第七次党代会上提出了福建省21世纪发展的重要战略目标，具体包括构建三条战略通道、按三个层面、分三个阶段、比全国提前三年实现全面建设小康社会等目标，其中福州和厦漳泉被委以重任，列入在第一层中。2003年5月，福建省政府出台《福建省开展城市联盟工作总体框架》。2004年6月份，在福建省有关部门的牵头下，厦漳泉三市规划局局长齐聚漳州，这意味着厦漳泉城市联盟试点工作正式启动。2004年7月30日，厦漳泉城市联盟第一次联席会议，拉开了三市合作建设的序幕。会上，福建省建设厅宣读了《厦泉漳城市联盟宣言》，确定了联盟合作先期的工作重点，包括突破行政区划，加强合作等。会议同时强调，三市将统一规划、整体布局，整合空间资源，以产业带动三市联合有序发展，避免资源浪费、重复建设等现象发生，并建立城市联盟市长联席会议制度。2006—2008年签订合作协议，开展交流合作；2008—2010年推动城际轨道、跨海通道、水资源分配等协作项目。2006年5月，龙岩市加入城市联盟，该联盟也扩大为厦泉漳龙城市联盟。城市联盟成立以来，在区域规划、基础设施、交通共享、环境保护等六个方面做了一些努力与探索，推动了《福建省海峡西岸城市群发展规划》的编制，并在江河海洋生态整治、港口整合、旅游房地产市场共同培育方面开展了各种有益的探索。2008年4月，住房和城乡建设部正式批复《海峡西岸城市群协调发展规划》。这是国家批复的又一区域城市群协调发展规划，上一个国家级城市群规划是京津冀城市群，这是对福建省之前的城市联盟等做法和经验的肯定。2009年8月，《海西区域旅游营销福州宣言》签订，就共推旅游营销、共建旅游信息、旅游合作保障机制、旅游组织协商机制等达成了协议，同时，共同推出了海西"一程多站"五条精品旅游线路，至此海峡西岸城市群的合作发展已逐渐迈出有力的步伐。

（三）深化阶段（2010—2013年）：厦漳泉大都市区与同城化

厦门、漳州和泉州三个城市在经历了 20 世纪 80 年代国家闽南金三角经济开放区、90 年代闽东南经济合作开发、21 世纪初成立厦漳泉城市联盟、海峡西岸城市群之后，并没有停下脚步，而是随着时代的发展又继续往前走，并且不断深化。

2010 年 6 月，国务院颁布《全国主体功能区规划》，提出推进厦漳泉一体化，实现组团式发展等精神。2010 年 7 月，福建省委八届九次会议明确提出全面实施海峡西岸城市群发展规划，构建福州大都市区和厦漳泉大都市区引领发展的格局。2011 年 1 月通过的《福建省国民经济和社会发展第十二个五年规划纲要》也明确提出要着力构建福州大都市区和厦漳泉大都市区。2011 年 3 月，国务院批准《海峡西岸经济区发展规划》，提出"要积极推动海峡西岸沿海一线率先发展，形成南北两翼对接长三角和珠三角的桥头堡，建成特色鲜明、具有竞争力的海峡西岸城市群"。2011 年 5 月，福建省委明确提出由厦门市牵头推进厦漳泉大都市区同城化工作，同时宣布全面启动厦漳泉大都市区同城化工作。2011 年 7 月 30 日，在厦门市召开了厦漳泉大都市区同城化第一次党政联席会议，三市市委书记、市长、省人行及省发改委、省经贸委等领导参加会议，标志着厦漳泉大都市区同城化的正式启动。2011 年 8 月，厦漳泉三市相继成立同城化组织领导机构，在福建省政府出台《关于加快推进厦漳泉大都市区同城化的工作方案》的基础上，三市联合推进厦漳泉大都市区同城化总体规划和一批专项规划编制。2011 年 9 月 8 日，厦门、漳州、泉州同城化建设工作的指导性文件《厦漳泉大都市区同城化合作框架协议》在厦门正式签订。协议明确了厦漳泉大都市区同城化的发展目标是到 2012 年，同城化迈出实质性步伐，城市轨道交通等一批重大同城化交通项目加快实施；中长期目标是到 2015 年，交通通信基础设施实现同城化联网、公共服务信息平台同城共用，基本社会公共服务有效融合，资源要素市场体系一体化形成，三市基本实现同城化发展。2011 年 12 月，国务院批复《厦门市深化两岸交流合作综合配套改革试验总体方案》，提出"创新区域合作体制机制，推进厦漳泉大都市区同城化"，再次确认了厦漳泉大都市区同城化作为国家区域发展战略。至此，厦漳泉同城化战略全面启动,并发展至今。

(四) 升华阶段 (2013年至今):"一带一路"背景下的厦漳泉同城化

2013年9月,习近平总书记访问哈萨克斯坦,在纳扎尔巴耶夫大学发表了重要演讲,第一次提出了共建丝绸之路经济带的倡议。2015年3月28日,国家发改委等部门联合发布了《推动共建丝绸之路经济带和21世纪海上丝绸之路的愿景与行动》。2017年3月6日,国家发展改革委主任何立峰在十二届全国人大五次会议记者会上说:"近3年来,中国'一带一路'沿线国家投资已经超过500亿美元。'一带一路'倡议已经得到世界上100多个国家和国际组织的响应和支持,先后和沿线国家签订了近50份政府之间的合作协议,以及70多份与包括一些国际组织在内的部门之间合作协议。"① 所有这一切都证明了"一带一路"是个具有重要战略意义的行动,它那"和平合作、开放包容、互学互鉴、互利共赢"的核心价值理念越来越被沿线国家和人民所共识,它是新时期跨国界区域经济协同发展的创新合作战略。当前,中国和世界在经济上高度关联,"一带一路"是全世界各国互利合作的共同需要,这样的对外开放基本国策新格局,有助于中国进一步深度融入到世界经济体系中去②。

在"一带一路"的定位中,其中与厦漳泉有关的就是"一路"(即"21世纪海上丝绸之路")战略,具体内容主要包括:一是"利用长三角、珠三角、海峡西岸、环渤海等经济区开放程度高、经济实力强、辐射带动作用大的优势,加快推进中国(上海)自由贸易试验区建设,支持福建建设21世纪海上丝绸之路核心区",二是"加强上海、天津、宁波—舟山、广州、深圳、湛江、汕头、青岛、烟台、大连、福州、厦门、泉州、海口、三亚等沿海城市港口建设"。同时,在丝路新图的五条线路中,泉州在南线(泉州—福州—广州—海口—南海—河内—吉隆坡—雅加达—科伦坡—加尔各答—内罗毕—雅典—威尼斯)中扮演着至关重要的角色。由此可见,厦漳泉同城化的协同发展成效如何,将对"一带一路"倡议的实施效果产生重大影响。中国的"一带一路"倡议,将厦漳泉同城化推到了一个新的历史高度,也将使厦漳泉的协同发展进入到升华阶段。

---

① 邢楠. 十二届全国人大五次会议记者会:发改委主任何立峰答记者问. [EB/OL]. (20170306/20170306).

② 新华社. 推动共建丝绸之路经济带和21世纪海上丝绸之路的愿景与行动 [EB/OL]. (20150328/20170306).

二、厦漳泉同城化的发展基础

从上文厦漳泉同城化发展历史溯源可以清晰地看到，三十多年来国家以及福建省都共同认识到厦漳泉协同发展的重要性，这并不仅仅只是因为三者在地域上的邻近以及紧靠台湾的重要战略地位，还有其他不少的现实发展基础。在厦漳泉同城化战略实施六年多来，我们再重新梳理一下厦漳泉同城化的发展基础，将更有助于该战略的进一步健康稳定发展。

(一) 地缘相邻

从地图来看，厦门市、漳州市、泉州市三市同处福建省东南沿海地区，与台湾省隔海相望。厦漳泉三市呈三角形分布，两两接壤，邻接空间大，为毗邻地带的成功对接和城市扩展功能外溢提供了地域载体。厦门北部与泉州接壤，南部与漳州相连；漳州东部与厦门相连，东北部承接泉州；泉州南毗厦门，西南部与漳州相连。地理上的相邻性是厦漳泉三市多年来一直被"捆绑一起"鼓励协同发展的重要客观地理条件。根据2017年2月百度地图搜索到的最短行驶距离，这三个城市之间的距离分别为：泉州距离厦门约86.8公里，厦门距离漳州约52.7公里，漳州距离泉州120.2公里。若按每小时100公里的车程，三市之间也就0.5～1.5个小时的车程。三市在地理位置上形成以厦门为中心、北有泉州、南有漳州的完整块状发展格局。根据2017年《福建统计年鉴》，厦漳泉三市区域面积合计1 250.56平方公里，占福建省总面积的28.16%（注：年鉴里该面积计算口径为县级市以上）；常住人口总和为1 755万人，占福建省常住人口的45.30%；地区生产总值三市合计为13 556.25亿元，占福建省地区生产总值的47.53%。由此可见，厦漳泉区域已成为福建省经济最发达的地区，也是海峡西岸城市群核心区域之一。

随着2011年厦漳泉同城化战略的正式提出，由闽东南沿海市（县）发展主轴线串起了环厦门湾和环泉州湾的城镇密集区，以厦门、漳州、泉州市区为核心城市，联动龙海、漳浦、长泰、南安、晋江、石狮等县（市），形成一个巨型点轴系统，三城部分建设空间已经连绵。厦漳泉气候条件一致，自然地域连为一体，山体同脉相承延伸，依托交通轴线，城市空间呈现连绵态势。以交通线为纽带，漳州市实施"中心东移、跨江南扩、面海拓展"的城市发展战略，推进由滨江向滨海城市发展，主动融入厦门湾，推进同城化。漳州角美和厦门海沧已经联成一体，泉州南翼新城与厦门翔安新城在空间上毗邻。随着都市空间的拓展，三市沿海区域初显都市连绵的趋势，充分发挥了地缘相邻的地理禀赋优势。

(二) 交通成网

经济发展，交通先行，这是全世界人民取得共识的城市发展基本常识，厦漳泉同城化也不例外。

在 2011 年厦漳泉同城化战略正式提出之前，三个城市之间的交通设施网已经初步形成。除了国道 324 线、国道 319 线以及省道 207 线等外，1957 年通车的鹰厦铁路、1997 年建成通车的沈海高速、2001 年正式全线贯通的漳（州）泉（州）肖（厝）铁路、2009 年建成通车的泉（州）三（明）高速、2010 年通车的福（州）厦（门）铁路和翔安隧道，这些交通设施已初步形成厦漳泉三市交通体系。2011 年厦漳泉同城化战略正式提出并实施后，更多更重要也更先进的交通设施建成并投入使用，如 2012 年建成通车的龙（岩）厦（门）铁路和厦（门）（南）安高速、2013 年建成通车的厦漳跨海大桥和厦（门）深（圳）铁路、2015 年建成通车的厦（门）蓉（成都）高速、以及 2017 年上半年贯通的厦（门）沙（县）高速和厦漳海底隧道工程的开工建设等，这些交通设施将厦漳泉三市紧密相连，使三市之间的交通网络愈发完善，不断完善的城际交通网使得原本就不远的城市之间距离愈发缩短，更加拉近了彼此的距离。2017 年《福建统计年鉴》数据同时显示，厦漳泉三市公路通车里程达 31 923 公里，这大大提高了三市之间的交通可达性，进而推动了三市经济往来，为区域合作提供了巨大潜能和广阔空间，从而形成了更加有利于同城化的交通大格局。特别是 2016 年 1 月 10 日，G5906 次列车从厦门站启程，前往南昌西站，它的正式运行意味着厦门站首次开通"G"字头列车，同时也意味着福建省铁路进入到一个新纪元。而根据《厦门市综合交通运输"十三五"发展规划》，福厦客专（福厦高铁）全线"十三五"期间有望建成通车，该项目设计行车速度 350 公里/小时，新建线路长 278 公里。该规划将加快形成厦漳泉同城化的"两个交通圈"，即厦漳泉区域"1 小时交通圈"和厦门市域"半小时交通圈"，服务民众便捷出行。而从中国铁路网获得的信息显示，截至 2018 年 4 月 6 日，每天从厦门出发经漳州的城际列车（含 G、D、K 字头车）共有 41 趟，从厦门出发经泉州的城际列车（含 G、D、K 字头车）每天共有 75 趟。而从地方政府工作报告中，也可以看到三个城市在加快同城化交通网建设方面的决心与行动。例如，2017 年厦门市政府工作报告提到：在过去五年中，"岛内外规划、基础设施建设、基本公共服务一体化进程加快，完成 22 个厦漳泉龙区域同城化项目。福厦、龙厦、厦深铁路和厦漳跨海大桥、厦安高速等重大工程建成通车，轨道交通、翔安机场、城市快速路网等交通体系加快推进"①。又如，2017 年漳州市政府工作报告中提到：主动推进厦漳同城化，加快厦漳同城大道、福厦（漳）高铁客运专线、厦蓉高速扩容工程等项目建设，力促厦门地铁 6 号线漳州（角美）段、厦漳城际轨道 R3 线开工建设。加快市内同城化步伐，推进 14 个国省干线"互联互通"项目和 4 个高速公路项目建设，着力打通内陆山区出海通道②。以上所有的信息数据都清晰地说明，厦漳泉区域的城际交通早已有之，特别是 2011 年同城化进程启动之后，三城市之间的城际交通运输网络已越来越健全，厦漳泉同城化所需要的交通硬件等已经越来越完善，这些都将为厦漳泉同城化的进一步坚实发展提供必需的通行条件。

（三）产业互补

根据 2017 年《福建统计年鉴》数据计算，厦门三产的比例分别为 0.61%、40.82%和 58.57%，泉州三产的比例分别为 2.99%、58.48%和 38.54%，漳州的三产比例分别为 13.30%、46.75%和 39.95%。由此可见，厦门的主导产业是第三产业，泉州的主导产业是第二产业，漳州的第二产业比重也将近 50%，但其第一产业的比重达到将近 14%，在三个城市中比重最大。如果进一步采用区位商分析法来进行分析，就可以更清晰地看到厦门、漳州、泉州三市在福建省各自具有一定优势地位的产业类型了，具体分析结果如表 8-1 所示。因为区位商值越大，说明该地区该产业的专门化率越大，即该地区该产业具有一定的区位优势。因此表 8-1 中数据清晰显示：三个城市中，厦门的第三产业最发达，漳州的第一产业优势明显，而泉州则第二产业具有优势。由此可见，三个城市具有较强互补的产业结构，存在错位发展的可能条件。

---

① 政府工作报告——2017 年 1 月 10 日在厦门市第十五届人民代表大会第一次会议上. [EB/OL]. (20170117/20170309).

② 政府工作报告——2017 年 1 月 9 日在漳州市第十六届人民代表大会第一次会议上. [EB/OL]. (20170110/20170309).

表 8-1　2016 年厦漳泉三市产业区位商比较分析表

地区	第一产业	第二产业	其中：工业	第三产业
厦门	0.073 952	0.840 767 6	0.860 612	1.356 838
漳州	1.604 718	0.963 006 3	0.972 478	0.925 514
泉州	0.360 387	1.204 542 6	1.298 561	0.892 751

注：数据来源于2017年《福建统计年鉴》。

现实中，厦漳泉三市的主导产业也是各具特色，优势明显。厦门市经过多年的经济特区建设，具有突出的特区体制优势，形成了以高新技术产业和现代服务业为主的产业结构，金融保险、旅游会展、物流服务等现代服务产业发展迅速且形成集聚规模，汽车产业、电子信息、机械装备等先进制造业实力雄厚，是海峡西岸城市群重要的现代服务业、科技创新中心。漳州市是全国农业最发达的地区之一，拥有经国务院批准的国家级外向型农业示范区、海峡两岸农业合作实验区和对台产业深度合作示范区等，对台农业、高优农业和外向型农业特色明显。其中闻名全国的有龙海和漳浦两个国家级农业产业化示范基地，以及漳浦台湾农民创业园等。另外古雷石化等重点项目的落户，也带动了漳州工业的进展。泉州市是全国重要的临港重化和先进制造业基地，在纺织服装、石化产业、建筑建材业等领域形成了一批特色鲜明、品牌形象突出的现代产业集群，其中比较突出的特色产业链集群有石狮休闲服装业集群、德化陶瓷业集群、晋江鞋业集群、安溪茶叶产业集群、惠安工艺石雕业集群等，民营经济发达，经济实力雄厚。由此可见，三个城市之间产业发展各具特色又相互依赖，具有差异性和互补性的产业结构是厦漳泉同城化建设坚实的产业基础。

同城化战略实施八年多来，厦漳泉之间的互动与经济联系愈发紧密与频繁。具有明显土地优势、人力成本优势的漳州，已理所当然地成为厦门产业转移的承接地，厦门国家半导体照明工程产业化基地、海投长泰科技园等成为厦漳两市共同携手打造的同城化项目。同时，漳州也是厦门主要的农产品供应地与饮用水源地，长泰枋洋水库饮水枢纽工程就是同城化战略实施后厦漳同城的另一个重要项目。同城化的虹吸效应使得漳州和泉州两地知名企业纷纷把总部设在厦门，同时三地之间的资金流往来也随着厦门银行泉州分行、泉州银行漳州分行的成立而将更加紧密。另外，随着"一带一路"建设的推进，泉州要发挥"海丝"重要城市节点作用，还需借助厦门港向外输出。而从2015年开始的厦门自贸区建设，其特殊的经济政策，将很好地辐射漳泉两市。总而言之，同城化战略促使厦漳泉三市之间的经济互动愈发频繁，通过虹吸效应与辐射效应等，使得三市之间的产业梯度相对更加合理，分工协作也相对更加紧密，同城化效应得以进一步彰显。

（四）人文同源

提到闽南金三角，人们首先会想到闽南话。虽然各地的闽南话发音差异还是很大的，但厦漳泉三市具有强烈的、共同的闽南文化精神纽带，这一点是不可否认的。厦漳泉地区是一个以闽南语为共同标识的文化经济区域，具有鲜明的人文底蕴，国家级的闽南文化生态保护区就涵盖了三市行政管辖范围。三市同根同源、文化相通、习俗相近，历史上就有着千丝万缕的紧密联系。北宋时，福建称福建路，其行政区划中包括"泉""漳"二州，与其他八个同级行政机构并称"八闽"。自宋代至清代，同安隶属泉州府（路）。古时候的同安辖境包括了现在的厦门市、金门县（古时称嘉禾屿、金门屿），还包括泉州南安和漳州龙海的一部分。厦漳泉三地百姓迁徙频繁，根源交错，分家不分情，一直延续至今。厦漳泉三市还具有很多共同的文化传承，南音、梨园戏、高甲戏、歌仔戏、木偶戏、宋江阵等是三地百姓共同喜爱的民间文化，也有保生大帝、妈祖、东山关帝、土地公等共同的民间信仰。

基于共同的闽南文化和极为相似的历史渊源，再加上厦漳泉三市社会发展以及三市之间交通条件的不断完善，三市居民之间的通勤、往来、就业、消费等社会生活联系日益频繁。三地社会群体之间交流没有隔阂，长期以来形成的地缘、文缘优势有利于产生共同的认同感和归属感，这是推动厦漳泉地区一体化的强大力量。同时，许多海外侨胞和港澳台同胞中很多是闽南人后裔，厦漳泉同城化提出后，许多侨商也十分关注，对这股力量的合理利用也将在同城化发展中发挥重要作用。

总而言之，文化和历史的趋同是推动同城化的深层因素，人文同源是推动厦漳泉同城化深层次协同合作的根基。

三、厦漳泉同城化的发展现状

在查阅近年来厦漳泉三个城市的政府工作报告后我们看到，厦漳泉同城化发展至今已经取得了一定的成果，特别在产业合作、基础设施建设、闽南文化保护等方面的成果较为明显。

(一) 同城化产业合作项目逐步接轨

首先，厦漳两市产业合作发展进程较快，两市政府加强规划，促进多项产业项目的深度合作与共赢。厦门拥有经济特区政策优势，中心城市的辐射作用发挥明显；漳州的主要优势是它的广阔腹地作用以及深水港口、淡水资源等，一方面凸显自己的产业特色，另一方面积极承接厦门市的产业转移，因此两市以项目为载体，通过全方位合作，推动产业合理转移及产业结构优化升级。例如，已在漳州建设制造业基地的厦门名牌企业就有翔鹭、厦工、厦船、灿坤、金龙等多家企业，同时海投（长泰）科技创业园、厦门火炬园漳州合作项目、厦门大学太古海洋中心等同城化项目工程也由两市开始共建。其次，厦门和泉州两市在同城化中也不断深化合作，泉州市主动接受厦门市金融、物流、保险等产业辐射，而厦门市也借力泉州不断发展生产型服务业。近年来，厦门和泉州两市在临空产业协同发展方面取得一定成绩，其中最典型的就是厦泉两市以翔安国际机场建设为契机，共同打造具有国际影响力的空港经济产业集中区。

(二) 同城化基础设施合作建设日趋完善

"经济发展，交通先行"，这句老话在厦漳泉同城化战略实施中得到很好的践行，厦漳泉同城化战略实施八年多来，同城化基础设施得以进一步完善。不管是厦漳泉同城化战略实施之初的首批18个同城化项目，还是后续滚动的其他同城化项目，一半以上都是跟基础设施建设有关。特别是同城交通体系的建设，更是同城化项目中的重中之重。从2010年至今，福厦、龙厦、厦深、吉永泉等铁路，厦安、厦成等高速，厦漳跨海大桥、厦漳泉城际轨道交通、翔安机场、城市快速路网等交通体系，厦蓉欧、中亚国际货运班列等，还有长泰枋洋水库以及各种经济科技园、创新示范区等的共建，厦漳港口一体化整合等项目，所有这些都有力地说明了厦漳泉同城化在包括交通在内的基础设施建设等方面已经取得了不小的成绩，而且这些基础设施的不断完善进一步促进了同城化效应（例如辐射效应）的发挥，同时也为厦漳泉同城化接下来的健康稳健发展奠定了扎实的发展基础。

(三) 闽南文化合作保护进一步加强

不管是从历史角度看，还是从当前现实生活来看，厦漳泉都有着不同一般的人文同源基础。千丝万缕的历史联系、相似的闽南话方言、共同的妈祖文化、富有闽南地方特色的高甲戏、歌仔戏、梨园戏、木偶戏等，所有这些都使得厦漳泉同城化在闽南文化保护方面有更多的合作机会与合作成果，例如厦漳泉三个城市在南音文化产品方面的共同保护工作都已列入国家级的文化保护对象。

第二节 厦漳泉同城化的发展效果分析

随着 2011 年第一次厦漳泉党政联席会议的召开和《厦漳泉大都市区同城化合作框架协议》的正式签订，至今厦漳泉同城化已经开展八年多了，那么厦漳泉同城化效果到底如何？各参与城市因此都受到哪些影响？为此，笔者在 2012 年 11—12 月、2016 年 10—12 月和 2017 年 10—12 月期间，在厦漳泉三个城市做了大量的实地调研，走访了包括三市发改委、统计局等同城化主管部门，获得了大量的厦漳泉同城化一手资料，从而为厦漳泉同城化效果分析提供依据。

一、厦漳泉同城化发展效果的量化分析

这里主要采用主成分聚类分析法对厦漳泉同城化战略实施六年多来的效果，特别是它们同城化后的经济发展水平进行定量分析。主成分分析 (Principal Components Analysis，简称 PCA) 是通过恰当的数学变换，使新变量（主成分）成为原变量的线性组合，并选取少数几个在变差总信息量中比例较大的主成分来分析事物的一种方法①。由此可见，主成分分析法是一种降维的统计方法，即把存在较高相关性的多指标转化为少数几个相互独立或不相关的综合指标（主成分），寻求主成分来分析事物的分析过程。主成分聚类分析法是对主成分分析与聚类分析方法的综合利用，利用主成分分析的结果作为聚类分析的样本矩阵，不仅减少了数据的冗余信息，而且原理清晰，所得结论客观实际，可靠性强②。

---

① 李艳双，曾珍香，张闽等．主成分分析法在多指标综合评价方法中的应用 [J]．河北工业大学学报，1999，28 (1)：94—97．
② 吕岩威，孙慧，周好杰．基于主成分聚类分析的西部地区经济实力评价 [J]．科技管理研究，2009 (12)：157—160．

(一) 研究对象

本章研究对象是厦漳泉同城化区域目标范围内的各县市。厦漳泉同城化的目标范围包括三市全域，共28个县市。为便于数据处理，本研究把市辖的所有区合并为一个单位，因此，最后纳入数据处理的研究对象有19个县市，具体包括：厦门市辖区；泉州市辖区以及晋江市、石狮市、南安市、惠安县、安溪县、永春县、德化县等3市4县；漳州市辖区以及龙海市、云霄县、漳浦县、诏安县、长泰县、东山县、南靖县、平和县、华安县等1市8县。

(二) 评价指标与数据来源

一个地区的社会经济发展状况都是涉及多个要素、多个层面的，因此任何单一指标都无法实现全面而客观的评价。一般来说，此时就需要用一组评价指标体系从不同侧面多方面综合地反映该地区的经济发展水平。由此可见，如何构建科学、完善的同城化评价指标体系是对厦漳泉同城化发展效果进行正确评价的重要前提。

根据国内文献已有的评价指标体系以及厦漳泉各级政府在政府工作报告中关注的视角，同时兼顾评价指标的可获得性、科学性、系统性等原则，本书从同城化的内涵出发，建立了由经济环境、社会环境、民生福祉环境等三个方面19个指标组成的评价体系。其中反映经济环境发展的共有7个指标：人均GDP（X_1）、规模以上工业总产值（X_2）、规模以上工业利税总额（X_3）、固定资产投资（X_4）、非农GDP比例（X_5）、农作物耕种面积（X_6）、主要农产品产量（X_7）；反映社会环境发展的共有5个指标：年末常住总人口（X_8）、城镇化水平（X_9）、社会消费品零售总额（X_{10}）、公路通车里程（X_{11}）、一般公共预算支出（X_{12}）；反映民生福祉环境的共有7个指标：从业人员期末人数（X_{13}）、在岗职工平均工资（X_{14}）、城镇居民人均可支配收入（X_{15}）、农村居民人均可支配收入（X_{16}）、期末参加医保的人数（X_{17}）、卫生机构床位数（X_{18}）、普通高中专任教师数（X_{19}）。这些指标共同构建了厦漳泉同城化综合实力的评价指标体系，具体见表8-2。

本章厦漳泉同城化各评价指标数据主要来源于2011年和2017年的《福建统计年鉴》，个别年份数据的缺失采用相邻年份值插值法补齐。

表 8-2　厦漳泉同城化综合实力评价指标体系

准则层	指标层	单位
经济环境	人均 GDP（X_1）	元
	规模以上工业总产值（X_2）	亿元
	规模以上工业利税总额（X_3）	亿元
	固定资产投资（X_4）	万元
	非农 GDP 比例（X_5）	%
	农作物耕种面积（X_6）	千公顷
	主要农产品产量（X_7）	吨
社会环境	年末常住总人口（X_8）	万人
	城镇化水平（X_9）	%
	社会消费品零售总额（X_{10}）	万元
	公路通车里程（X_{11}）	公里
	一般公共预算支出（X_{12}）	万元
民生福祉环境	城镇居民人均可支配收入（X_{13}）	元
	农村居民人均可支配收入（X_{14}）	元
	从业人员期末人数（X_{15}）	人
	在岗职工平均工资（X_{16}）	元
	期末参加医保的人数（X_{17}）	万人
	卫生机构床位数（X_{18}）	张
	普通高中专任教师数（X_{19}）	人

（三）分析过程

在对厦漳泉同城化效果进行实证分析时，我们选取 2017 年《福建统计年鉴》（说明：这是截至 2018 年 4 月的最新统计年鉴，其中的经济数据是 2016 年的，所以下面计算结果反映的是 2016 年厦漳泉的经济情况）里厦漳泉同城化 19 个县市相关的 19 项指标数据作为分析样本，使用统计分析工具 SPSS

(18.0) 软件来进行实证研究。

1. 提取主成分

提取主成分的目的主要是用于聚类指标的降维。首先，利用 SPSS 软件自带的数据标准化功能，同时标准化处理了 19 个指标的原始数据，以消除量纲不同等对分析结果的影响。在此基础上，通过选择因子分析中的主成分分析法，计算得到各指标之间的相关系数特征值、贡献率、累计贡献率等，结果如表 8-3 所示。

表 8-3 各指标的特征值、贡献率和累积贡献率

成分	初始特征值		
	合计	方差	累积
1	12.039	63.361%	63.361%
2	2.778	14.621%	77.982%
3	1.540	8.108%	86.089%

注：因篇幅原因，这里仅列出前三个成分的初始特征值。

由表 8-3 可知，相关系数的前三大特征值分别为 12.039、2.778 和 1.540，前三个成分的累计贡献率为 86.089%。因为所提取的主成分各指标的特征值均大于 1，且由于累计贡献率超过 86%，因此可以认为原来的 19 个指标能够综合成 3 个主成分，即说明衡量厦漳泉同城化效应的三个主成分指标可以解释原始数据的大部分信息，主成分分析的降维效果显著。所提取的 3 个主成分的成分矩阵如表 8-4 所示，其中第一主成分 F_1 在 ZX_1（人均 GDP）、ZX_2（规模以上工业总产值）、ZX_3（规模以上工业利税总额）、ZX_4（固定资产投资）、ZX_5（非农 GDP 比例）、ZX_8（年末常住总人口）、ZX_9（城镇化水平）、ZX_{10}（社会消费品零售总额）、ZX_{11}（公路通车里程）、ZX_{12}（一般公共预算支出）、ZX_{13}（城镇居民人均可支配收入）、ZX_{14}（农村居民人均可支配收入）、ZX_{15}（从业人员期末人数）、ZX_{16}（在岗职工平均工资）、ZX_{17}（期末参加医保的人数）、ZX_{18}（卫生机构床位数）和 ZX_{19}（普通高中专任教师数）这 16 个指标变量上的荷载值都很大，因此 F_1 可以认定为是社会经济发展因子，它主要综合反映了全社会的经济效益；第二主成分 F_2 中对应荷载值比较大的指标变量主要有 ZX_6（农作物耕种面积）和 ZX_7（主要农产品产量）这 2 个指标，因此

F_2 主要反映了农业经济对同城化效应的影响,可以认定它为农业发展因子;第三主成分 F_3 中 ZX_{11}(公路通车里程)的系数远小于其他变量的系数,反映了基础设施建设对同城化效应的影响,因此可以认定它为基础设施结构因子。

表 8-4 成分矩阵

	成份		
	1	2	3
VAR00001	0.574	−0.726	−0.029
VAR00002	0.974	0.054	0.069
VAR00003	0.888	−0.055	0.193
VAR00004	0.969	0.126	−0.049
VAR00005	0.676	−0.272	0.390
VAR00006	−0.051	0.797	0.488
VAR00007	0.126	0.880	0.148
VAR00008	0.957	0.250	0.045
VAR00009	0.803	−0.017	0.455
VAR00010	0.986	0.037	−0.050
VAR00011	0.729	0.076	−0.523
VAR00012	0.928	0.205	−0.064
VAR00013	0.779	−0.425	0.329
VAR00014	0.634	−0.437	0.418
VAR00015	0.939	0.157	−0.209
VAR00016	0.521	−0.344	−0.273
VAR00017	0.878	0.197	−0.381
VAR00018	0.912	0.160	−0.219
VAR00019	0.933	0.233	0.003

提取方法:主成分,已提取了 3 个成分。

2. 聚类分析

笔者利用 SPSS 软件进一步对研究对象进行聚类分析。本次聚类采用系统聚类过程，同时采用 Ward 法和欧式距离的聚类方法，最终得到系统聚类分析的谱系图如图 8-1。

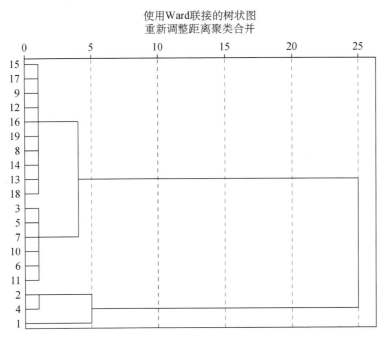

图 8-1　2016 年厦漳泉同城化各县市聚类分析谱系图

由图 8-1 可知，2016 年厦漳泉 19 个县市可以分成四个层次：第一层是厦门市，属于经济发达地区；第二层包括泉州市辖区和晋江市两个城市，属于经济比较发达地区；第三层包括石狮市、南安市、惠安县、安溪县、漳州市辖区和龙海市等 6 个县市，属于经济比较不发达地区；第四层包括永春县、德化县、云霄县、漳浦县、诏安县、长泰县、东山县、南靖县、平和县和华安县等 10 个县市，属于经济落后地区。

3. 各县市综合实力横向比较

量化分析的最后一个步骤，就是根据各主成分得分，通过各主成分方差贡献率及其占三个主成分总方差贡献率的比重作为权重进行加权汇总求出综合得分。以这个综合得分的大小进行排序，可以得到厦漳泉同城化各县市综合实力排序表，如表 8-5。

表 8-5　2016 年厦漳泉同城化各县市综合实力排序表

县市	2016 年				排名
	F_1	F_2	F_3	$F_{综}$	
1 厦门市辖区	11.078 74	1.656 77	−2.071 92	8.240 13	1
2 泉州市辖区	4.314 43	−0.575 33	−0.672 02	3.014 39	3
3 石狮市	1.070 15	−4.029 59	1.013 48	0.198 71	7
4 晋江市	4.022 55	−0.525 77	2.745 01	3.129 81	2
5 南安市	1.457 83	0.909 52	2.207 63	1.435 34	4
6 惠安县	0.768 70	−0.717 82	1.429 33	0.578 46	5
7 安溪县	−0.796 16	1.288 75	0.062 55	−0.361 2	9
8 永春县	−1.832 42	0.457 4	0.100 50	−1.261 5	11
9 德化县	−2.282 21	0.036 25	−0.475 61	−1.718 33	14
10 漳州市辖区	0.860 78	−1.590 59	−1.359 58	0.235 35	6
11 龙海市	−0.000 79	0.070 65	0.443 34	0.053 18	8
12 云霄县	−2.567	0.402 18	−0.693 73	−1.886 33	17
13 漳浦县	−1.403 95	2.873 20	0.987 17	−0.452 35	10
14 诏安县	−2.693 98	1.679 06	−0.365 86	−1.732 05	15
15 长泰县	−1.839 99	−1.333 02	−0.063 32	−1.586 58	12
16 东山县	−2.019 75	−2.066 56	−1.062 03	−1.937 52	18
17 南靖县	−2.526 58	0.411 18	−0.418 12	−1.829 1	16
18 平和县	−2.788 67	2.350 55	−0.308 69	−1.682 31	13
19 华安县	−2.821 69	−1.296 83	−1.498 16	−2.438 1	19

注：负数不代表实际值，只表示与平均水平的差距。

由表 8-5，首先我们可以清晰地看到，厦门市以综合得分 8.240 13 的高分，远远地将其他 18 个县市甩在后面，呼应了聚类分析中厦门市处于第一层经济发达地区的结论，特别是其中第一主成分的得分高达 11.078 74，说明厦门市在社会经济发展中处于厦漳泉区域绝对的领先位置。但同时我们也看到，厦门市第三主成分的分值为负数，说明其基础设施结构因子因为受到地域面积制约而相比较于区域内其他县市来说并不理想。通过表 8-5，我们还进一步看到，晋江市和泉州市辖区两市处在聚类分析中的第二层队伍中，它们的综合得分均超过3，属于经济比较发达的地区。两市的共同特点是社会经济发展因子得分都大于4，而农业发展因子都为负数，说明两市经济发展的非农业性特征比较突出。第三梯队包括石狮市、南安市、惠安县、安溪县、漳州市辖区和龙海市等6个县市，这6个县市的综合得分，除了安溪县的值稍小于0外，其他5个县市的综合得分值都大于0，它们的经济发展状况处于比较不发达状态。剩下的10个县市，其综合得分都小于0，属于经济落后地区，其中综合得分最小的是华安县，综合分仅为 -2.4381，远远小于第一名厦门市。若再进一步细看，东山县和华安县两个县的三个主成分得分均为负数。也就是说，相比较于区域内其他的县市，东山县和华安县的任何一个主成分，都没有优势。

4. 各县市综合实力纵向比较

通过表8-5的综合得分，可以更加清晰地看到，在厦漳泉同城化区域内，2016年各县市的社会综合经济发展差距较大，贫富悬殊明显。于是，就带来了这样的一个思考：这个发展差距是同城化前就存在的，还是随着同城化进程而动态变化（如位序变化、主成分差距缩小或放大）的？为了更好地回答这些问题，笔者进一步选择2011年《福建统计年鉴》里厦漳泉同城化19个县市相关的19项指标数据作为分析样本，同样按照前面的主成分聚类分析步骤进行纵向对比实证研究。之所以选择2011年鉴数据作为比较研究的一手数据，主要是因为厦漳泉同城化是2011年开始揭开大幕的，也就是说，2011年鉴里的2010年份数据能够较为准确地反映同城化战略没有开始之前厦漳泉区域19个县市的真实社会经济状况。同时，因为本次主成分分析的目的是为了与2016年的分析结果进行同城化效应的纵向对比研究，所以其他的过程数据都给予省略，仅保留聚类分析的谱系图（如图8-2）以及最终各县市主成分得分及其排名的信息，并将后者与2016年相对应分析结果进行比较，最终得到如表8-6所示的结果。

从图8-2我们可以清晰地看到：2010年厦漳泉区域各县市的经济综合实力可以分为四个层次：第一层次是厦门市，属于经济发达地区；第二层次包括泉州市辖区、石狮市、晋江市和漳州市辖区等4个城市，属于经济比较发达地区；第三层次主要包括南安市、惠安县、安溪县、永春县、德化县和龙海市等6个县市，属于经济较不发达地区；剩下的8个县属于经济落后的第四层次。

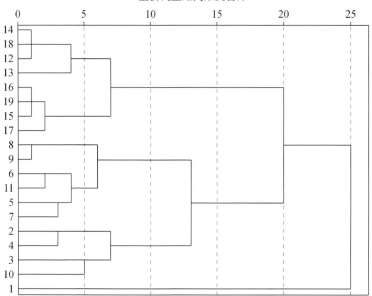

图 8-2　2010 年厦漳泉同城化各县市聚类分析谱系图

表 8-6　厦漳泉同城化各县市 2010 年和 2016 年综合实力排序比较表

序号	县市	年份	得分				排名
			F_1	F_2	F_3	$F_{综}$	
1	厦门市辖区	2010	11.946 40	0.917 35	−2.508 60	8.664 54	1
		2016	11.078 74	1.656 77	−2.071 92	8.240 13	1
2	泉州市辖区	2010	4.129 75	−0.823 77	0.845 91	2.948 23	2
		2016	4.314 43	−0.575 33	−0.672 02	3.014 39	3↓1
3	石狮市	2010	1.103 69	−3.994 43	2.074 59	0.284 30	7
		2016	1.070 15	−4.029 59	1.013 48	0.198 71	7
4	晋江市	2010	3.457 80	−0.416 96	0.803 74	2.525 81	3
		2016	4.022 55	−0.525 77	2.745 01	3.129 81	2↑1
5	南安市	2010	1.380 38	2.563 02	2.195 00	1.665 23	4
		2016	1.457 83	0.909 52	2.207 63	1.435 34	4

(续表)

序号	县市	年份	得分 F_1	得分 F_2	得分 F_3	得分 $F_{综}$	排名
6	惠安县	2010	0.553 64	0.121 89	1.101 52	0.526 69	5
		2016	0.768 70	−0.717 82	1.429 33	0.578 46	5
7	安溪县	2010	−0.750 06	2.412 17	1.288 66	−0.001 08	9
		2016	−0.796 16	1.288 75	0.062 55	−0.361 2	9
8	永春县	2010	−1.441 18	0.980 18	1.155 16	−0.773 29	10
		2016	−1.832 42	0.457 4	0.100 50	−1.261 5	11↓1
9	德化县	2010	−1.712 06	−0.192 40	0.940 10	−1.199 66	12
		2016	−2.282 21	0.036 25	−0.475 61	−1.718 33	14↓2
10	漳州市辖区	2010	1.162 50	−2.226 50	0.046 03	0.457 20	6
		2016	0.860 78	−1.590 59	−1.359 58	0.235 35	6
11	龙海市	2010	−0.057 90	0.702 22	0.387 05	0.118 02	8
		2016	−0.000 79	0.070 65	0.443 34	0.053 18	8
12	云霄县	2010	−2.690 27	0.235 54	−1.464 23	−2.057 45	15
		2016	−2.567 0	0.402 18	−0.693 73	−1.886 33	17↓2
13	漳浦县	2010	−1.950 95	2.722 29	−0.133 20	−0.953 00	11
		2016	−1.403 95	2.873 20	0.987 17	−0.452 35	10↑1
14	诏安县	2010	−2.940 69	0.845 54	−1.279 46	−2.114 97	16
		2016	−2.693 98	1.679 06	−0.365 86	−1.732 05	15↑1
15	长泰县	2010	−2.083 26	−1.152 68	−0.324 37	−1.757 19	14
		2016	−1.839 99	−1.333 02	−0.063 32	−1.586 58	12↑2
16	东山县	2010	−2.281 13	−2.257 06	−1.137 00	−2.172 52	17
		2016	−2.019 75	−2.066 56	−1.062 03	−1.937 52	18↓1
17	南靖县	2010	−2.220 64	0.140 94	−0.804 64	−1.670 98	13
		2016	−2.526 58	0.411 18	−0.418 12	−1.829 1	16↓3
18	平和县	2010	−2.925 14	0.649 07	−1.761 63	−2.182 54	18
		2016	−2.788 67	2.350 55	−0.308 69	−1.682 31	13↑5

(续表)

序号	县市	年份	得分				排名
			F_1	F_2	F_3	$F_{综}$	
19	华安县	2010	−2.680 89	−1.226 40	−1.424 66	−2.307 33	19
		2016	−2.821 69	−1.296 83	−1.498 16	−2.438 1	19

注：负数不代表实际值，只表示与平均水平的差距。

从表 8-6 的比较结果，我们可以很清晰地看到，经过八年的同城化之后，厦漳泉区域内 19 个县市受到同城化的影响不同，有些县市因为同城化战略的实施而得以更好发展，例如平和县在排位上往前移动 5 位，长泰县往前移动 2 位，还有晋江市、漳浦县、诏安县等也都往前移动 1 位；而有些县市却因为同城化战略的实施而在厦漳泉区域内经济实力排名靠后了，最典型的就是南靖县，排名从 2010 年的区域第 13 位退到了 2016 年的区域第 16 位。另外，德化县和云霄县等的位置也后移了 2 位，泉州市辖区、永春县和东山县等的位置也各后移了 1 位。这些综合实力排序的变化，与厦漳泉同城化的影响有一定关系。若再结合各主成分的得分值，可以更加清晰地看到同城化的实施对各县市发展产生影响的具体因素是什么。以进步最大的平和县为例，表 8-6 的数据对比清晰显示，平和县的发展前进主要贡献是 F_2 农业发展因子，其得分从 2010 年的 0.649 07 提高到 2016 年的 2.350 55，提高率为 362%；另外 F_3 基础设施结构因子的得分也从 2010 年的 −1.761 63 提高到 2016 年的 −0.308 69，虽然基础设施水平还没有达到同城化区域的平均水平（得分表现为负数），但也有很大的进步，这说明由于同城化带来基础设施的进一步完善，从而带动经济更好的发展，实现同城化中的辐射效应。再以退步三位的南靖县为例，导致其位置后移三位的主要原因是其 F_1 经济发展因子的退步，其得分值从 2010 年的 −2.220 64 下降到 2016 年的 −2.526 58，降低率为 14%，虽然 F_2 和 F_3 两个因子得分值略微好转，但与其他县市相比，还是相对落后了。

如果把图 8-2 与图 8-1 相比较，其中有一个城市的位置变化值得特别关注，那就是漳州市辖区。在没有实施同城化战略之前，它在厦漳泉区域的综合实力地位是排在第二层次，即经济较发达地区。但在同城化之后，它在厦漳泉区域的综合实力位置却排在了经济较不发达地区，与其他经济较不发达的县市排在同一层次里。进一步结合表 8-6 中的对比数据，可以看到漳州市辖区的经济并没有随着同城化的实施而受到积极正向的影响，虽然表面上排名没有变化，但F_1经济发展因子和F_3基础设施结构因子都有所下降，特别是F_3的下降幅度更大，其得分值从0.046 03下降到－1.359 58，这似乎与同城化实施以来包括厦漳跨海大桥、龙厦铁路、厦深铁路等通车以及厦漳海底隧道工程的开工建设等同城化基础设施大力建设的事实不相符，但换个角度似乎可以较好解释这种梯队下降变化的现象，那就是虹吸效应。

(四) 量化分析结果讨论

以下对厦漳泉同城化结果测度及其横向、纵向比较的结果进行讨论。

1. 同城化效应进一步凸显

通过实证分析，特别是2010年与2016年数据主成分聚类分析的纵向比较结果，我们可以很清晰地看到，厦漳泉同城化战略实施八年多来，其同城化的辐射效应、虹吸效应、马太效应等在不同县市分别发生作用。其中，接受厦漳泉辐射效应最为明显的就是长泰县，因为优越的地理位置（紧邻厦门市和泉州市）、生态环境、人力成本等，使其成为厦门真正意义上的后花园，因此受益匪浅，其城市发展综合实力这六年来有明显提升，在厦漳泉区域排位往前移动了两位。平和县在厦漳泉同城化进程中也相对受益不浅，其位序也从2010年的18位上升到2016年的13位，综合得分也从－2.182 54提高到－1.682 31。而在厦漳泉同城化中，受到虹吸效应影响最大的可能就是漳州市辖区了，一方面，优秀人才涌向厦门，优秀企业也将总部设到了厦门，另一方面，由于与厦门在产业定位上并没有明显的产业链依附关系，反而不少是竞争关系，因此在八年多的同城化战略实施期间，其综合实力不升反降，虽然在区域内排位没变，但在县市发展梯队中却从原来的经济较发达地区队伍（第二梯队）掉到了经济较不发达县市的队伍（第三梯队）中，$F_综$的得分也从0.457 2降到了0.235 35。这说明，相比于晋江、泉州、惠安等县市（它们的$F_综$八年来都是上升的），漳州市的相对经济发展速度不如它们。龙海市也有相似情况，虽然它的位序没变，但综合得分却从0.118 02降到了0.053 18。而同城化马太效应中的"弱者越弱"，则在南靖县、云霄县等体现明显。南靖县虽然紧挨着漳州市辖区，但因为漳州市辖区本身经济发展速度就相对落后，所以并没有对南靖县起到辐射带动作用；云霄县则地理位置离中心城市较远，又没有明显的产业优势或人才资源优势，这些原因都使得南靖县和云霄县等在同城化发展中有

"被甩下"的感觉，其综合实力八年中各掉了 3 个位序和 2 个位序。总而言之，同城化战略实施八年多来，同城化效应明显发挥了作用。

2. 厦门中心城市地位得以进一步巩固

在厦漳泉同城化战略提出之初，可能泉州的不同意见最大。因为泉州一直以自己的 GDP 在福建省最高、历史最悠久等引以为豪，同时并不服气以厦门作为整个同城化战略的中心城市。而通过主成分分析的实证研究，我们清晰地看到，厦门不管是在同城化战略实施之前的 2010 年还是同城化战略实施八年后的 2016 年，其综合实力都比泉州市高出将近 2 倍，实证结果显性地告诉我们：厦门市是厦漳泉同城化战略中心城市的不二选择。另外，2017 年厦门市政府工作报告清晰显示，厦门拥有国家自贸试验区、国家四大国际航运中心之一、国家"一带一路"支点城市、国家自主创新示范区等身份，这些都使得厦门在同城化中的中心城市地位得以进一步巩固。

3. 区域内各县市经济发展水平仍然差异较大

不管是实证分析中的横向比较结果，还是纵向比较结果，我们都看到 19 个县市之间的经济发展水平实力悬殊。排在第一名的厦门，综合得分超过了 8，而 2016 年还有 11 个县市的综合分小于 0，华安县综合得分最小，甚至低于 -2。如果结合统计年鉴里的具体经济发展数据，那差距就更为明显了。例如，2016 年厦漳泉区域中，人均 GDP 最高的石狮市，达到 102 652，而同年最低的诏安县人均 GDP 只有 36 141，只是第一名的 35.21%。又如，2016 年厦漳泉区域各县市的社会消费品零售总额这个指标，最高的厦门市是 12 834 595 万元，最低的华安县是 262 457 万元，后者仅为前者的 2.04%。由此可见，虽然同城化战略已经实施八年多，但区域内各县市的经济实力悬殊还是非常大。

二、厦漳泉同城化发展效果的定性分析

从上文的量化分析结果可以看到，八年多来，厦漳泉同城化的发展虽然已初步取得一定的成果，但还没有很好实现真正意义上的协同管理。另外，通过几年来我们对厦漳泉同城化跟踪调研所获取的大量信息资料，以及专家访谈时所得到的信息，都显示厦漳泉同城化在各方面的管理工作中仍然存在不少问题，无法达到真正的协同管理，使得发展效果不尽如人意，主要表现在以下几个方面：

（一）地方政策存在明显差异

早在 1980 年 10 月，国务院就已经批准厦门设立经济特区，是我国的六个经济特区之一。至此，厦门市已拥有自由港、台商投资区、保税区等各项特殊政策，在 1992 年又被国务院批准为计划单列市，这意味着厦门市拥有相当于省一级的经济管理权，1994 年又授权拥有地方立法权。厦门经济特区拥有的这些特殊政策，不要说漳州、泉州两市没有，就是中国很多省市也都不曾拥有。这个明显的地方政策差异现象，在当前厦漳泉同城化进程中似乎并不能消除，厦门经济特区的优惠政策漳州和泉州两市也无法共享。另外中国普遍存在的具有明显地方保护色彩的户籍管理制度问题，厦漳泉同样存在。虽然厦漳泉同城化在治理过程中采用"党政领导联席会议"模式，旨在由各参与城市主体主管市长牵头协商同城化发展方向与内容，破解由各地政策制度差异而造成的合作困难，但事实上这些会议内容缺乏后续执行落实的法律保障。所有这些政策制度方面问题都是厦漳泉在同城化过程中需要面对的，如果这些问题没有解决，必将使厦漳泉同城化中的很多同城化项目合作无法真正开展下去。

（二）行政体制壁垒仍未打破

中国由于受到行政区划制度、财税制度以及社保制度等的影响，以及不同地方的行政权力、地方政策，甚至地方立法权等方面拥有不同的权力，从而导致各地行政壁垒依然明显存在，至今仍未完全打破。厦漳泉同城化在这方面的问题也是非常明显的，特别是厦门作为国家级的经济特区，享有非同一般的特殊权力、特殊政策等，例如自由港政策、保税区政策，甚至地方立法权，而这些都是泉州、漳州两市所没有的，因此实际上进一步强化了厦漳泉同城化区域的行政体制壁垒，导致从同城化区域整体进行协同管理的难度加大。

此外，行政体制壁垒又会带来更多的地方利益博弈。由于硬性行政区划体制仍占主导地位，因此厦漳泉各城市主体在参与同城化进程中，仍习惯以自身利益为主确定参与的力度以及城市发展目标。对于同城化联席会上确定的同城化项目（厦漳泉同城化第一次和第二次联席会总共明确了 57 个同城化项目），各城市主体之间是否会采取合作行动，这完全取决于地方利益博弈的结果。如果觉得有利于自己城市发展的项目，可能就会较为主动参与，如果觉得不利于自己城市发展的项目，可能就会观望甚至抵制。厦门利用自己的特区政策优势，在人财物各方面都有很大的吸引力，厦门观音山的总部经济明显，吸引了来自泉州和漳州众多民企总部落户，这种要素资源一边倒的现象引起了泉州和漳州的不满，也大大影响了这两个城市的经济发展，因此受到这两个城市的反感甚至抵触，例如本应在泉州召开的第三次联席会议至今无法进行，恐怕就是地方利益博弈的影响结果。

（三）产业关联程度仍不高

在本书第五章中关于厦漳泉三个城市各自相对优势产业的分析结果告诉我们，厦漳泉三市产业关联程度还不够高，特别是厦门和泉州两市。分析结果显示，厦门与漳州共同的优势产业有3个：金属制品业、汽车制造业和仪表仪器制造业；泉州与漳州共同的优势产业有1个，即造纸及纸制品业；泉州与厦门没有共同的优势产业。厦门市的三大传统支柱产业是电子、化工和机械，而泉州则主要是传统制造业，包括服装、鞋业、陶瓷、纺织、石材等，两市的产业关联度很低，这势必会降低厦漳泉同城化产业协同发展。同时，产业关联度低也会导致产业集聚难以形成规模效应。虽然三市特别是厦漳两市已经在努力协调合作建设产业园区等项目，但事实上还没有形成足够规模的主导产业和拳头产品，支柱产业市场影响不够大，电子、化工、机械等三大主导产业的市场竞争优势也不明显，从而影响厦漳泉同城化产业协同发展的动力。

（四）产业发展定位互补不足

现实中厦漳泉三市区分不明显的城市发展战略定位，也使得厦漳泉同城化的产业协同发展略显尴尬，有彼此定位"互补不足，竞争有余"之嫌。近年来，厦门市的定位是"现代化国际性港口风景城市"；泉州市提出建立"海湾型港口工贸城市"的构想；漳州市的定位是"依港立市，工业强市"。由此可见，三个城市之间的发展定位非常相似，必然导致恶性竞争的可能，从而使同城化中实现主动的产业协同难度加大。事实上，从2011年厦漳泉同城化开始至今，八年多来三市的产业分工合作尚处在较低层次，深层次高附加值的合作还是比较缺乏。以厦漳两市为例，相似的城市定位、相近的产业布局（两市都鼓励发展电子、机械、汽车等产业），使得两个城市之间更多的是竞争关系。这种竞争关系在两市招商引资方面表现尤为激烈，互抢投资者的事情也时有发生。如果产业定位不适当错开，由于资源有限和机会稀缺，那势必使得参与同城化的各个城市主体之间关系就会变成竞争有余而合作不足，厦漳泉同城化协同管理也将难以深入开展。

(五) 地方化身份认识固化

厦漳泉同城化在文化理念层方面最典型的问题就是市民传统价值观念根深蒂固，地方化身份认识固化。厦漳泉三个城市，虽然都属于闽南金三角地区，说的都是闽南话，但正如这三个城市的闽南话听起来实际上是有很大差异的一样，三个城市的居民在属地观念方面实际上也差异非常大，而且非常根深蒂固。也就是说，厦门人以自己是经济特区的人而骄傲，泉州人则因为自己的经济发达而自豪，就是漳州人也沉醉于自己小富则安的悠哉日子。一直以来，三个城市的彼此认同度并不高，存在较为严重的地方化身份认识固化现象。这个厦漳泉文化理念层方面的问题，给厦漳泉同城化文化协同带来巨大的价值观差异障碍，如果不加以解决，将会大大制约厦漳泉同城化协同管理的最终效果。

综上，对厦漳泉同城化发展效果量化和定性分析的结论表明，厦漳泉同城化至今并没有实现真正意义上的协同管理，因此需要进一步通过对厦漳泉同城化协同度的评测，明确影响厦漳泉同城化协同管理各指标因素的影响程度，以便有针对性对厦漳泉同城化协同管理进行思考，以实现厦漳泉同城化的协同发展及加快发展建设步伐。

第三节 厦漳泉同城化协同度的评测

为明确八年多来厦漳泉同城化的协同管理现状以及协同合作效果，这里主要对厦漳泉同城化协同度进行测度，从中找到对厦漳泉整个区域及其不同县市发展的影响因素，为更好开展厦漳泉同城化协同管理提供依据。

在上一章同城化协同度评测研究的基础上，这里继续借助 Yaahp11.2 软件，运用层次分析法、模糊综合评价法和专家意见法等，具体评测分析厦漳泉同城化的协同度，以期更为显性地评价研究厦漳泉同城化协同管理发展状况，从而为后续的厦漳泉同城化协同管理思考提供更为充分的依据。

一、厦漳泉同城化协同度的评测过程

在上文第七章中，我们已经通过协同度的相关理论研究并生成了基于集成视角同城化协同管理理论下的一般协同度评测表（具体详见表 7-4），这里将在该评测表的基础上进行适当修改，并进一步借助 Yaahp11.2 软件，生成适用于

厦漳泉同城化的协同度评测表，以用来对厦漳泉同城化这个案例进行针对性的评测，具体表格如表 8-7。

表 8-7 厦漳泉同城化协同度评测表

评测人	姓名：		单位：

同城化是在不打破原先城市行政壁垒的前提下所进行的各城市之间的协同合作，请各位专家根据自己的经验认知对厦漳泉同城化协同度的各项指标进行尽可能客观的评价，谢谢大家。

NO.	评测指标	评测指标说明	评价
1	国家整体规划引导	从国家层面对地方发展的整体规划与引导力度大小	非常理想 比较理想 一般 比较不理想 非常不理想
2	地方上级政府干预	各城市直属地方上级领导对同城化的支持与干预力度大小	非常理想 比较理想 一般 比较不理想 非常不理想
3	多方主体参与监督治理	包括政府、企业、各界专家、居民等对同城化事务参与的热情与重视	非常理想 比较理想 一般 比较不理想 非常不理想
4	同城化激励与约束机制	关系性契约达成后，是否被严格且平等执行	非常理想 比较理想 一般 比较不理想 非常不理想
5	各城市间相互信任度	各城市政府之间彼此信任程度的大小	非常理想 比较理想 一般 比较不理想 非常不理想
6	同城化文件法律化	同城化区域内各城市协同合作的法律文件数量多少、涉及内容范围等	非常理想 比较理想 一般 比较不理想 非常不理想

（续表）

NO.	评测指标	评测指标说明	评价
7	信息沟通充分程度	各城市之间同城化治理信息相互沟通渠道是否畅通、互动是否经常等	非常理想 比较理想 一般 比较不理想 非常不理想
8	医疗教育资源共享	与民生相关的医疗、教育资源、社保等的互通共享力度	非常理想 比较理想 一般 比较不理想 非常不理想
9	同城基础设施统一布局	包括同城交通网络、通信设施等基础设施的统一规划与共建共享	非常理想 比较理想 一般 比较不理想 非常不理想
10	同城空间统一规划	是否有统一布局的新城、飞地或开发区等	非常理想 比较理想 一般 比较不理想 非常不理想
11	同城产业合理分工布局	包括产业链共享合作、区域内产业统一布局等	非常理想 比较理想 一般 比较不理想 非常不理想
12	同城间人财物的自由流动	包括人、财、物、信息等市场要素流动的便利性与流量数	非常理想 比较理想 一般 比较不理想 非常不理想
13	各城市间文化相互包容度	不同城市文化之间的相互包容，以及居民对同城化的认识与认同程度	非常理想 比较理想 一般 比较不理想 非常不理想

(续表)

NO.	评测指标	评测指标说明	评价
14	各城市共赢合作意愿	各城市政府参与同城化的积极性及互动频繁程度	非常理想 比较理想 一般 比较不理想 非常不理想
15	倡导严格执行制度文化的氛围	已出台的同城化文件或其他制度是否被严格执行	非常理想 比较理想 一般 比较不理想 非常不理想
16	同城整体形象宣传	是否有统一的"同城"整体形象设计及宣传等	非常理想 比较理想 一般 比较不理想 非常不理想
17	各城市间文化差异	不同城市之间文化差异程度大小	非常理想 比较理想 一般 比较不理想 非常不理想

二、厦漳泉同城化协同度的评测结果讨论

利用评测表8-7，我们在2017年12月至2018年1月期间，再次前往厦门、漳州、泉州等地，通过对三个城市的发改委、统计局、质监局、高等院校、相关研究所、社区有关单位等进行实地走访，并邀请相关工作人员完成评测表的填写，最终收回有效评测表86份。将这86份的评测表数据导入到Yaahp11.2软件中，最终得到表8-8和表8-9所示的厦漳泉同城化协同管理协同度评测结果。

表8-8 厦漳泉同城化协同度评测得分表

指标层级	指标内容	指标得分均值
准则层	制度协同	5.871 2
	要素协同	5.607 0
	文化协同	5.839 5

(续表)

指标层级	指标内容	指标得分均值
方案层	国家整体规划引导	6.244 2
	地方上级政府干预	6.174 4
	多方主体参与监督治理	6.302 3
	同城化激励与约束机制	5.488 4
	各城市间相互信任度	5.732 6
	同城化文件法律化	5.302 3
	信息沟通充分程度	6.302 3
	医疗教育资源共享	5.546 5
	同城基础设施统一布局	6.244 2
	同城空间统一规划	4.918 6
	同城产业合理分工布局	5.407 0
	同城间人财物的自由流动	5.720 9
	各城市间文化相互包容度	6.441 9
	各城市共赢合作意愿	5.779 1
	倡导严格执行制度文化的氛围	5.476 7
	同城整体形象宣传	5.186 0
	各城市间文化差异	5.872 1

表 8-9 厦漳泉同城化协同度综评等级隶属度

评价等级	隶属度
非常理想	0.073 1
比较理想	0.366 2
一般	0.424 5
比较不理想	0.117 1
非常不理想	0.019 1

根据最大隶属度原则，表 8-9 的隶属度评测结果说明，厦漳泉同城化协同管理的协同度评价等级为"一般"。首先，具体到各指标要素，从表 8-8 的得

分结果可知，准则层中的三大维度，其中要素协同维度的得分比较低，为 5.607 0，制度协同和文化协同的得分相对较高，分别为 5.871 2 和 5.839 5，这些数据结果说明，在厦漳泉同城化战略实施八年多来，由于实行的是"党政领导联席会议"模式，且福建省政府在政策方面也给予了努力协调引导，因此制度协同相对比较好；同时，由于厦漳泉都是属于闽南地区，相似的妈祖文化与闽南方言，使得三个城市在文化协同包容方面相对比较容易。而要素协同的得分相对比较低，原因很多，其中可能与没有共建新城或飞地等空间统一规划等有关。其次，再进一步具体到方案层的指标，排在分值前三位的是各城市间文化相互包容度、多方主体参与监督治理和信息沟通充分程度等三个指标要素，而排在后三位的是同城空间统一规划、同城整体形象宣传和同城化文件法律化等指标要素，特别是同城空间统一规划这个指标要素，得分只有 4.918 6。这些数据结果显示，厦漳泉同城化在实施八年多以来，各方面的协同管理有长有短。由于同处于闽南金三角地区，较为相似的文化背景使得彼此之间有较高的文化包容度，但同城化的力度还有待提高，特别是在空间要素的协同方面，还有很多不足的地方。

由上面厦漳泉同城化协同度的评测结果说明，影响同城化协同管理的因素很多，且大多是定性因素，层次分析法则可以对这些定性因素进行简单有效的定量化处理，通过确定各层次指标的权重来对各指标的影响力给予显性化。同时，在具体评测过程中，由于具体某个评价指标的等级因为其模糊性，评测专家难以形成相对一致的评测结论，而模糊综合评价法则可以较好地解决这一难题。因此，综合运用层次分析法、模糊综合评价法和专家意见法来评测同城化协同管理的协同度问题，就能够使得该研究工作更加科学、更加可信。

第四节 厦漳泉同城化协同管理的思考

接下来，我们将依照本书第三章至第六章等所构建的同城化协同管理相关理论体系，第七章同城化协同管理协同度的研究内容，还有本章前面所评测的厦漳泉同城化协同管理协同度得分情况，进一步从制度协同、要素协同和文化协同三个方面对厦漳泉同城化的协同管理进行思考。

一、厦漳泉同城化制度协同的思考

厦漳泉同城化当前实施的治理模式是"党政领导联席会议"模式。这种治理模式的好处是由各参与城市主体主管市长牵头协商同城化发展方向与内容，因此效率相对较高，一般在会议期间就可以协商解决大部分同城化问题。但其弊端是联席会上讨论的内容缺乏后续执行落实的法律保障（协同度评测结果证明"同城化文件法律化"这一指标得分相对较低），且在实施中可能存在零和博弈，因此实际同城化效果可能打折扣，更难以保证从制度方面实现厦漳泉同城化协同管理。因此如何借鉴网络治理理念，通过正式和非正式的制度安排来努力实现其制度协同，以最大化地整合厦漳泉城市间的优势资源、协调彼此的利益关系和减少不和谐及冲突，进而维持各城市间持续和长期的互动与合作关系等，这些都需要厦漳泉同城化有自己的独特思考。本书认为，可以从以下方面构建或强化厦漳泉同城化的制度协同：

（一）建立权威机制以解决城市间制度差异问题

厦漳泉在同城化制度协同管理方面，面临的最大问题就是厦门与泉州、漳州两市之间的政策制度差异问题。厦门作为国家级的经济特区，享有的特殊权力、特殊政策等，远非泉州、漳州两市所能企及的，而这成为影响厦漳泉同城化制度协同的最大制度障碍，且这个问题也不是厦漳泉三个城市自己可以很好解决的。因此，就需要发挥上级行政领导的权威来调解这个问题。

因为厦门是国家级的六大经济特区之一，它所享有的特区优惠政策都是国家授权的，因此在同城化中还需要国家有关部门给予支持和帮助。在厦门所拥有的政策中，主要有自由港、台商投资区、保税区、计划单列市省级经济管理权和地方立法权等。笔者认为，可以由国家发改委等相关部门，从厦漳泉同城化实际发展需求出发，通过调整政策适用范围等办法，将那些有助于厦漳泉区域产业经济发展的政策（如自由港、台商投资区、保税区政策等），适度放宽到泉州和漳州。例如保税区某些政策，能否也给泉州和漳州的经济开放区享有，这样的话，可以使厦漳泉同城化有一个更好的协同合作制度平台，同时也能够更好地带动区域内各县市的经济发展，缩小区域内不同县市之间的经济悬殊距离。

（二）利用契约机制以完善多方参与同城化决策的治理制度

在厦漳泉同城化实践中，同城化决策主要在党政领导联席会议上进行，同城化实施组织机构也一般由各城市行政职能机构兼职，如厦漳泉三个城市的发改委等部门，这使得厦漳泉同城化的行政化问题特别突出。要解决这个问题，就需要引入契约机制，努力通过鼓励相关利益主体的多方参与同城化决策的方式来加以解决。虽然在前面的厦漳泉同城化协同度评测结果里"多方主体参与监督治理"这个指标的得分相对较高，但整个厦漳泉同城化的综合评测结果是"一般"，所以这个相对较高的得分也只能算是"矮子里拔高"，而并不是真正完全实现多方参与治理这一理想状态。

因此，笔者建议由上级政府和参与同城化的厦漳泉三个城市政府共同组建一个跨行政区的同城化理事会，由该理事会依法专职同城化战略。根据城市人口比例的大小，可以来确定同城化理事会里的理事名额，并最终由各城市相关领域里的政府工作人员、专家学者、优秀企业家和部分居民志愿者构成理事成员，并由居民选出具体理事人员来。理事会成立后，选出负责的主席和副主席，并由他们成立委员会，专门负责公共决策、专项事务协调、规划协调等事务。理事会还可以根据需求协商制定相应同城化法律，以实现同城化的硬性契约约束，并由上级政府负责监督和管理。

（三）引入信任机制以降低行政壁垒对同城化协同管理的影响

厦漳泉同城化当前行政壁垒问题依然严重，同城化合作项目实施中地方利益博弈现象时有发生，因此需要引入信任机制，加强各城市对同城化未来蓝图的共识，增加同城化区域整体竞争力最大化实现的信心，从而降低行政壁垒等对同城化协同管理带来的负面影响。

在厦漳泉同城化的网络治理中，需要努力建立各参与城市主体之间彼此的一种信任关系，让大家看到同城化城市之间合力发展是有别于单一城市的独立发展。当然，信任的实现不仅仅只是简单形成一种依赖关系，它更需要过程中彼此感情的投入以及对同城化未来信心的增强，从而进一步黏着"同城"关系，进而在关系互动中主动进行资源、信息以及利益等的共享与交换。厦漳泉三个城市虽然具有明显的闽南文化同源等区域优势，但彼此之间还未完全达到信任和依赖，各自都还觉得自己优势明显，例如泉州一直以"经济强市"自居，再加上有古丝绸之路源头这段历史，所以一直对自己不能占据厦漳泉同城化中心城市位置而不满，因此在同城化进程中积极性不高，致使第三次党政联席会至今未能召开。而事实上，从前面的厦漳泉八年来同城化协同度评测结果中我们可以看到，泉州市在社会经济综合实力上离厦门市还是有一定距离的，所以不能一叶障目，即只看 GDP 大小。因此，在厦漳泉同城化的网络治理过程中，需要大家抛开眼前的经济利益博弈，放眼同城化未来的美好蓝图，充分利用信任机制，发挥信任具有的浸润性黏合剂作用，克服厦漳泉同城化中行政化过多、契约化不足等正式治理问题，降低厦漳泉网络治理的交易成本，为实现厦漳泉同城化的制度协同铺垫非正式治理的柔性力量。

二、厦漳泉同城化要素协同的思考

同城化中的要素协同，涉及基础要素、空间要素、产业要素、市场要素等方方面面，本书出于简化考虑，同时也因为提高经济竞争力是当前中国同城化战略最主要考虑的内容，因此这里主要以产业要素为例，对厦漳泉同城化的产业要素配置与协同发展进行思考。应该说，现实中厦漳泉同城化产业要素协同的可能性还是很大的，因为一方面，三市的三产比重差异大，厦漳泉三市 2016 年的三产比例，分别为厦门 0.6∶40.8∶58.6，漳州是 13.2∶46.8∶40.0，泉州是 3.0∶58.5∶38.5，说明三市产业具有一定互补性。同时，厦漳泉三个城市既有相同的优势产业，也有自己独特的优势产业，因此在资源要素协同方面具有很大的可能性。相同的优势产业，有助于城市之间在产业协同发展中具备"共同语言"，可以在相同优势产业发展中相互学习、相互交流、共同发展；差异的优势产业，则有助于形成互补性协同，同时引导同城化资源要素有方向地流动，使各类同城化资源要素都能够发挥最大效益，从而实现同城化要素协同最优化的目标。另外，如果依据本书第五章第三节要素协同 DEA 分析管理路径的思路（考虑到篇幅问题，所以具体的分析数据就不罗列出来），投影分析结论告诉我们，大多数资源要素的使用情况还是不错的，但也存在一些县市资源要素使用存在冗余的现象，且还存在一定的要素协同调剂的可能性。结合这些分析结论，本书认为，可以从以下方面构建或强化厦漳泉同城化的要素协同。

（一）从"同城"全局视角增强厦漳泉同城化要素协同发展的力度

从前文分析中我们看到，厦漳泉在各自城市发展定位中明显存在"互补不足，竞争有余"的问题，之所以造成如此现象，主要原因还是各城市在城市定位时更多考虑的是自己城市利益。相近的地理位置（三市地理毗邻）、接近的环境条件（都处福建东南沿海）等既给厦漳泉同城化带来有利条件，同时也给三市在招商市场、人才流动、资源利用等方面带来直接竞争的可能。因此，如果各城市的视角还都放在各自的绝对利益时，那竞争将不可避免，且将产生严重的内耗现象。前面的厦漳泉同城化协同度评测结果也显示，"同城空间统一规划"指标得分最低，说明三个城市在要素协同特别是空间要素协同方面还有很大余地可以努力。所以，厦漳泉三市应将发展视角放在"同城"全局上，尽可能合力创造三市资源要素协同发展的机会与可能。例如，可以通过共建产业园区或飞地、合作同城化大项目等方式来协同发展，这样既可帮助具有优势产业的城市实现产业扩张发展，也可帮助弱势产业的城市较好承接优势产业的转移，从而带动自身发展。当前，厦门和漳州两市已经有了类似的举措，例如厦门火炬园漳州分园的建设、厦漳两市共建厦门东南国际航运中心和长泰枋洋水利枢纽项目、厦泉两市共建临空产业等，这些举措既可以避免同质竞争，也可以通过项目区域布局的重新调整，进一步发挥优势产业的区域特点，实现互利共赢的协同发展目标。

从当前看，厦漳泉三个城市官方都清晰明确了自己的主导产业和准备大力发展的新兴产业。厦门强调自己的支柱产业是机械、电子等，但还要大力发展生物医药、海洋高新、集成电路、智能制造、文化创意、新材料等新兴产业；漳州强调自己的四大主导产业是石化工业、装备制造、特殊钢铁、食品工业，但还要大力发展的新兴产业主要有电子信息、生物医药、新能源、新材料等；泉州强调自己的五大传统产业是纺织鞋服、建筑建材、工艺制品、食品饮料、装备制造，但还要大力发展的五大新兴产业主要包括石油化工、电子信息、修船造船、汽车及配件和生物医药等。因此，从"同城"全局视角，对生物医药、机械装备、电子信息等产业，厦漳泉三市完全可以统筹考虑、协同发展、共同受益，从而大大增强三市资源要素协同合作的力度，使"同城"目标更易达成。

（二）从产业链关联视角提高厦漳泉同城化要素协同发展的深度

如果说通过构建产业园区等方式可以增强同城化资源要素协同发展力度的话，那么通过培育产业集群基地等方式，则可以提高同城化资源要素协同发展的深度。

从现有的厦漳泉工业发展现状看，如果把产值数据等与国内长三角、珠三角、京津冀等区域的相关数据进行比较，可以明显地看到厦漳泉的经济实力差距。这其中，有些产业发展起步晚是一个方面，但最主要的原因还是没有构建以产业链为核心的协同发展网络，缺乏龙头企业带领的集群发展效应，使得区域内产业规模效应没有显现，产业链之间的高度依存发展关系也没有形成。在这方面的榜样标杆莫过于长三角的杭州阿里巴巴集团，马云不仅将整个长三角的电子商务产业全部带动起来，形成规模可观的电子商务交易量，更重要的是形成一条长且宽的电子商务产业链，把相关的产业全部带动起来，例如物流配送、信息产业、网上支付等，这些相关产业的进一步发展，其影响可能就不仅仅只是电子商务行业，甚至是整个社会的变革，例如网上支付对中国金融业的变革影响。回看厦漳泉同城化区域，目前已有一些产业集群或基地形成，例如厦门的光电产业集群和汽车工程机械产业集群、漳州的古雷石化产业基地和对台农产品加工产业集群、泉州的纺织服装和体育用品产业集群以及特色工艺产业集群等，这些产业集群或产业基地，或者已有一定规模（例如古雷石化已列入中国七大石化产业基地），或者已有一定影响力（例如泉州360运动品牌已伴随中国运动队走向全世界），或者已是国家战略的一部分（如漳州的对台农业和国家级外向型农业示范区等），但这些更多还是停留在自我发展，对厦漳泉区域相关产业的带动影响还不够。而这正是厦漳泉资源要素协同发展接下来可以重点关注的视角，即如何形成以产业链为核心，通过延伸或扩张产业链的长度和宽度，同时依托区域内的龙头企业来带动整个产业链的健康可持续发展，这既可实现区域内产业结构优化与提升，也可更好统筹配置区域内的优质资源，使得厦漳泉区域具有更健全的产业结构和空间布局，从而有效提高厦漳泉同城化资源要素协同发展的深度，实现同城化目标。

(三) 从"一带一路"视角提升厦漳泉同城化要素协同发展的高度

从2011年正式拉开大幕的厦漳泉同城化，在八年多发展过程中，其面临的外部大环境已经又发生了巨大变化，其中最大的一个环境变化因素就是中国最新的国家开放政策"一带一路"，这在本章一开始的厦漳泉同城化发展溯源的升华阶段已经提及。

从2013年习近平总书记第一次提出"一带一路"倡议，到2015年3月28日国家发改委等部门联合发布的《推动共建丝绸之路经济带和21世纪海上丝绸之路的愿景与行动》，再到2017年3月6日国家发展改革委主任何立峰在十二届全国人大五次会议记者会上答记者问的所有信息，这一切都证明了"一带一路"既是中国具有重要战略意义的新时期国家开放政策，同时也是"一带一路"沿线的国家和人民所共识并拥戴的跨国界区域经济合作方式。在"一带一路"发展规划中，厦漳泉区域在"21世纪海上丝绸之路"扮演着一个重要的角色，其中最重要的两个相关规划内容：一是"利用优势，支持福建建设21世纪海上丝绸之路核心区"；二是"加强上海、天津……福州、厦门、泉州等沿海城市港口建设"。同时，在丝路新图的五条线路中，泉州在南线扮演着至关重要的角色。这些"一带一路"规划内容都说明了厦漳泉同城化的协同发展如何，将对"一带一路"倡议的实施效果产生重大影响，同时，国家"一带一路"倡议也将厦漳泉同城化推到了一个新的历史高度。

在这样一个全新的时代背景下，厦漳泉同城化资源要素协同发展就必须有一个全新的视角，即从"一带一路"时代背景视角提升厦漳泉同城化资源要素协同发展的高度。"一带一路"倡议最重要的是通过经济项目合作来带动沿线国家和地区的经济共同发展。由于厦漳泉中的厦门和泉州在"21世纪海上丝绸一路"中扮演着重要的支点城市角色，因此如何借此契机来发展厦漳泉同城化产业经济、带动厦漳泉同城化资源要素协同，是新时期厦漳泉三市领导要共同商讨的重要话题。首先，通过做大做强中欧（厦门）班列、厦门航空、泉州机场、漳州机场以及即将建成的翔安机场等资源条件，一方面打造国家物流新通道，另一方面也加强厦漳泉企业与"一带一路"沿线企业的合作，进一步扩展厦漳泉相关产业链的长度与深度。其次，借助有关政府部门推动设立"海丝"投资基金、知识产权运营投资基金等，积极对接亚投行和丝路基金，可生成一批互联互通、经贸合作的项目，扩大项目合作的宽度与深度。再者，借助厦门已有的国际会展业影响力，除了原先的"98"洽投会，还可进一步举办一些高层次、有国际影响力的会展或会议，例如G20财政和央行副手会议、金砖厦门会晤、世界城市日论坛、两岸企业家峰会、国际海洋周等重要会议及活动，以提高厦门在"一带一路"沿线国家和地区的影响力，从而带动厦漳泉区域发展。最后，借助厦门国家自贸试验区的有力政策，推动厦漳泉在"一带一路"发展中投资贸易便利化，从而进一步加强厦漳泉同城化在"一带一路"中的贸易合作。总而言之，借助新时期的"一带一路"以及国家自贸试验区等有利契机，多层次、多元化提升厦漳泉同城化资源要素协同发展的高度，这是厦漳泉同城化资源要素协同发展的又一重要发展对策。

三、厦漳泉同城化文化协同的思考

厦漳泉同城化的文化协同，比起前面的制度协同和要素协同，可能难度更大，因为它涉及价值观等深层次问题。但文化协同又是决定同城化战略是否最终实现的主要评价指标。本书认为，可以从以下方面构建或强化厦漳泉同城化的文化协同。

（一）构建抛开原地方化身份观念，共为闽南"同城"人的理念

真的要完全把厦漳泉三个城市的人完全"驯化"成一类人，既不可能，也没有这个必要。但如果就任凭现状维持下去，也会影响厦漳泉同城化的效果。因此，本书这里提出的"抛开原地方化身份观念、共为闽南同城人"的观点，主要是指在厦漳泉同城化过程中，应该强调应用共主体性思维来处理同城化进程中遇到的文化观念问题。

正如本书第六章中的研究结论，要对同城化的理念层进行文化协同，就要采用"共主体论"来替代"主体论"，树立基于共主体性思维的文化协同理念，坚持共在性、去中心化和包容性等原则。因此，在厦漳泉同城化的文化协同中，抛开原地方化身份观念就是坚持共在性、去中心化和包容性的最好表现。也就是说，三个城市的老百姓在同城化中可以继续保留自己原有的文化特点，但在对其他两个城市的文化特点、风俗习惯等认识上一定要客观与宽容，要给予认可与包容，而不是去排斥甚至瞧不起。这是共主体性在厦漳泉同城化中的现实应用，这种求同存异的文化协同对策有助于解决厦漳泉现存的地方化身份认识固化问题，有助于解决因彼此文化差异而难免产生的文化冲突，更有助于闽南"同城"人新身份的塑造与认同，从而促成厦漳泉同城化的文化协同，实现厦漳泉同城化的文化融合，并为厦漳泉同城化其他方面的协同管理提供正确的理念支撑与价值准则。

（二）以南音文化生态保护为契机，共同构建文化产品保护制度

上文提到厦漳泉三个城市之间明显的地方政策差异，特别是厦门经济特区所享有的特殊政策无法与泉州和漳州共享，这个制度层面问题纯属国家战略决策问题，远非本书研究的内容。但从厦漳泉同城化发展的角度，本书认为，在厦门经济特区所拥有的特殊政策中，国家如果把那些能够促进经济发展的政策（如保税区政策）适度放开到厦漳泉同城化整个区域，应该是一个不错的战略决策。

另外，如果说经济特区政策是属于国家级授权的政策，难以有更多的同城化自身自主决定权的话，那么厦漳泉还可以通过其他一些有自主决定权政策的制定来更好地促成同城化区域内的文化协同。例如，可以南音文化生态保护为契机，通过共建文化产品保护制度来营造更加浓厚的"同城"文化氛围，以提高同城化整体认同度。厦漳泉的南音文化产品发展保护，早在 2007 年就已获得文化部批准与认可，设立了第一个国家级文化生态保护区"闽南文化生态保护区"，相应的《闽南文化生态保护区总体规划》也于 2014 年 4 月 23 日由福建省政府办公厅发布。厦漳泉可以通过南音文化产品保护项目运作带动三个城市在文化产品保护方面的区域协作，更借此形成同城化整体文化协同的共识，促成厦漳泉同城化区域的文化协同。

（三）加大同城化形象宣传，重塑"闽南金三角"品牌

正如第六章提到的，进入 21 世纪，越来越多的城市开始注重自身城市品牌的塑造与识别，越来越多成功的城市品牌化案例给人们越来越大的惊艳，从而让全世界越来越多的人牢牢记住了这些城市，而这样的城市宣传效果也是同城化所需要的。因为同城化最主要的目标是实现同城化区域整体竞争力最大，而这竞争力来源很多，其中之一就是同城化区域整体的形象魅力。但前文的协同度评测结果显示，"同城整体形象宣传"这个指标的得分排在倒数第二位，说明厦漳泉同城化在整体形象的宣传塑造还远远不够；同时，"各城市间文化相互包容度"这个指标的得分又是最高的，说明厦漳泉在同城化整体形象塑造方面还是具备较好的文化氛围条件。因此，如果在厦漳泉同城化发展过程中，能够从整体区域视角对同城化整体形象进行品牌化塑造，这是提升同城化区域整体形象识别度的关键，也是提高同城化区域整体竞争力的有力支持。

在厦漳泉同城化的文化器物层方面，本书认为最重要的就是加大同城化形象宣传，重塑"闽南金三角"品牌。其实，"闽南金三角"这个称呼早在 20 世纪 80 年代初期就已经存在了，这是厦漳泉三个城市最早拥有的统一区域品牌形象，但后来随着中国强调以行政区划为单元发展经济，厦漳泉三个城市开始追求自己的发展道路，城市之间的经济联系不再那么紧密了，"闽南金三角"的称呼也逐渐被弱化甚至差点被遗忘。而当今的厦漳泉同城化又把三个城市联系在一起了，因此整体的区域形象宣传需求又被提出来。本书认为，对于厦漳泉同城化整体区域形象的称呼，如果直接用"厦漳泉同城化"，除了不能突出

三个城市的文化共同点外，更主要是容易引起三个城市关于同城化如何称呼的纠纷。例如，在厦漳泉官方资料中关于城市一体化的称呼在不断变化，"厦漳泉""厦泉漳龙""泉厦漳"等词语不分时间先后均多次出现。因此建议在厦漳泉同城化区域整体形象宣传时仍沿用大家耳熟能详的"闽南金三角"称呼，这样既便于大家的识记，也可以突出三个城市的闽南文化共性。当然，如何赋予"闽南金三角"新的厦漳泉同城化新意，这是新时期同城化形象宣传工作中的重点与难点。但无论如何，科学塑造厦漳泉同城化区域品牌形象，并给予大力宣传推广，使厦漳泉三个城市的政府、企业、市民等相关利益者都知晓并熟悉，从而取得一致的同城化区域形象共识，这是促成厦漳泉同城化文化协同的重要保障。

总之，文化协同不是一朝一夕就可以完成的，要实现厦漳泉同城化的文化协同，将是一个任重而道远的过程。由于每个城市文化都与城市自身的发展历史、所处环境条件等息息相关，因此客观上存在着城市之间的文化差异，而且这种差异很难彻底消除，因此在厦漳泉同城化过程中出现文化冲突将是不可避免的。作为经济特区，厦门的文化更开放与现代；漳州是典型的农耕文化，安稳保守是其特点；泉州是典型的海洋文化与兴盛的家族文化，开拓冒险和家族凝聚是其特点。这些长期历史发展形成的城市文化，势必决定了在同城化过程中三市之间文化冲突的存在。虽然在现实中，厦漳泉老百姓已经认同同城化的事实，但各种文化冲突依然存在，类似同城化称呼不断变化等文化冲突现象也时有发生。以称呼多变性为代表的同城化文化冲突现象，充分体现了同城化中各城市无法回避的利益冲突和协调难度。所以在厦漳泉同城化的文化协同中，一方面要正确认识三个城市文化冲突可能存在的必然性，另一方面也要随时有一颗正确处理文化冲突的包容心。只有遵循求同存异、相互尊重的原则，用开放、包容、平等的心态去对待城市文化差异，才能有利于同城化的发展。"合则三利，分则三伤"，要用科学方法去分析冲突产生的原因，最终找出化解冲突的方法，才能为厦漳泉同城化的文化协同扫平障碍，为最终厦漳泉同城化目标的实现铺垫文化认同基础。

本 章 小 结

本章以厦漳泉同城化为实证研究对象，首先，分析了厦漳泉同城化的发展背景、发展基础和发展现状，其次，从定量和定性角度分析了厦漳泉同城化的发展效果，然后对厦漳泉同城化从整体上进行协同度评测分析，从中进一步发现影响厦漳泉同城化协同管理的影响要素。最后，从制度协同、要素协同和文化协同三个方面对厦漳泉同城化的协同管理进行思考，以期印证本书提出的同城化协同管理理论体系以及同城化协同度评测方法，并为中国其他同城化案例的发展提供一些启示。

结 束 语

随着经济全球化与信息网络化进程的不断深化，区域经济一体化已经逐步取代单一型城市，成为国家或区域参与全球经济竞争与合作的主流空间地域单元。同城化作为具有中国特色的城市发展新模式，在中国城市化进程中扮演着越来越重要的角色，它是当今中国城市之间较常选择的一种合作方式，是实现区域整体竞争力最大化的重要保障。进入21世纪，国内外学者对同城化以及相关内容（如城市群、都市圈等）进行了大量研究，取得了不少的研究成果。本书在借鉴其他学者同城化研究成果的基础上，构建了集成视角下同城化协同管理研究的理论架构，从制度协同、要素协同和文化协同等三个维度分别对中国同城化的协同管理进行研究，并结合厦漳泉同城化的实证分析，进一步印证所提出的中国同城化协同管理理论体系，以期能为中国其他同城化的发展提供一些启示。

本书研究得到的主要结论有以下八个方面。

（1）同城化发展的主要动力是对同城化集成租金的追逐，而同城化集成租金的形成机理是中国同城化协同管理理论体系构建的基础。

本书明确了同城化集成租金是参与同城化的各城市主体所追求并希望获得的、与"同城"内其他城市由于资源共享或制度协同等而产生的一种超额收益，其性质是一种集成租金，是参与同城化的城市主体主动寻优、共享共赢而获得的互补性超额收益，所以同城化发展的主要动力是对同城化集成租金的追逐。而同城化集成租金的形成机理则主要来自三个方面：一是通过同城化的网络治理，实现了同城化制度的创新与再设计；二是通过同城化的资源整合，发挥了有限资源的最大效用，提高了同城化要素的使用效率；三是通过同城化的文化协同，形成了共同的价值观与文化认同。同城化集成租金的形成机理是同城化协同管理理论构建的基础，由此可见，同城化协同管理需要从三构面入手，具体包括同城化的制度协同、要素协同和文化协同，其中要素协同是关键，制度协同是前提，文化协同是保证。

（2）同城化协同管理的主要影响因素包括国家整体规划引导、地方上级政府干预、同城化激励与约束机制、同城产业合理分工布局等17个，并最终可以归结为制度协同、要素协同和文化协同等三个维度。

本书运用扎根理论，从现实调研、专家访谈以及文本研究中进一步对同城化协同管理的影响因素进行筛选，以期为同城化协同管理理论体系的构建提供更为可信的依据。通过对国家整体规划引导、地方上级政府干预、同城化激励与约束机制、同城产业合理分工布局和各城市共赢合作意愿等17个范畴持续比较考察，尤其是对制度协同、要素协同和文化协同这三个主范畴及相应副范畴的深入分析，同时结合原始资料记录进行互相比较，发现可以用这三个主范畴来分析其他所有范畴。即，同城化协同管理的内在机理是基于同城化集成租金基础上的制度协同、要素协同、文化协同等三个主范畴之间相互作用和相互融合的过程，这三个主范畴体现了同城化协同管理内在和外在的表现。

（3）中国同城化制度协同管理应通过同城化网络治理来实现。同城化网络治理是一种创新性的制度安排，它能够较好解决同城化协同管理中遇到的多主体、任务复杂但又存在许多非正式关系等制度难题，帮助实现同城化制度的创新与再设计。

本书提出了同城化的网络治理是为了最大化地整合各城市间的优势资源、协调彼此的利益关系和减少不和谐及冲突，进而维持各城市间持续和长期的互动与合作关系所建立的正式和非正式的制度安排。它有自己的治理目标（如资源共享、多方互惠），有自己的治理机制（如信任、互动、谈判、适应），还有自己的治理手段（制度激励与法律约束、关系性契约）等，是一种创新性的制度安排。同城化的网络治理能够较好地解决当前中国同城化治理模式中面临的行政化和区域化问题，它需要从正式治理方式和非正式治理方式两个方面进行，具体需要一系列的治理机制加以保障，包括权威机制、契约机制、信任机制、互动机制和学习机制等。

（4）中国同城化的要素协同管理追求的最理想状态就是实现资源整合效果、发挥同城内资源利用最大化，而这需要一定的资源整合机制加以保障。

本书提出了决定同城化竞争力的资源要素主要包括基础要素、空间要素、产业要素和市场要素等四个方面。其中，产业要素和市场要素与区域经济竞争力形成有直接关系，属于直接要素；而基础要素和空间要素并不直接影响但对区域经济竞争力的形成起辅助支持作用，属于间接要素。而要在同城化区域内实现最优的资源要素整合效果，需要建立包括市场逐利、行政协调、协同合作和信息共享等资源整合机制，以实现同城化的要素协同管理。

（5）中国同城化的要素协同路径，可以应用经济学中最经典的投入产出思维范式，从"投入产出"和"过程管理"两个层面寻找。

本书从"投入产出"和"过程管理"两个层面研究了中国同城化要素协同管理路径。一是从投入产出层面寻找同城化要素协同管理路径，有助于找到实现同城化要素协同的资源配置、资源互补、资源共享的管理路径，以不断提高同城化资源要素的投入产出性价比，最大发挥资源的效用，具体可应用DEA方法实现从投入产出层面寻找同城化要素协同的管理路径。二是从过程管理层面寻找同城化要素协同管理路径，有助于通过产业布局调整、产业区域转移等使产业要素发挥更大协同作用，具体可应用区位商分析方法实现从过程管理层面寻找同城化要素协同的管理路径。

（6）中国同城化的文化协同管理涉及来自理念层、制度层和器物层等方面问题，而基于共主体性思维的中国同城化文化协同管理构想能够较好地解决这些问题。

本书提出了同城化文化协同管理是以参与同城化的城市主体各自多元的地域文化为前提，根据差异性的文化倾向或文化模式，协同因文化差异而导致的行为和制度差别，以减少文化冲突，实现在理念层、制度层和器物层的和谐一致，为区域资源优势的综合利用以及实现区域协同效应提供保证。为了解决文化惯性使然的结果和传统"主体性"思维影响造成中国同城化文化协同管理面临的问题，本书围绕同城化的理念层、制度层、器物层等提出了基于共主体性思维的中国同城化文化协同管理构想，认为同城化理念层文化协同管理重点应从坚持同城化文化的共在性、去中心化和包容性等三个方面入手；制度层文化协同管理重点应从建立严格而平等的制度执行文化、制定互动协作的文化协同制度、制定同城化区域内的文化产品保护制度等三个方面入手；而器物层文化协同管理重点应从塑造同城化品牌与加大同城化形象宣传、允许和鼓励多元生活方式的存在、选配具有强文化整合能力的文化协同人员等三个方面入手。最后进一步阐述了同城化文化协同的逻辑关系和运行机理。

（7）同城化协同度评价模型的构建，并生成同城化协同度评测表，以实现对同城化实践案例的同城化协同管理水平进行量化测度。

本书借助 Yaahp11.2 软件中层次分析法和模糊综合评价法以及专家问卷调查法等，构建了同城化协同度的评价模型，设计了同城化协同度评价指标体系，以及确定了各评价指标的权重。在此基础上，进一步形成同城化协同度评测表，实现了为中国同城化实例提供用来量化测度同城化协同管理水平以及协同效果评价工具的目标，使得同城化协同管理有可以显性量化的研究途径。

（8）厦漳泉同城化的实证分析结果进一步印证了本书提出的中国同城化协同管理理论体系和同城化协同度评测研究，并对厦漳泉同城化的协同管理进行思考，以期能给中国其他同城化个案提供一些启示。

本书通过实证分析的结果显示，八年来厦漳泉同城化效应进一步凸显、厦门中心城市地位得以进一步巩固、区域内各县市经济发展水平仍然差异较大。为此，本书结合厦漳泉同城化发展的实际情况以及厦漳泉同城化协同度评测结果，从制度协同、要素协同和文化协同三个方面对厦漳泉同城化的协同管理进行思考。在制度协同管理方面提出应建立权威机制以解决城市间制度差异问题、利用契约机制以完善多方参与同城化决策的治理制度、引入信任机制以降低行政壁垒对同城化协同管理的影响；在要素协同管理方面提出应从"同城"全局视角增强厦漳泉同城化要素协同发展的力度、从产业链关联视角提高厦漳泉同城化要素协同发展的深度、以及从"一带一路"时代背景视角提升厦漳泉同城化要素协同发展的高度等；在文化协同管理方面提出应构建抛开原地方化身份观念共为闽南"同城"人的理念、以南音文化生态保护为契机来共同构建文化产品保护制度、加大同城化形象宣传以重塑"闽南金三角"品牌等。

本书的主要创新点有以下三个方面。

（1）提出针对中国同城化协同管理中遇到的多主体、任务复杂且又存在许多非正式关系等制度难题，构建了中国同城化网络治理模式，强调从正式治理方式和非正式治理方式两个方面实行中国同城化网络治理，提出具体需要建立包括权威机制、契约机制、信任机制、互动机制和学习机制等一系列治理机制加以保障。

（2）采用经济学中最经典的投入产出思维范式，从"投入产出"和"过程管理"两个层面提出中国同城化要素协同管理路径的研究思路，同时分别采用 DEA 方法和区位商分析方法，对如何从投入产出层面和过程管理层面寻找同城化要素协同管理路径进行了方法应用与实例印证，从而寻找实现同城化要素协同的资源配置、资源互补、资源共享等管理路径以及产业布局调整、产业区域转移等具体路径。

（3）采用层次分析法和模糊综合评价法等，完成了同城化协同度评价模型的构建和同城化协同度评测表的生成，以期为中国同城化实践提供用来量化测度同城化协同管理水平以及协同效果的评价工具，使得同城化协同管理有可以显性量化研究途径。

受客观因素的制约，本书研究中可能还存在以下不足之处：首先，由于个人精力以及获取资料所限，未能对中国主要同城化实例逐一展开个案研究。因此，依据厦漳泉同城化实证分析得到的启示结论可能一定程度上不能完全反映中国同城化的真实全貌。其次，由于受到数据资料可获得性的制约，本书在第三章扎根理论研究和第七章协同度评测表生成中，指标设计还有待于进一步完善，且由于中国同城化实践进行的时间并不是很长，因此得出的同城化效应等结论，其科学性和普适性还值得进一步商榷。

针对以上研究不足，本书认为，同城化协同管理研究今后可在以下两个方面进一步深入研究：一是在理论研究深度上，从制度协同、要素协同、文化协同甚至其他方面协同等进一步研究探讨，提出更完善、具有一定普适性的同城化协同管理研究理论；另一方面，努力克服资料获取局限性等困难，争取对更多的中国同城化实例进行实证分析，以进一步印证本书所构建的同城化协同管理理论体系，并进一步完善该理论体系，同时也对中国各地不断兴起的同城化实践有更多的启示和借鉴。

参考文献

[1] A. N. 怀特海. 科学与近代世界 [M]. 北京：商务印书馆，2012.

[2] 白长虹，刘春华. 基于扎根理论的海尔、华为公司国际化战略案例相似性对比研究 [J]. 科研管理，2014（3）：99—107.

[3] 贝蒂尔·奥林. 地区间贸易和国际贸易 [M]. 北京：首都经济贸易大学出版社，2001.

[4] 陈觅. 公共服务视角下的流动人口文化融合——流动人口管理服务的宁波实践 [J]. 领导科学，2014（6）：25—27.

[5] 陈群元，喻定权. 中国城市群的协调机制与对策 [J]. 现代城市研究，2011（3）：79—82.

[6] 陈绍芳. 城市化进程中文化融合的哲学解读——基于主体间性理论的分析 [J]. 社会科学家，2010（5）：127—129，132.

[7] 陈晓静. 我国产业集群推动区域经济一体化的理论与实证 [J]. 社会科学家，2014（8）：55—59.

[8] 戴汝为等. 智能系统的综合集成 [M]. 杭州：浙江科技出版社，1995.

[9] 樊华. 长江三角洲各城市经济发展有效性研究 [J]. 开发研究，2005（3）：60—63.

[10] 方创琳，关兴良. 中国城市群投入产出效率的综合测度与空间分异 [J]. 地理学报，2011，66（8）：1011—1022.

[11] 方创琳. 京津冀城市群协同发展的理论基础与规律性分析 [J]. 地理科学进展，2017（1）：15—24.

[12] 方创琳，毛汉英. 区域发展规划指标体系建立方法探讨 [J]. 地理学报，1999（9）：410—419.

[13] 方创琳. 面向国家未来的中国人文地理学研究方向的思考 [J]. 人文地理，2011（4）：1—6.

[14] 费孝通. 新世纪、新问题、新挑战 [C] //费孝通全集（第15卷）. 北京：群言出版社，1999：287—288.

[15] 费孝通. 重建社会学与人类学的回顾和体会 [J]. 中国社会科学，2000（1）：45.

[16] 福建省统计局，国家统计局福建调查总队编. 福建统计年鉴[M]. 北京：中国统计出版社，2011.

[17] 福建省统计局，国家统计局福建调查总队编. 福建统计年鉴[M]. 北京：中国统计出版社，2017.

[18] 高炜宇. 国内大城市生产效率的对比分析[J]. 上海经济研究，2008（11）：3—10.

[19] 高秀艳，王海波. 大都市经济圈与同城化问题浅析[J]. 企业经济，2007（8）：89—91.

[20] 古丽鲜，肖劲松. 中国资源型城市经济发展效率评析[J]. 干旱区地理，2009，32（4）：624—630.

[21] 郭海涛，于琳琳，李经涛. 我国资源型城市效率的DEA方法评价[J]. 中国矿业，2007，16（6）：5—9.

[22] 郭腾云，徐勇，王志强. 基于DEA的中国特大城市资源效率及其变化[J]. 地理学报，2009，64（4）：408—416.

[23] 国家统计局城市社会经济调查司. 中国城市统计年鉴[M]. 北京：中国统计出版社，2016.

[24] 海峰，李必强，向佐春. 管理集成论[J]. 中国软科学，1999（3）：86—87，94.

[25] 韩炜，杨俊，张玉利. 创业网络混合治理机制选择的案例研究[J]. 管理世界，2014（2）：118—136.

[26] 何静. 企业文化融合的内在逻辑关系[J]. 辽宁经济，2007（8）：77.

[27] 洪世健. 大都市区治理：理论演进与运作模式[M]. 南京：东南大学出版社，2009：110.

[28] 姜博，修春亮，陈才. 环渤海地区城市流强度动态分析[J]. 地域研究与开发，2008（3）：11—15.

[29] 焦张义. 我国城市同城化发展的模式研究与制度设计[J]. 现代城市研究，2011（6）：7—10.

[30] 金相郁. 中国城市全要素生产率研究：1990—2003[J]. 上海经济研究，2006（7）：14—23.

[31] 孔伟，任亮，刘一凡等. 京张生态建设协同发展水平评价及提升对策研究[J]. 资源开发与市场，2018，34（1）：23—27.

[32] L.贝塔朗菲. 关于一般系统论（基础·发展·应用）[M]. 北京：社会科学文献出版社，1987.

[33] 兰继斌，徐扬，霍良安等. 模糊层次分析法权重研究[J]. 系统工程理论与实践，2006（9）：107—112.

[34] 雷小苗. 正视文化差异，发展文化认同——跨国公司经营中的跨文化管理研究 [J]. 商业研究, 2017 (1): 13—18.

[35] 李宝山, 刘志伟. 集成管理——高科技时代的管理创新 [M]. 北京: 中国人民大学出版社, 1998: 34—35.

[36] 李红, 董超. 对同城化发展的几点思考 [J]. 安徽农业科学, 2010 (13): 7032—7033, 7036.

[37] 李宏志, 蔡穗虹, 姚苑平. 基于同城化视角的汕潮揭城镇群规划研究 [J]. 现代城市研究, 2015 (11): 57—62.

[38] 李郇, 徐现祥, 陈浩辉. 20世纪90年代中国城市效率的时空变化 [J]. 地理学报, 2005, 60 (4): 615—625.

[39] 李嘉图. 政治经济学及赋税原理 [M]. 北京: 华夏出版社, 2013.

[40] 李江苏, 王晓蕊, 苗长虹. 基于两种DEA模型的资源型城市发展效率评价比较 [J]. 经济地理, 2017, 37 (4): 99—106.

[41] 李开平等. 城镇密集地区城市规划合作的探索与实践——以"广佛同城"为例 [J]. 规划师, 2010, 26 (9): 47—52.

[42] 李王. 城市经济圈同城化效应的国内比较及启示 [J]. 特区经济, 2010 (3): 143—144.

[43] 李维安, 林润辉, 范建红. 网络治理研究前沿与述评 [J]. 南开管理评论, 2014, 17 (5): 42—53.

[44] 李晓晖, 肖荣波, 廖远涛等. 同城化下广佛区域发展的问题与规划对策探讨 [J]. 城市发展研究, 2010 (12): 77—83.

[45] 李艳波, 刘松先. 港口群、产业群与城市群复合系统的共生关系研究——以厦漳泉同城化为例 [J]. 华东经济管理, 2014 (8): 61—65.

[46] 李艳双, 曾珍香, 张闽等. 主成分分析法在多指标综合评价方法中的应用 [J]. 河北工业大学学报, 1999, 28 (1): 94—97.

[47] 李迎成, 王兴平. 沪宁高速走廊地区的同城化效应及其影响因素研究 [J]. 现代城市研究, 2013 (3): 84—89, 120.

[48] 李志刚, 王迎军. 继承式裂变创业的扎根理论方法研究 [J]. 中国海洋大学学报（社科版）, 2007 (2): 68—72.

[49] 梁德庚. 同城化背景下县域经济的发展 [J]. 经济导刊, 2010 (1): 56—57.

[50] 梁漱溟. 东西文化及其哲学 [M]. 上海: 上海世纪出版集团, 2006: 31, 18.

[51] 梁文婷. 同城化毗邻城市中辅城的空间扩展研究 [D]. 西安: 西北大学城市规划与设计学院, 2010.

[52] 林东华. 基于 DEA 的中国城市群经济效率 [J]. 北京理工大学学报（社会科学版），2016，18（6）：92—98.

[53] 林东华. 基于集成的同城化租金分析及战略思考 [J]. 福州大学学报（哲学社会科学版），2013（4）：43—48.

[54] 林东华，吴秋明. 福建省城市流强度与结构研究 [J]. 东南学术，2013（1）：80—88.

[55] 林东华. 中国特大城市经济效率测度研究 [J]. 东南学术，2015（5）：133—139.

[56] 林凌. 从珠三角到泛珠三角的经济合作 [J]. 开放导报，2004（6）：58—60.

[57] 刘法建，章锦河，张捷等. 旅游同城化的概念、策略及案例分析 [J]. 经济问题探索，2010（3）：168—172.

[58] 刘学华. 同城化趋势下上海服务长三角的路径与机制研究 [J]. 科学发展，2017（4）：40—46.

[59] 刘作翔. 法律文化论 [M]. 西安：陕西人民出版社，1992：3.

[60] 陆昂，张涌. 广佛同城化的实践及启示 [J]. 宏观经济管理，2013（4）：77—78.

[61] 吕岩威，孙慧，周好杰. 基于主成分聚类分析的西部地区经济实力评价 [J]. 科技管理研究，2009（12）：157—160.

[62] 迈克尔·波特. 国家竞争优势 [M]. 北京：华夏出版社，2002.

[63] 牟勇. 合（肥）淮（南）同城化：内涵、效应、障碍与实现 [J]. 消费导刊，2009（11）：124.

[64] 尼尔·瑞克曼. 合作竞争大未来 [M]. 北京：经济管理出版社，1998.

[65] 彭震伟，屈牛. 我国同城化发展与区域协调规划对策研究 [J]. 现代城市研究，2011（6）：20—24.

[66] 彭正银. 网络治理理论探析 [J]. 中国软科学，2002（3）：50—54.

[67] 钱学森. 论系统工程 [M]. 长沙：湖南科学技术出版社，1982.

[68] 钱学森，于景元，戴汝为. 一个科学新领域——开放的复杂巨系统及其方法论 [J]. 自然杂志，1990，13（1）：3—10.

[69] 乔旭宁，张婷，安春华等. 河南省区域发展协调度评价 [J]. 地域研究与开发，2014，33（3）：33—38.

[70] 桑秋，张平宇，罗永峰等. 沈抚同城化的生成机制和对策研究 [J]. 人文地理，2009（3）：32—36.

[71] 孙威. 基于 DEA 模型的中国资源型城市效率及其变化 [J]. 地理研究，2010，29（12）：2155—2165.

[72] Thomas Herdin，郑博斐，李双龙等. 全球化背景下中国的价值观变迁与跨文化差异传播 [J]. 新闻大学，2015（1）：43—48.

[73] 唐燕. 德国大都市地区的区域治理与协作 [M]. 北京：中国建筑工业出版社，2011：29，34，38，122.

[74] 唐燕. 德国大都市区的区域管治案例比较 [J]. 国际城市规划，2010（6）：58—63.

[75] 田丽，邹丽萍. 中国城镇化进程中的文化融合问题——基于乡土文化的视角 [J]. 学习论坛，2016（4）：56—60.

[76] 王德，宋煜. 同城化发展战略的实施进展回顾 [J]. 城市规划学刊，2009（4）：74—78.

[77] 王金祥. 基于超效率DEA模型的城市效率评价 [J]. 西安电子科技大学学报（社会科学版），2008，18（1）：62—64，70.

[78] 王开科. 要素流动、资源融合与同城化建设中的政府角色 [J]. 改革，2013（3）：75—80.

[79] 王璐，高鹏. 扎根理论及其在管理学研究中的应用问题探讨 [J]. 外国经济与管理，2010，32（12）：10—18.

[80] 王玉，许松辉，林太志. 同城化背景下的地区整合规划——以广佛金沙洲地区为例 [J]. 规划师，2011（12）：18—23.

[81] 王振. 长三角地区的同城化趋势及其对上海的影响 [J]. 科学发展，2010（4）：101—109.

[82] 温长恩. 中国开放形势下地图集的社会需求 [J]. 地图，1989（2）：3—6.

[83] 吴秋明，李必强. 集成与管理的辩证关系 [J]. 系统辩证学学报，2004，12（1）：59—62.

[84] 吴笑. 协同创新的协同度测度研究 [J]. 软科学，2015，29（7）：45—50.

[85] 武廷海，高元. 第四次纽约大都市地区规划及其启示 [J]. 国际城市规划，2016，31（6）：96—103.

[86] 谢俊贵，刘丽敏. 同城化的社会功能分析及社会规划试点 [J]. 广州大学学报（社会科学版），2009，8（8）：24—28.

[87] 新华社. 推动共建丝绸之路经济带和21世纪海上丝绸之路的愿景与行动 [EB/OL]. (20150328/20170306).

[88] 邢铭. 大都市区同城化发展研究 [D]. 长春：东北师范大学，2011.

[89] 邢铭. 沈抚同城化建设的若干思考 [J]. 城市规划，2007，31（10）：52—56.

[90] 邢楠. 十二届全国人大五次会议记者会：发改委主任何立峰答记者问. [EB/OL]. (20170306/20170306).

[91] 徐涛，魏淑艳，王颖. 同城化概念及其界定问题探讨 [J]. 社会科学家，2014（11）：56—60.

[92] 徐涛. 制度分析发展框架下中国同城化治理模式研究 [D]. 沈阳：东北大学，2014.

[93] 薛耀文，杨根科. 算术平均和几何平均在群组决策中的比较研究 [J]. 太原重型机械学院学报，1994（1）：91—96.

[94] 亚当·斯密. 国富论 [M]. 西安：陕西人民出版社，2001.

[95] 闫世忠，常贵晨，刘忠付. 沈抚同城化前景展望 [J]. 中国工程咨询，2008，98（10）：38—39.

[96] 杨锋梅，曹明明，邢兰芹. 旅游同城化的动力机制与合作模式研究——以太榆同城化为例 [J]. 经济问题，2013（10）：121—124.

[97] 杨海华，胡刚. 广佛同城化的生成机制和合作模式研究 [J]. 广东经济，2010（8）：48—51.

[98] 杨开忠，谢燮. 中国城市投入产出有效性的数据包络分析 [J]. 地理学与国土研究，2002，18（3）：45—47.

[99] 杨瑞龙，杨其静. 专用性、专有性与企业制度 [J]. 经济研究，2001（3）：3—11.

[100] 叶祥松，彭良燕. 广佛同城化的博弈分析 [J]. 广东商学院学报，2011（2）：62—67.

[101] 衣保中，黄鑫昊. 长吉同城化动力机制及对策分析 [J]. 东疆学刊，2013（1）：92—98.

[102] 应国良. 公共领域合作中的文化冲突与互动 [J]. 武汉大学学报（哲学社会科学版），2009（1）：106—111.

[103] 俞可平. 全球化：全球治理 [M]. 北京：社会科学文献出版社，2003：6.

[104] 俞立平. 中国城市经济效率测度研究 [J]. 中国人口科学，2006（4）：51—56，96.

[105] 袁晓玲，张宝山，张小妮. 基于超效率DEA的城市效率演变特征 [J]. 城市经济，2008（6）：102—107.

[106] 曾群华，邓江楼，张勇等. 都市圈、城市群与同城化的概念辨析 [J]. 中国名城，2012（8）：4—11.

[107] 曾群华，邓江楼，张勇等. 基于新制度经济学的同城化研究 [J]. 城市观察，2012（2）：78—86.

[108] 曾群华. 关于区域同城化的研究综述 [J]. 城市观察，2013（6）：85—95.

[109] 曾群华，徐长乐，邓江楼. 沪苏嘉一体化进程中的同城化研究 [J]. 华东经济管理，2012，26（3）：53—56.

[110] 曾月娥，伍世代. 基于突变级数法的厦漳泉城市群城市综合实力评价 [J]. 贵州师范大学学报（自然科学版），2017（1）：15—21.

[111] 曾月娥，伍世代，李永实等. 海西经济区同城化的地学透视——以厦漳同城化为例 [J]. 贵州大学学报（自然科学版），2012，29（1）：105—109.

[112] 张菊伟,李碧珍. 福莆宁同城化的经济效应评价——基于改进的产业协调指数 [J]. 福建师范大学学报(哲学社会科学版),2012 (6):31—37.

[113] 张梦中,Marc Hozer. 定性研究方法总论 [J]. 中国行政管理,2001 (11):39—42.

[114] 张启祥. 宁镇扬推进同城化中动力机制研究 [J]. 改革与开放,2013 (2):5—6.

[115] 张蕊,刘慧田,金信. 中国各省(直辖市)投入产出有效性的数据包络分析 [J]. 经济纵横,2006 (1):118—119.

[116] 张文宏,雷开春. 城市新移民社会融合的结构、现状与影响因素分析 [J]. 社会学研究,2008 (5):117—141.

[117] 张霞,丁岩. 厦漳泉同城化与21世纪海上丝绸之路战略研究 [J]. 福建论坛(人文社会科学版),2015 (8):161—165.

[118] 政府工作报告——2017年1月10日在厦门市第十五届人民代表大会第一次会议上. [EB/OL]. (20170117/20170309).

[119] 政府工作报告——2017年1月9日在漳州市第十六届人民代表大会第一次会议上. [EB/OL]. (20170110/20170309).

[120] 朱虹霖. 广佛同城发展动因分析——经济社会发展的可能与必然 [J]. 南方论刊,2010 (7):11—12.

[121] 庄晋财,吴碧波. 全球价值链背景下产业集群租金及其经济效应分析 [J]. 人文杂志,2008 (5):70—76.

[122] 邹辉,张辉. 丹东与大连同城一体化探析 [J]. 党政干部学刊,2009 (3):39—41.

[123] Allen J. Scott. Entrepreneurship, Innovation and Industrial Development: Geography and the Creative Field Revisited [J]. Small Business Economics, 2006, 26 (1): 1-24.

[124] Allen J. Scott. The Nature of Cities: The Scope and Limits of Urban Theory [J]. International Journal of Urban and Regional Research, 2015, 39 (1): 1-15.

[125] Allen J. Scott. The Spatial Organization of a Local Labor Market: Employment and Residential Patterns in a Cohort of Engineering and Scientific Workers [J]. Growth and Change, 1992, 23 (1): 94-115.

[126] Charnes A, Cooper W W, Rhodes E. Measuring the efficiency of decision making units [J]. European Journal of Operational Research, 1978 (2): 429-444.

[127] Charnes A, William W Cooper, Shanling Li. Using data envelopment analysis to evaluate efficiency in the economic performance of Chinese cities [J]. Socio-Economic Planning Sciences, 1989, 23 (6): 325-344.

[128] Ebenezer Howard. Garden Cities of Tomorrow [M]. London: Swan Sonnenschein & Co. Ltd. 1902.

[129] Edward L. Glaeser. A monopolistic competition model of spatial agglomeration: Differentiated product approach [J]. Regional Science and Urban Economics, 1988, 18 (1): 87-124.

[130] Edward L. Glaeser. Learning in Cities [J]. Journal of Urban Economics, 1999, 46 (2): 254-277.

[131] Edward L. Glaeser. The Future of Urban Research: Non-Market Interactions [J]. Brookings-Wharton Papers on Urban Affairs, 2000: 101-138.

[132] Fujita M., R. Krugman and A. Venables. The Spatial Economy: cities, Regions, and International Trade [M]. Cambridge, MA: MIT Press, 1999: 72-99.

[133] Glaeser E. L. Urban Colossus: Why is New York America's Largest City? [J]. Economic Policy Review-Federal Reserve Bank of New York, 2005, 11 (2): 7-24.

[134] Glaeser, E. L. Urban productivity in the developing world [J]. Oxford Review of Economic Policy, 2017, 33 (3): 373-404.

[135] Glaser B G, Strauss A. The Discovery of Grounded Theory: Strategies for Qualitative Research [M]. Chicago: Aldine, 1967.

[136] Gottman J. Megalopolis, or the Urbanization of the Northeastern Seaboard [J]. Economic Geography, 1957, 33 (7): 31-40.

[137] Haken H. Information and Self – Organization [M]. New York: Springer – Verlag, 1998.

[138] Henderson J. V. The Sizes and Types of Cities [J]. American Economics Review, 1974, 64 (4): 640-646.

[139] Iansiti M., Levien R.. Strategy as Ecology [J]. Harvard Business Review, 2004, 82 (3): 68-78, 126.

[140] Larsson, R. The Handshake between Invisible and Visible Hands [J]. International Studies of Management & Organization, 1993, 23 (1): 87-106.

[141] Mark D. Partridge. Recent spatial growth dynamics in wages and housing costs: Proximity to urban production externalities and consumer amenities [J]. Regional Science and Urban Economics, 2010, 40 (6): 440-452.

[142] Masahisa Fujita. New Economic Geography: An appraisal on the occasion of Paul Krugman's 2008 Nobel Prize in Economic Sciences [J]. Regional Science and Urban Economics, 2009, 39 (2): 109-119.

[143] Strauss A, Corbin J. Grounded Theory in Practice [M]. Thousand Oaks, CA: Sage, 1997.

致 谢

本书的顺利完成，首先要感谢陈莉平教授、吴秋明教授、林子华教授、陈国宏教授、陈明森教授等老师的指导与帮助，以及范月娇博士、施海柳博士、钟玉才博士等在研究路上的同行陪伴，还有陈荷男老师和杜永新老师的大力支持与帮助。

其次要感谢厦漳泉三地发改委的郑宪文、张振佳、蔡总平等人的鼎力支持，他们百忙之中接受我的采访，为我提供了著作撰写所需的大量第一手数据资料。同时还要感谢厦漳泉三地统计部门、质监部门以及厦门大学、福州大学、华侨大学等许多老师、研究生和教学工作人员，他们为本书中扎根理论部分研究任务的完成起到了重要的支持作用。

感谢为本书努力工作的编辑老师们，是他们的辛劳付出使本书得以顺利付梓。

最后还要将谢意献给以下的亲朋好友们：王巧萍、王小英、许萍、李叶、方周华、林丽华、李朝阳、苏艺萍，以及永远支持我的先生和儿子，还有公公婆婆、爸爸以及哥哥嫂子、姐姐姐夫们，没有你们的鼎力支持与无尽关心，我是无法完成本书的写作的。

林东华

2019 年 6 月于上海